ミネルヴァ日本評伝選

能の本を書く事、この道の命なり

世阿弥

西野春雄著

ミネルヴァ書房

刊行の趣意

「学問は歴史に極まり候ことに候」とは、先哲荻生徂徠のことばである。歴史のなかにこそ人間の智恵は宿されている。人間の愚かさもそこにはあらわだ。この歴史を探り、歴史に学んでこそ、人間はようやくみずからの正体を知り、いくらかは賢くなることができる。新しい勇気を得て未来に向かうことができる。徂徠はそう言いたかったのだろう。

「ミネルヴァ日本評伝選」は、私たちの直接の先人について、この人間知を学びなおそうという試みである。日本列島の過去に生きた人々の言行を、深く、くわしく探って、そこに現代への批判を聴きとろうとする試みである。日本人ばかりではない。列島の歴史にかかわった多くの異国の人々の声にも耳を傾けよう。先人たちの書き残した文章をそのひだにまで立ち入って読み、彼らの旅した跡をたどりなおし、彼らのなしとげた事業を広い文脈のなかで注意深く観察しなおす――そのとき、はじめて先人たちはいまの私たちのかたわらによみがえってくる。彼らのなまの声で歴史の智恵を、また人間であることのよろこびと苦しみを、私たちに伝えてくれもするだろう。

この「評伝選」のつらなりのなかから、列島の歴史はおのずからその複雑さと奥ゆきの深さをもって浮かび上がってくるはずだ。これを読むとき、私たちのなかに新たな自信と勇気が湧いてきて、その矜持と勇気をもって「グローバリゼーション」の世紀に立ち向かってゆくことができる――そのような「ミネルヴァ日本評伝選」にしたいと、私たちは願っている。

平成十五年（二〇〇三）九月

上横手雅敬
芳賀　徹

世阿弥の子・元雅が奉納した尉面（裏）

本書カバーに掲載した尉面（老人面）の面裏。世阿弥の息子・元雅が天河辨財天社に奉納したものである。「奉寄進　辨財天女御寶前仁為　允之面一面　心中所願　成就圓満　永享二年（1430）十一月日　観世十郎敬白」と墨書されている（天河大辨財天社蔵）。

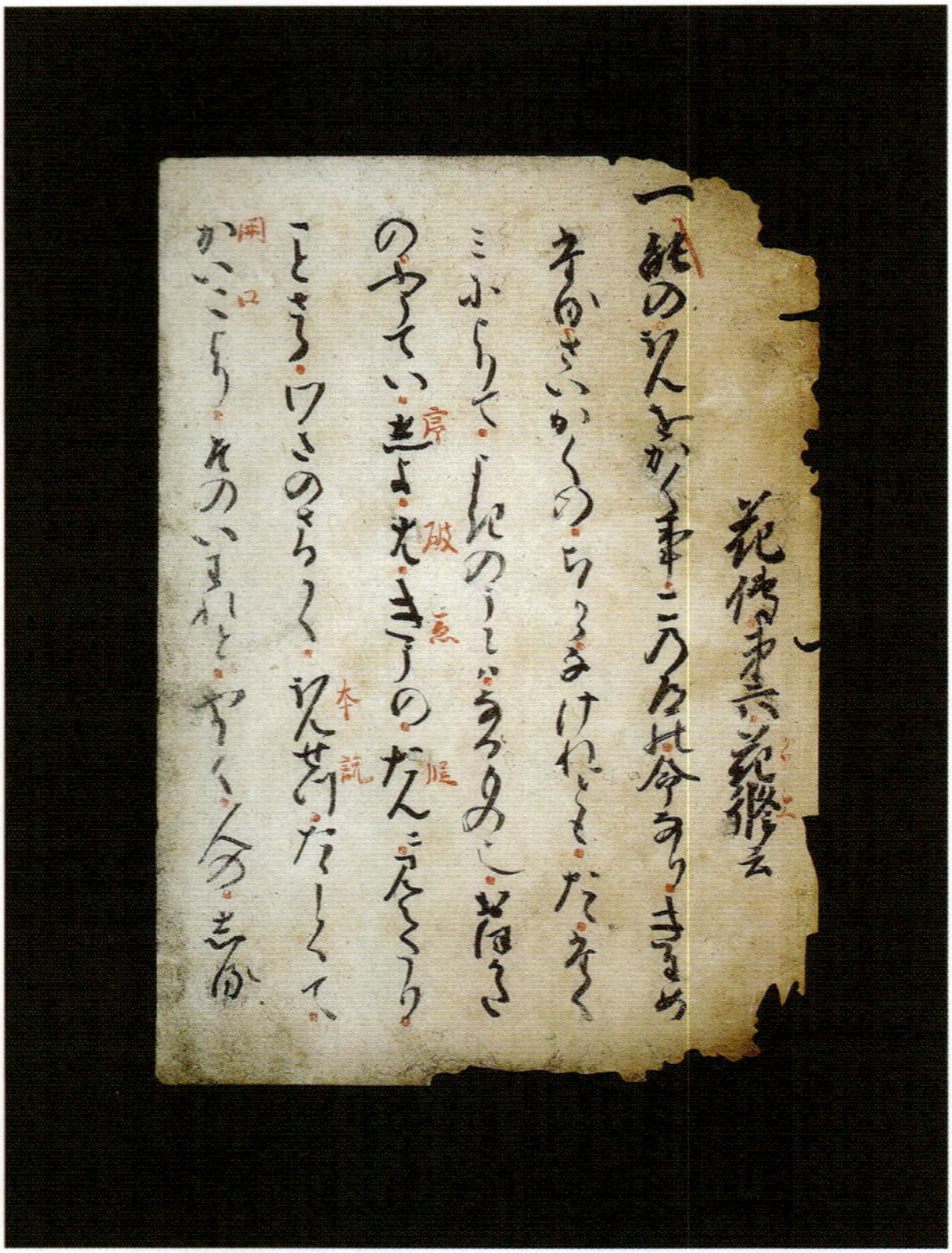

『花伝第六花修』冒頭（世阿弥自筆本）
「能の本を書く事，この道の命なり」という鮮烈な言葉で始まっている（観世宗家蔵）。

はしがき

一九九一年十一月、東京新宿の紀伊國屋ホール初演の井上ひさし（一九三四～二〇一〇）『雪やこんこん――湯の花劇場物語』は「昭和庶民伝」三部作をしめくくる快編で、雪の温泉町を訪れた中村梅子一座が楽屋でくりひろげる笑いと涙の物語である。そのなかで、内輪喧嘩から今夜の芝居が危うくなる場面がある。

すると楽屋の戸が開き、吹き込む雪と共に老婆が入って来る。老婆が、劇場の女主人が座員を成敗しようと刀（竹光）を振り上げているのを見て、「芝居の稽古をしているところかね。それでは今夜は芝居見物ができるわけだね」、女主人の「はいはい、今夜はどんなことがあっても木戸は開けますよ」との返事に喜ぶ。孫の子守や鶏の世話などして一年かかって小遣いを貯めた、「芝居をみると、皺《しわ》がのびる、腰がのびる、寿命がのびる。いい芝居、みせてくれろ。姐さんに兄さんたち、たのんだよ」、「景気づけの前祝儀を撒《ま》かせてくれろ」と銭を投げ、「おれたちはこれが楽しみで生きているんだわ」と告げ、戸を開け、吹雪の中へ消えた。

この老婆のセリフは世阿弥（一三六三？～一四四三？）が『風姿花伝《ふうしかでん》』奥義で力説している「抑《そもそも》、芸能とは、諸人の心を和らげて、上下《じょうげ》の感をなさむ事、寿福増長の基《もとい》、遐齢延年《かれいえんねん》の方なるべし」を想起させる。芸能は諸人の心を楽しませ、貴賤の人々を感動させることを目的とする。それが幸福を増進させる基であり、寿命を延ばす方法だという発言で、『太平記』にも「猿楽はこれ遐齢延年の方」とある。遐齢とは長寿の意味で（遐は遙かの意）、芝居を楽しみにしていた老婆（実は座長が変装して打った芝居で、喧嘩は収まる）の言葉は、世阿弥の主張と変わらない。

さらに世阿弥は、猿楽は「衆人愛敬《しゅにんあいぎょう》を以《も》て、一座建立《いちざこんりゅう》の寿福とせり」と述べる。貴人にも庶民にも愛され、その場全体が渾然一体となったとき、能は成就する。演者と観客との共鳴によって完成する能の根幹を衝いた言葉であり、この精神は演技・演出が緻密になった現代も生きている。

「能の本を書く事、この道の命なり」の決意をもって、約七百年後の現代にも生き続ける、優れた魅力ある能の創造に取り組んだ世阿弥。時に、「かやうの能の味はひは、末の世に知る人あるまじければ、書き置くも物くさき」（世阿弥の芸談を子の元能《もとよし》が聞書き編集した『世子六十《ぜしろくじゅう》以《い》後《ご》申楽談《さるがくだん》儀《ぎ》』。以下『申楽談儀』とする）と嘆きながら、今日、世界の演劇史のなかでも最高の詩劇と絶賛される《砧》を書き遺した世阿弥。新作があいつぎ、他座との競争も激しかった〝シュトルム・ウント・ドランク（疾風怒涛）〟の時代のなかで、観世座の「棟梁《とうりょう》の為手《して》」として役者と作者と演出家、舞台監督を兼ね、すぐれた理論家でもあった世阿弥は、どのような生涯を送ったであろうか。

本書では、世阿弥が父観阿弥（一三三三〜八四）の教導を受け、稽古を重ね、精進工夫して、芸道のために著した伝書と、創作した能の作品に拠りながら、これまで発見された世阿弥の生涯をめぐる諸資料を基に、先学の研究を参照しつつ、世阿弥が生きた時代背景と、能作者としての世阿弥の「芸《げい》跡《せき》」（芸術的遺産・芸道遺産）を中心に、等身大の人間像とその生涯を描くことにしたい。

なお、世阿弥の芸跡の中心をなす伝書や能の作品のなかには成立年代を特定しがたく、伝記的事実と合わせて叙述することが困難なものも少なくない。そこで本書では第六章まで世阿弥の生涯をたどった後、第七章から第九章で世阿弥の伝書と能の作品について体系的に叙述することとした。

資料の引用に当たっては現代語訳を基本としたが、特に原文を味わってほしい場合や本文の叙述上必要な場合は、適宜訳注を付して原文をそのまま引用するか、原文と現代語訳を併記することとした。また、世阿弥伝書原文の引用は、表章・加藤周一校注『世阿弥 禅竹』(日本思想大系、新装版、岩波書店、一九九五)に拠り、適宜、表記を改めたことをお断りする。

世阿弥——能の本を書く事、この道の命なり

目次

目次

目次

＊参照文献は〔著者名：刊行年〕として示した。
＊クリ・サシ・クセなどの謡い事は〈 〉で、序ノ舞・楽・カケリなどの舞事・働き事は〔 〕で包んだ。これらの用語については「主要能楽（小段）用語紹介」で説明しているので適宜参照されたい。

図版一覧

主要能楽（小段）用語紹介

能の脚本は，小段《しょうだん》と呼ぶ単位を積み上げたモザイク構造となっている。次に本書で用いる主な小段をあげる。

A　謡と囃子で構成されるもの

Ⅰ　謡のリズムが明確なもの（拍子に合う）

〈次第〉　序歌・導入歌として用いる最も短い歌。非常に例が多い。

〈上歌《あげうた》〉　高音域の旋律で始まる定型の歌。非常に例が多い。

〈下歌《さげうた》〉　低音域の旋律で始まる短い歌。

〈クセ〉　曲舞《くせまい》を取入れた定型の歌。見どころ聞きどころが多い。

〈ロンギ〉　役と役，または役と地謡が交互に謡う会話形式の歌。

〈中《ちゅう》ノリ地〉　闘争などを示す場面に用いる。

〈ノリ地〉　舞の前後や浮きやかな場面に用いる。

Ⅱ　謡のリズムが明確でないもの（拍子合わず）

〈クリ〉　最高音のクリ音を含む謡。サシ，クセに先行することが多い。

〈サシ〉　高音域で始まる序唱風の謡。

〈掛合《かけあい》〉　二つの役が交互に謡う韻文の謡。例が多い。

〈一セイ〉　高音域で七五調の定型の謡。

〈下ノ詠《げのえい》〉　低音域で和歌をしみじみと吟唱する。

〈上ノ詠《じょうのえい》〉　高音域で和歌を高らかに吟唱する。

〈ワカ〉　和歌を歌いあげる。

Ⅲ　コトバを主としたもの

〈語リ〉　背景にある物語をする。後半がフシになる形式が多い。

〈問答〉　役と役の会話。フシが混じる例も多い。

〈名ノリ〉　自己紹介や行動予告などを述べる。

B　囃子と所作で構成されるもの

Ⅰ　人物が幕などから登場するもの

〔次第〕　さまざまの役の登場に用いる。直後に次第の謡を伴う。

〔一声《いっせい》〕　さまざまな役柄がノリよく登場する。

Ⅱ　人物が舞台上で舞うもの

〔真《しん》ノ序ノ舞〕　老体の神などが荘重に舞う。

〔序ノ舞〕　女性や老人の役が物静かに舞う。

〔中《ちゅう》ノ舞〕　いろいろな役のさまざまな舞に用いられる。舞の基本。

〔早舞《はやまい》〕　公家の霊などがのびやかに舞う。

〔神舞《かみまい》〕　若い男の神霊が明るく強く颯爽と舞う。

〔楽《がく》〕　異国の神や唐人などが舞楽を模して舞う。

Ⅲ　人物が立ち働くもの

〔イロエ〕　女の霊などが静かに舞台を一回りする。

〔カケリ〕　武士の霊や狂女などが興奮状態を示す。

序章　一座共感の中世芸能

あふれる寄合の精神

瞬時に消える舞台芸術に固定はない。猿楽能の大成者観阿弥が生まれた元弘三年（一三三三）から七百年近い猿楽能の歴史は常に変革の歩みであった。それは時代の精神を映し、そのときどきの観客の好みや流行を反映させてきた。

ところで、詩の発生は遙か遠く記紀歌謡の時代に求められ、物語は、その出で来《き》はじめの親なる『竹取物語』は古代に誕生した。それに対し猿楽の能や狂言は、なぜ中世において生まれたのだろう。猿楽の能や狂言ばかりではなく、田楽の能や、曲舞《くせまい》・平家・早歌《そうが》などの芸能が一時に開花し発展した中世は、大勢が一座してともに享受し共楽する芸能の時代であり、寄合《よりあい》の精神があふれていた。後醍醐天皇（一二八八〜一三三九）の建武の新政を批判し「此比《このごろ》都ニハヤル物」で始まる「二条河原落《らく》書《しょ》」（為政者や時事に対する風刺・嘲笑の意を含む匿名の戯歌《ざれうた》）に「京鎌倉ヲコキマゼテ、一座ソロハヌエセ連歌、在々所々ノ歌連歌、点者《てんじゃ》ニナラヌ人ゾナキ、…犬・田楽《でんがく》ハ関東ノ、ホロブル物ト云ナガラ、田楽ハナヲハヤル也、茶香十炷《じっしゅ》ノ寄合モ、鎌倉釣《つれ》ニ有鹿《ありしか》ド、都ハイトド倍増ス…」（『建武年間記』）とあるように、都鄙《とひ》・貴賤を問わず、おびただしい人たちが新たな座の文芸の連歌《れんが》に集い、新興の芸能である平家や猿楽や田楽の能に魅せられた。狂言に笑い、一味同心の茶をすすり、香を炷《た》き、花を立て、踊り念仏に我を忘れて踊り狂った。そこには、寄合の精神が脈々と流れている。

雅と俗の共存

観阿弥や世阿弥が活躍した室町時代は、典雅な王朝文化や王朝美への憧れに顕著なように、幽玄（優美）な風趣を追い求めてやまない動きがある一方で、その対極に、現実生活に根をおろした平俗と滑稽を求める気風も著しく、文学や芸能に雅と俗の両面が共存した。たとえば、風雅な純正連歌に対する諧謔な俳諧連歌であり、猿楽における幽玄な能に対する滑稽な狂言である。

送り手と受け手が現実のひとつの空間・時間を共にし、歌や舞や所作を中心とする送り手の肉体表現と、受け手の想像力の、共同の幻想のうえに、ただ一度きりに成立する世界——芸能が本質的に有するこの一座性ないし一期一会性を色濃くもつ能では、観客の参加が必須だった。そして観客は魅力的な役者の登場に心躍らせ、熱狂的に愛護した。人気スターと強力なパトロンの誕生である。その第一幕は、将軍足利義満（一三五八～一四〇八）の登場と、他座との競争に打ち勝ち、将軍家御用役者的地位を獲得した大和猿楽観世の棟梁観阿弥・世阿弥父子の登場で始まった。

猿楽の起こり

遠く「さるがうわざ」（即興的滑稽演技）の流れを汲み、物まねや歌舞や言語遊戯が分立しつつも、笑いを伴うセリフ劇を本芸としていた猿楽は、寺社の祭礼で、天下泰平・国土安穏と人々の安寧を祈る《翁《おきな》猿楽》を根本芸として発展した。猿楽者たちの宿神《しゅくじん》信仰を背景に生まれたと推定され、やがてその時々の人気に投じた今様《いまよう》・白拍子《しらびょうし》・延年《えんねん》など、先行または併行する諸芸能の影響を受けながら、しだいに劇形態の芸をも演ずるようになったのは、鎌倉時代以降のこととされている。

さらに、曲舞・早歌・平家・田楽などの他芸能を積極的に摂取しつつ、それまでの原初形態から、歌・舞・セリフ・物まねの諸要素を融合させた、一つのまとまった芸能としての姿を見せ始めたのは南北朝時代とされている。

寺社文化圏や唱導との関わりの中から多くの作品が生み出され、やがて肝要な演目となった歌舞劇は「能」として成長し、本芸のセリフ劇は「狂言」として発達した。世阿弥時代はもちろん、世阿弥より一世代前の観阿弥が活躍したころには、すでに両者の併演形態は確立していたようである。

そして、寺社の庇護を受け、法会や祭礼の場で育まれた猿楽が最も大切にし、世阿弥が「申楽《さるがく》の根《こん》本《ぽん》」（『申楽談儀』）として神聖視した演目が《式三番《しきさんばん》》（翁猿楽）である。父尉《ちちのじょう》・翁（翁面《おきなおもて》トモ）・三番猿楽（三番三《さんばそう》〈叟〉の古名）の三人の老翁が順次に祝禱《しゅくとう》の歌舞を奏演する演目で、単に《翁》とも呼び、「能にして能にあらず」ともいわれ、現代にまで演じ継がれている悠久な神事芸である（世阿弥時代には尉が省略され、千歳の役が加わった現行の形に定着していたらしい）。

この《式三番》の完全な形の記録が『弘安六年春日臨時祭礼記』に見える。弘安六年（一二八三）年五月二十五日、興福寺の僧が《式三番》姿で行列に参加している記録で、《式三番》の初出史料であるが、「猿楽　児虎松殿　翁面延覚坊　三番猿楽大輔公　冠者美乃公　父尉善永房」とある。素人の僧侶が演じているので、当然、玄人の猿楽者を雇い、指導を受けたのであろう。

ところで、近年、現存最古の翁面がベルリン国立民族博物館に所蔵されていることが報告された

〔大谷節子：二〇一六〕。翁面の眉間の三本の皺が上向きの山型になっている翁面の裏面漆下の文字に「弘安元□《年カ》戊刁《つちのえとら》寅」とあることが近赤外線画像等撮影によって解析されたのである。弘安元年（一二七八）は観阿弥が生まれた元弘三年（一三三三）より五十五年も前で、そのころすでに翁面の造型が確立し様式が整っていたことを示す発見だった。

貞和五年の猿楽能・田楽能

劇としての能に関する最も古くかつ詳しい記録は『貞和五年春日社臨時祭次第』である。貞和五年（一三四九）二月十日、春日社で臨時祭が催され、巫女たちが猿楽能を、禰宜たちが田楽能を演じた。巫女たちは宇治猿楽の「藤《トウ》大夫」という専門の猿楽者の指導を受けた〔小林健二：二〇二二〕。この時点で、素人が演じたくなるほど猿楽が魅力ある芸能に発展していることを示すものである。

同じ年の五月、四条河原で四条橋造営の勧進田楽があった。田楽は、平安中期に始まる民間芸能で、腰鼓・笛・胴拍子《どびょうし》・簓《ささら》（竹や細い木などを束ねた民俗楽器）などを伴奏とする田楽躍《おどり》と高足《たかあし》などの曲芸を本芸とした。鎌倉から室町にかけて盛んになり、猿楽とも相互に影響し、歌舞劇である能も演ずるようになった。

勧進能とは、もともと寺社や橋などの造営や修復の費用を集めることを目的とした慈善興行をいい、後には寺社勧進とは無縁の催しに変化するが、この時は六十間《けん》余の桟敷席（見物席。間は柱と柱との間《あいだ》をいう）に、梶井宮尊胤法親王《かじいのみやそんいんほっしんのう》（後伏見天皇の第四皇子。一三〇六～五九）・関白二条良基（一三二〇～八八）・将軍足利尊氏（一三〇五～五八）ほかの諸大名や公家が見物し、貴賤老若がおしかけた大規模な勧進能だった。世阿弥の父観阿弥十七歳の夏で、後に「我が風体の師（自分の芸の師）」と語った京白河の田楽本座の一忠《いっちゅう》（『申楽談儀』）と奈良の田楽新座の花夜叉ら八人が《恋ノ立合》を演じた。そして「日吉山王ノ示現利生ノ新タナル猿楽」が演じられ、猿の面を着けた少年が登場し、橋掛りで跳んだり跳ねたりの超絶技芸を見せ、その興奮が最高潮に達し、感嘆の声が満ち溢れたとき、突然桟敷が崩れ、大勢の死傷者が出た（『太平記』巻二十七、『申楽談儀』）。これは「桟敷崩れの田楽」として名高い。この未曽有の大惨事は、早速、落首《らくしゅ》（風刺・批判・あざけりの意を含めた匿名の戯歌《ざれうた》）に詠まれ、『太平記』には次の二首が見える。

梶井宮モ御輿ヲ打損ゼサセ給ヒタリト聞ヘシカバ、一首ノ狂歌ヲ四条河原ニ立タリ。

　釘付ニシタル桟敷ノ倒ルルハ梶井宮ノ不覚ナリケリ

（釘がしっかりと固定したはずの桟敷が倒れたのは、鍛冶の名のある梶井宮の釘の不始末によるものだ）

又、二条関白殿モ御覧ジ給ヒタリト申ケレバ、

田楽ノ将棋倒シノ桟敷ニハ王バカリコソ登ラザリケレ

（田楽見物の桟敷が将棋倒しに倒れたが、王〈天皇〉が桟敷にあがらなかったのは不幸中の幸だった）

田口和夫は「落ちたる次の日、橋柱に打付けたる落書和歌七（首）」とある新出七首を紹介している〔田口和夫：一九九七〕。そのうちの四首を示す。

残りなく都の武士は落ちにけり　世をうち返す橋の勧めに

憂き名流すその源を思ひ知れ　我が足利はつつがなくとも
高桟敷一の上よりおちぶれて　云ふにかひなき左大臣殿
人毎にこころを移す花夜叉も　ただ一晝《チウ》（石松の道号）の夢となりにき

将軍足利尊氏の田楽狂いを諷刺し、贔屓役者の河内の榎並の馬の四郎に馬の紋を与えたという（『中楽談儀』）大原三千院の風流門跡梶井宮を揶揄し、その場で命を落とした武士に対しても冷ややかに批評しているが、逆に田楽役者の花夜叉に「観る人毎に皆心をひかれていた花夜叉も桟敷崩れの田楽では一忠と番《つが》えられてその魅力を披露したが、あの昼の混乱の中で死んで、はかない夢となってしまった」（前掲論文）と田楽役者花夜叉の死を悼んでいる。大勢の観衆が「面白ヤ難堪ヤ、我死ヌルヤ、是助ケヨ」（『太平記』）と興じた勧進田楽からも、当時の一座共感の熱狂や人気の程がうかがわれる。

本書が描く世阿弥の活躍は、このような時代精神と不可分のものであった。そのことを銘記したうえで、彼の事績をたどっていくこととしたい。

第一章　父・観阿弥

1　観阿弥の出自

『申楽談儀』が語る来歴

世阿弥の生涯を語るにあたり、その父である大和猿楽観世座の大夫観阿弥（実名清次）から始めよう。

世阿弥の芸談を子供の七郎元能《もとよし》が筆録し編集した『申楽談儀』によれば、観阿弥の出自は、伊賀国服部氏杉木《すぎのき》一族の末流である。申楽の諸座の来歴も含め、次のように述べている。

一、大和猿楽は、河勝《かうかつ》より直ぐに伝はる。近江は、紀の守《かみ》とてありし人の末なり。さて紀氏なり。
〈時代、よくよく尋ぬべし。〉
大和、竹田の座・出合《であい》の座・坊城《ばうじやう》の座と、うち入り、うち入りあり。
竹田は、〈河勝よりの〉根本《こんぼん》の面など、重代あり。

出合《であい》の座は、先《せん》は山田申楽なり。伊賀の国〈平氏なり〉、服部の、杉の木といふ人の子息、おうたの中《なか》と申す人、養子《やうし》にてありしが、京にて落胤腹《らくいばら》に子を儲《まう》く。その子を、山田に美濃大夫といふ人、養じてありしが、三人の子を儲《まう》く。宝生大夫〈嫡子〉、生市《しやういち》〈中〉、観世《くわんぜ》〈弟〉、三人この人の流れなり。かの山田の大夫は、早世せられしなり。

今、説明を交えつつ大意を述べると、次のようになろうか。

①大和猿楽は秦河勝《はだのかうかつ》の直系である。近江猿楽は秦氏安《はだのうじやす》の妹聟の紀権守《きのごんのかみ》の末裔で、それで紀氏というのである。〈時代については、よくよく尋ねるがいい〉。

②大和猿楽は、竹田の座（奈良県田原本町西竹田にあった円満井座）と出合の座（橿原市出合町にあった出合座。後述のように観阿弥の父がこの地で起こした座）と坊城の座（橿原市坊城にあった座らしい）とが互いに縁組関係で人的交流を重ねている。

なお、「坊城」はこれまで「宝生」と解されてきたが、落合博志によれば、竹田も出合も地名が座名となっているのに対し、ここだけ役者名であるのが不審で、地名の坊城と解すべきであり、かつて坊城には興福寺寺務領の荘園があった。仮名書きが「はうしゃう」で「はう」は開音であり、合音「ほう」ではない。従って「ほうしゃう（宝生）」ではなく「ばうじゃう（坊城）」と解すべきである〔落合博志：二〇〇七〕。卓見である。なお、田口和夫によれば、「うち入り、うち入りあり」は誤りで、「氏《うぢ》いろ〳〵あり」すなわち秦氏や紀氏の他にも氏はいろいろあったと理解すべきとしている〔田口和夫：二〇一一〕。

③竹田の座には、聖徳太子作と伝わる鬼面など秦河勝からの伝来面がある。

④出合の座は、前身は桜井市山田にあった山田猿楽である。（その山田猿楽についていえば）伊賀の国の服部氏の〈平氏であるが〉、杉の木という人の子息が「おうたの中（宇陀の中）」という人の養子となり、この男が京で落胤腹（妾腹）に子を儲けた。その子を、山田猿楽の美濃大夫という人が養子にし、三人の子を儲けた。宝生大夫（嫡）と生市《しやういち》（中）と観世（弟）の三人で、美濃大夫の養子の芸流に属する。山田の大夫は若くして亡くなった。

観阿弥の出自を伝える④を中心に系譜にすると次頁のようになる。また、後述するが、世阿弥の弟四郎の子元重が、一時期、世阿弥の養子になったと推測されるので、系譜にはそれも反映した。なお、世阿弥の娘が竹田の座（円満井座）の金春氏信（禅竹）の許へ嫁している。

観阿弥の父は大和盆地の南部（桜井市山田付近）で活躍していた山田猿楽美濃大夫の養子で、観世（観阿弥）は三兄弟の末子である。長兄が桜井市外山《とび》に本拠のあった宝生座を継ぎ、次兄は出合の座（前身が山田猿楽）を継いだ。両座とも、金春（竹田の座）・金剛（坂戸座）と共に大和猿楽古参の座であるのに対し、観世座は観阿弥が結崎（磯城郡川西町結崎）の地に組織した新しい座である。

創座の地をめぐって

創座の地について、『申楽談儀』によれば、観阿弥の座の翁面は「弥勒《みろく》打ち也。伊賀小波多《をばた》にて座を建て初《そ》められし時、伊賀にて尋ね出だし奉《たてまつ》りし面也」と言う。ここの解釈をめぐって、伊賀出身の観阿弥が「伊賀の小波多で観世座を創始した時に、その小波多で、見出した面である」とする通説に対し、能楽研究者の香西精《こうさいつとむ》（一九〇二～七九）・表章《おもてあきら》（一

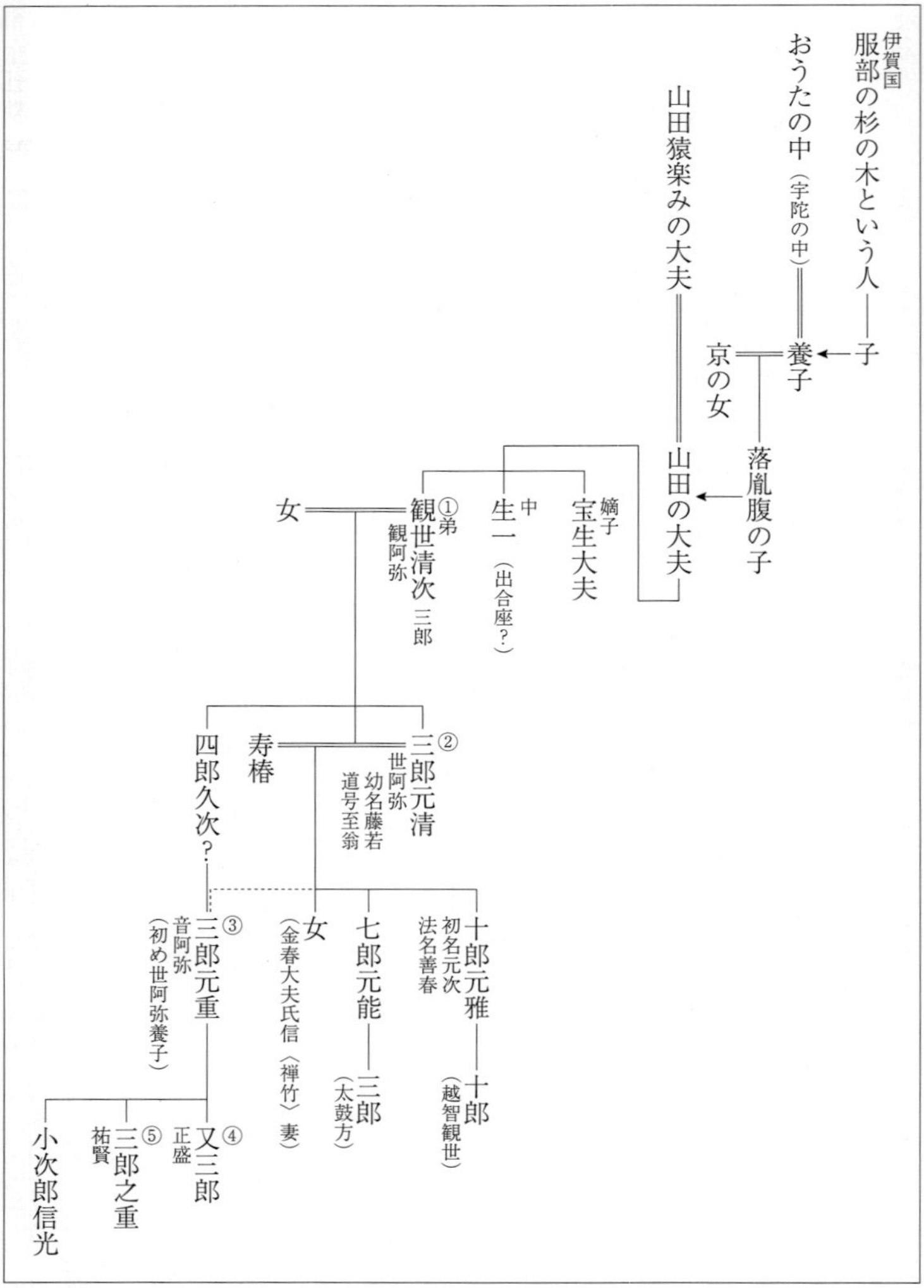
伊賀国
服部の杉の木という人
子
おうたの中（宇陀の中）
養子
京の女
落胤腹の子
山田猿楽みの大夫
山田の大夫
嫡子
宝生大夫
中
生一（出合座？）
①弟
観世清次 三郎
観阿弥
女
②
三郎元清
世阿弥
幼名藤若
道号至翁
寿椿
四郎久次？
③
三郎元重
音阿弥
（初め世阿弥養子）
女
（金春大夫氏信〈禅竹〉妻）
七郎元能
三郎
（太鼓方）
十郎元雅
初名元次
法名善春
十郎
（越智観世）
④
又三郎
正盛
⑤
三郎之重
祐賢
小次郎信光

観阿弥・世阿弥系譜

九二七〜二〇一〇）が「伊賀小波多にて」と「伊賀にて」とよく似た句の重出が不自然で、「伊賀にて」を誤って文中に挿入された文として本文の混乱を想定し、ここは「座を建て初められし時、伊賀小波多にて尋ね出だし奉りし面也」と理解すべきで、観阿弥は大和の結崎が本拠地であり「伊賀小波多にて」は翁面を見出した土地で、座を創始した土地ではないとした（香西精：一九七〇、表章：二〇〇五）。しかし、近年、宮本圭造が、観阿弥が結崎で創座したかどうか不明であり、本文の混乱ではなく、そのまま「伊賀小波多で座を建て初めた時」と理解する新説を提起した（宮本圭造：二〇一三）。本書でも、伊賀小波多は翁面を入手した土地であり、かつ座の創立に具体的に取りかかった土地と考えておきたい。

なお、伊賀の郷土史研究家の久保文雄（本名「文武」。一九一七〜二〇〇四）が、観阿弥の出自を伝える④を出発点とする伊賀上野市上嶋家所蔵の観世家関係文書「福田家観世系図」等の資料を紹介し、観阿弥の出生に関する七篇ほどの論考を発表したことがあった（久保文雄：一九五七・一一、一九六〇・五、ほか）。同系譜は江戸後期の筆写とされ、観阿弥の出身を伊賀とし、楠正成の甥としているためか、作家や国史家らが興味を示したが、学界は当初から否定的であった。しかし、哲学者の梅原猛（一九二五〜二〇一九）が、観世系図の信憑性に疑問を呈した表章「世阿弥の生涯をめぐる諸問題」（『文学』一九六三・一）に対し、「私は全面的に表氏に論争を仕掛けたいと思う」と挑発した（『うつぼ船Ⅱ　観阿弥と正成』角川学芸出版、二〇〇九）。これを受け、表章は伊賀観世系図を徹底的かつ総合的に調査考察し、「福田家観世系図」が昭和十年代後半から二十二年頃までに創作された偽系図であることを論証した*（『昭和の創作「伊賀観世系譜」――梅原猛の挑発に応えて』ぺりかん社、二〇一〇）。

＊　伊賀観世系譜は明治四十二年発行の吉田東伍校注『世阿弥十六部集』（能楽会）以後であると断言できる証拠を提示したのである。それは、『申楽談議』第二十三条に見える「山田小みの大夫」について諸本の影印を並べ、「小」と読まれた部分は、もと「尓」で「に」と読むべきであるという証拠を示し、「山田ニみの大夫」とあるべき部分を吉田本が「山田小美濃大夫」と誤り、これを伊賀観世系図も使用していること、しかも能勢朝次『能楽源流考』（岩波書店、一九三七）をはじめ昭和十年代に出版された能楽史研究書に拠って、終戦直前まで創作が続いていたことを立証したのである。まさに昭和の創作だった。

猿楽座の概略

ここでまず、当時の猿楽の座についてその概略を示しておくことにしよう。

猿楽の座について、表章は、猿楽座には、神事猿楽の《翁》を専門に勤める「翁グループ」と、娯楽芸能である能・狂言を演ずる「演能グループ」の二つがあることを解明した〔表章：二〇〇五〕。表説は天野文雄や竹本幹夫によって、一部修正や補足を加えつつ、大筋において踏襲されている〔天野文雄：一九八六、竹本幹夫：二〇一二〕。

すなわち、竹田座・出合座・坊城座は翁猿楽座で、竹田座（円満井座）は禅竹の父弥三郎以後、能・狂言座の棟梁が翁猿楽座の長を兼ねたこと、出合座は山田猿楽の後身であり、山田猿楽も翁猿楽座だったが、宝生・生市・観世の三兄弟のうち生市が翁猿楽座を継いで、他の二人は能・狂言座の棟梁になったこと、坊城座は金剛との関係が疑われるが不明であることなどを考察し、能・狂言座でも《翁》を演じたことから、神事と芸能に峻別される座の性格に依拠し、「翁グループ」と「演能グループ」ではなく「神事座」と「芸能座」と呼ぶ方が実態に近いとした。さらに結崎座と観世座といった神事座と芸能座の関係が生じた理由として、一族の中で神事座と芸能座に枝分かれし、親族同士が同

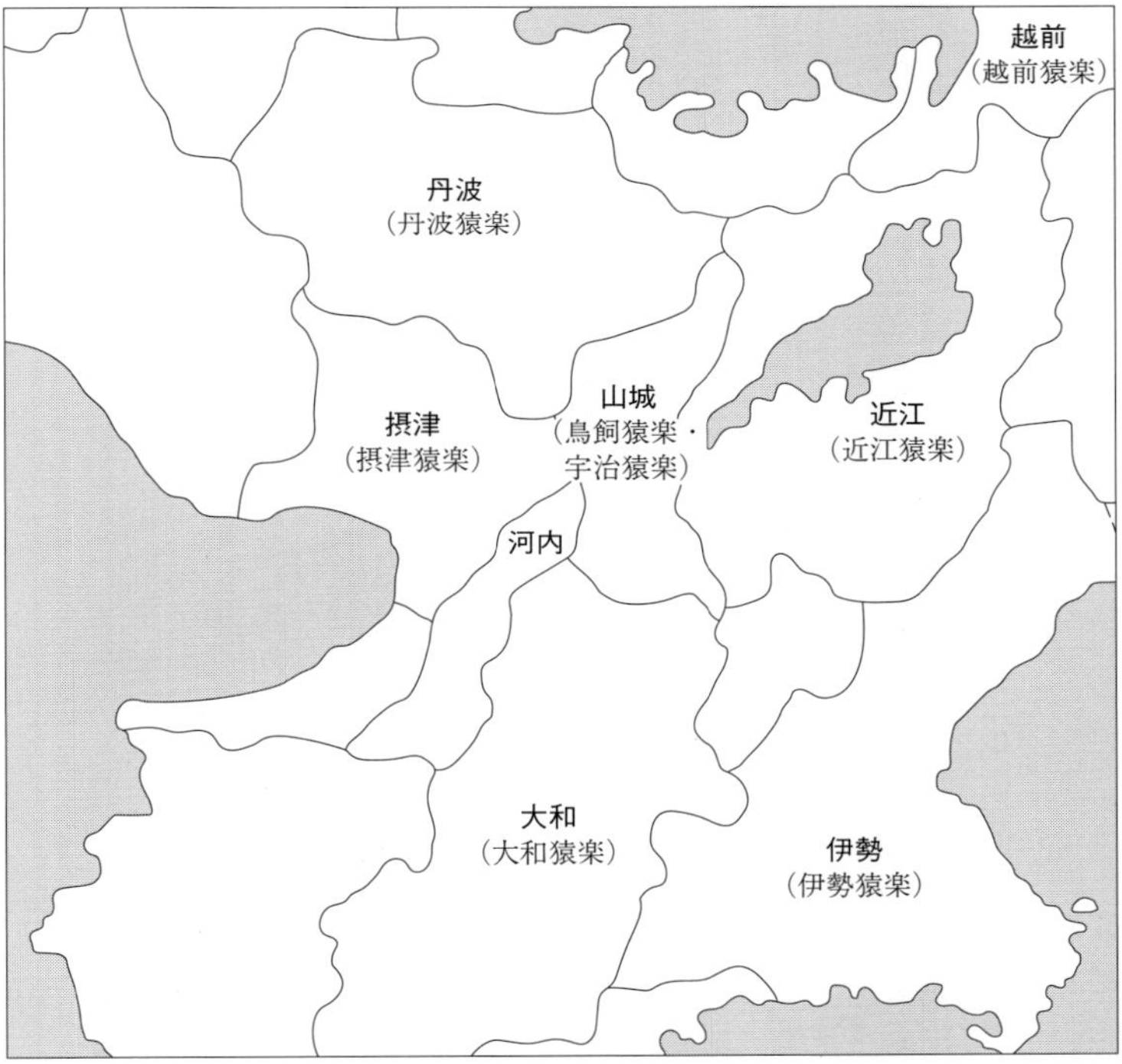

主な猿楽の諸座

大和猿楽（外山・結崎・坂戸・円満井）：興福寺・春日若宮・多武峰の神事に参勤。

近江猿楽（上三座：山階・下坂・比叡（日吉），下三座：大森・酒人《さかうど》・敏満寺《みまじ》）：日吉神社の神事に参勤。

伊勢猿楽（伊勢・呪師）：伊勢神宮神事に参勤。

摂津猿楽（新座（榎並）・本座（矢田）・法成寺）：法勝寺修正会・醍醐寺清瀧宮神事に参勤。

鳥飼猿楽（鳥飼）：伏見御香宮・東寺八幡宮の神事に参勤。

丹波猿楽（梅若）：法勝寺修正会に参勤。賀茂・住吉神社にも参勤。

宇治猿楽（幸・守菊・藤松・梅松）：宇治離宮明神・天満宮神事に参勤。

越前猿楽：世阿弥の『五音』に見える「福来」が所属したと見られる。詳細は不明ながら，金春座と交流があった模様。

大和猿楽の概要

〈主な参勤義務〉
・春日若宮御祭…春日若宮神社の祭礼。現在は十二月十七日。
・薪猿楽…興福寺修二会に付随する神事。東・西両金堂，南大門前で行われる。西金堂は河上，東金堂は氷室から神聖な薪を採ってくる。二月上旬。
・多武峰八講猿楽…妙楽寺維摩八講会に付随。十月十日～十六日。
〈多武峰様猿楽〉
・翁猿楽の一形態である《法会の舞》を演じる。四座立合の翁。
・演目により実馬・実甲冑を用いた具足能を演じる。
・新作能競演の場であった。
〈翁座と芸能座〉
○翁座＝結崎座　芸能座＝観世座　○翁座＝外山座　芸能座＝宝生座
○翁座＝円満井座　芸能座＝金春座　○翁座＝坂戸座　芸能座＝金剛座

じ祭礼猿楽を分担しあった可能性を想定した。

本書では、これをふまえ、とりあえず、大和猿楽諸座は、翁猿楽という祝禱芸を本業とする「翁座（神事座）」と、大夫を中心として娯楽的猿楽能を演じる「芸能座（演能座）」を柱として活動し、祭礼猿楽の場でのみ、両座は共に協同する習慣であったことを確認し、猿楽の諸座と参勤した社寺を簡単に示すことにしたい。なお、宮本圭造が猿楽座の組織と活動実態をめぐり、大和猿楽座の形成と展開について新見を提示していることを紹介しておく〔宮本圭造：二〇二三〕。

2　観阿弥の活躍

京への進出

観阿弥は大和猿楽四座のひとつ結崎座の芸能座に所属し、若くして大夫の地位にあったようである。一座を統率する大夫すなわち棟梁の為手《して》で、一座のスターであり、どの演目でも主役（シテ）を勤めるのを常とし、芸域の広さが要求された。「田舎遠国《でんじゃおんごく》」はもちろん、何よりも京の都で名をあげなければならない。

当時、京都では、前代に引き続き田楽能の人気が高く、また京の近郊には賀茂・住吉大社に勤仕する榎並・矢田・法成寺の猿楽三座が活動していた。こうした市場に、後発の座が進出して地歩を固めるには、まず魅力ある演目をそろえ、幽玄（優美とほぼ同義）な風趣を尊ぶ将軍足利義満を頂点とする鑑賞眼の高い武家貴族たちをも魅了する芸力を持たなくてはならない。

観阿弥は、田楽本座の名手で「近代の聖《ひじり》」と称賛された一忠を「わが風体の師」（『申楽談儀』）と仰ぎ、また鬼能の名手であった摂津猿楽の榎並の馬の四郎の芸を学ぶなど、先人の芸風を積極的に摂取して芸域を広げ、芸境を高めていく。

ことに観阿弥は卓越した音楽感覚を持っていた。それは、のちに世阿弥が父を追慕して「どんな役を演じても、能の音曲をリズムが面白い曲舞風の音曲に謡い替えたことは神わざというほかはない」「観阿は節付けが上手だった。奈良の女曲舞の名手百万の芸を継いだ乙鶴《おとづる》に学び、乙鶴風の作曲をされた」（『申楽談儀』）と絶讃していることからもうかがわれる（観阿弥の優れた音楽感覚と卓抜な作曲力については後述する）。

新熊野の神事猿楽

ところで、醍醐寺三宝院門跡二十一世の賢俊僧正（一二九九〜一三五七。権大納言日野俊光の息。足利尊氏の護持僧となり、生涯にわたって信任を寄せられ、朝廷・幕府の非公式の連絡役としても活躍。「将軍門跡」と言われた）の『三宝院賢俊僧正日記』（以下『賢俊僧正日記』）の文和四年（一三五五）四月十八日条に「大和猿楽参、先菩提（寺脱カ）一座有之　同夜於拝殿有之　予為見物参社頭」とあり（橋本初子：一九九二）、醍醐寺清滝宮《きよたきのみや》の祭礼に大和猿楽が出仕している。この祭礼猿楽の楽頭は、康永三年（一三四四）以来、摂津の榎並猿楽が保持していて、この年の大和猿楽の演能は榎並が大和猿楽を雇って演じさせたものであるが、おそらく二十三歳の観阿弥も出演したと推測され、これが大和猿楽の京進出の契機であったと見られる〔表章：二〇〇八〕。

六月十七日条によれば、賢俊は十五日以来日参した新熊野《いまぐまの》で、この日の神事猿楽を見物した。すなわち、同条の裏書に「天晴　十七日　猿楽有之　田楽昨日不参之間　別ニ召之　社務桟敷予見物　佐々木両判官入道・霜台来臨之　馬一疋月毛置鞍　予分引之　社務僧正馬一疋月毛同引之　見物以後即罷帰了　車也　長寿同乗車」と六月会《みなつきえ》の様子を伝えている。桟敷には近江の守護の佐々木両判官入道（六角氏頼・佐々木高氏）や霜台（饗庭《あえば》尊宣。氏直。一三三五～?。霜台は弾正台の唐名。もと足利尊氏の寵童命鶴丸）など幕府の要人も見物し、重要な神事であったことがうかがわれる。特に佐々木高氏（京極導誉。一二九六～一三七三）は足利尊氏の家臣で室町幕府創立の立役者である。茶・花・香・連歌など当時の最先端の文化を主導し、バサラ大名と呼ばれた。田楽・猿楽能にも一家言を持った人物で、少年世阿弥が父と共演した《少将の能》（散逸曲）で笛の名人・名生《めいしょう》の卓越した技を語っており（後述）、観阿弥は導誉が歿する応安六年（一三七三）以前に導誉の贔屓を得ていたことも知られる。

この六月会の神事猿楽に観阿弥が出演したかは分からない。近江の守護の佐々木両判官が見物しているので近江猿楽の役者が出演した可能性もあろう。さらに想像を廻らせば、ご当地ソング《白鬚の曲舞》を創作した観阿弥（後述）が呼ばれたかもしれない。そして、両判官と共に臨席した義満側近の饗庭尊宣が、観阿弥が創始した拍律も旋律も面白い大和音曲の魅力を、義満へ報告し、義満の台臨を促進した可能性もあろう。

この新熊野社は後白河院がその御所である法住寺殿《ほうじゅうじどの》に鎮守として熊野本宮を勧請したことに始まり、広い境内を有し、神事猿楽や法楽の猿楽なども行われた。特に修験の峰入りに関わる重要な神事の六月会では、田楽とともに猿楽も催され、人気を博したようである。やがて、永和元年（一三七五）に将軍足利義満（十八歳）が臨席し、初めて猿楽を見物して、観阿弥父子の芸に魅せられていく。

薬王寺での大和猿楽の勧進能

観阿弥が二十三歳の時の文和四年（一三五五）四月四日、薬王寺で大和猿楽の勧進能が行われた。北朝に仕えた公卿中原師守（生没年不詳）の『師守記《もろもりき》』の貞治三年（一三六四）四月四日条に「今日於㆓薬王寺㆒有㆓大和猿楽㆒。勧進也」とあり、四月十九日条に「今日薬王寺有㆓大和猿楽㆒云々」とある。この薬王寺勧進猿楽が観世の京都進出を決定づけたものと考えられ、おそらく観阿弥も出演していたものと思われる。京洛における大和猿楽の活動は、先述のように『賢俊僧正日記』が記す文和四年四月の醍醐寺清滝宮祭礼への参勤が初見で、薬王寺での勧進猿楽がそれにつぐ。この薬王寺について、これまで不明であったが、その所在地は三条京極にあった法身院であること、同院は泉湧寺末寺の律院であったことが明らかとなった（大塚紀弘：二〇〇六、天野文雄：二〇一〇、稲田秀雄：二〇一八）。

『師守記』には薬王寺のことが散見し「三宝院天神」の記事もみえる。三宝院天神はもともと足利尊氏邸にあった天神社がこの法身院に遷《うつ》され、以後、そこでの天神講が将軍家の関わる重要行事として継続した。しかも法身院は醍醐寺三宝院門跡の洛中における拠点で、尊氏の護持僧賢俊僧正が、洛中に拠点となる宿所として法身院を設けたことで知られる。また、同院は京門跡とも呼ばれた。足利義教時代のことであるが、公武の信任厚く、南都伝奏も務めた内大臣万里小路時房（一三九五〜一四五七）の日記『建内記《けんないき》』永享十一年（一四三九）六月九日条に「今日室町殿（義教）御所三宝院京坊也」とあることも参照される。

さらに大塚紀弘は、大和猿楽による勧進能興行の目的が、薬王寺が近接・管轄する東悲田院再建のためであった可能性を指摘している〔大塚紀弘：二〇〇六〕。従うべき見解で、賢俊は、人気を呼んでいる観阿弥たちの猿楽によって東悲田院再建の勧進能を興行したのである。この勧進能は醍醐寺三宝院の賢俊僧正によって準備され、大和猿楽の観阿弥の芸が人気を呼び、名声を博し、やがて将軍義満が初めて猿楽を見た新熊野の能につながっていくのである。

醍醐寺清滝宮での七日間の猿楽

観阿弥が京洛に名声を博したのは、応安（一三六八～七五）のころ醍醐寺で行われた七日間の猿楽である。後に、応永三十一年（一四二四）四月、醍醐寺清滝宮祭礼の楽頭榎並の急死に伴い、世阿弥が新楽頭に任命され、楽頭始めの能を演じたことを聞き及んで、醍醐寺三宝院の門跡満済（一三七八～一四三五）の師でもあり補佐役でもあった醍醐水本隆源僧正（一三四一～一四二五）が、観阿弥と世阿弥について、五十年前の記憶を書きつけている。それは、醍醐寺義演僧正の『醍醐寺新要録』が引く『隆源僧正日記』応永三十一年四月十八日条と二十日条の清滝宮祭礼の記事に見える次の記事である。

四月十八日　夜前に猿楽があった。今年は、元々楽頭を勤めていた楽頭（摂津の榎並）が死去し、跡を継ぐ者もいないため、大和猿楽の観世三郎（世阿弥）を新楽頭に任じた、…禄物はこれまで千疋（一疋＝百文。千文＝銭一貫。千疋＝銭十貫文）下賜していたが、当年より猿楽に禄物三千疋

（銭三十貫文）を与えることに定め、座主と惣寺と郷民がそれぞれ千疋を出すことに定めた。これまで禄物は随時、有名無実だった。今日は猿楽七番だった。

同月廿日　今日、楽頭始の猿楽があると伝え聞いた。この観世入道（世阿弥）、親の観世（観阿弥）が光済僧正の時代、当寺において七日間の猿楽を勤め、それ以後、京洛に名声を得て常に賞翫された。今の観世入道はその時、小児ながら異能を尽くし、これまた親に劣らず上手と名誉を得たが、今、子供三人も上手で、声誉は三代に及び、名望が続いている。今年の此寺の楽頭、誠に珍重、喜ばしい限りだ。

「観世入道」は世阿弥をさし、「親ノ観世」は世阿弥の父観阿弥をさす。光済僧正（一三二六〜七九）の時に、当寺において七日間の猿楽を演じ、それ以来京洛に有名になったというのである。光済僧正が賢俊僧正を継いで三宝院門跡であった応安のころ、醍醐寺で観阿弥を主演者とする七日間の猿楽が催され、当時、小児であった世阿弥が異能（際立った才能、優れた業）を尽くしたことが、懐かしく思い出されたのである。「子供三人」は、第四章で紹介する応永三十四年の薪猿楽に伴い興福寺別当坊で演じられた別当坊猿楽の番組に照らし、観世元重（世阿弥の弟四郎の子。一時世阿弥の養子嗣となったと推定されている。後述）・元雅（世阿弥の嫡子十郎）、そして十二次郎（十二座の棟梁十二五郎康次の子）であろう。

義満臨席の新熊野猿楽

一方、『申楽談儀』によれば、観阿弥は同じころに新熊野神社でも能（勧進か）を演じている。永和元年（一三七五）六月の新熊野猿楽である。当時、新熊野神社は三宝院

新熊野神社

と密接な関係にあり、三宝院の光済が観阿弥を召して実現したようである〔表章：二〇〇八、小川剛生：二〇二〇〕。先の醍醐寺清滝宮での猿楽と同一視する向きもあるが、判然としない。

新熊野社は醍醐寺の管領下にあり、覚王院宋縁（生歿年未詳）が別当を務めていた。宋縁は熊野の山伏で、光済とならんで武家政権と親しい関係にあり、応安から永和にかけて活躍した政僧である〔天野文雄：二〇〇七〕。小川剛生によれば、宋縁は賢俊の薫陶を受けたらしく、また南都にもパイプを持ち、和歌・連歌を好み、パトロン的な側面もあった。良基を新熊野の自坊に招いている。さらに宋縁は近江猿楽の拠点の一つ敏満寺《みまじ》（滋賀県犬上郡多賀町）と深い関係を有していたという〔小川剛生：二〇一三〕。

新熊野猿楽は、光済僧正と覚王院宋縁が新たな庇護者となり、六月会での演能をお膳立てし、義満の台覧が実現したと推定されている。そして、このとき革命的な事件が起こった。それは、『中楽談儀』の勧進の事、翁の事の条の次の記事である。

翁は、昔は「宿老次第に」即ち入座後の年籠順に最長老が舞う慣習だったが、京都今熊野で観阿弥が演じた中楽の時〈応安七年ごろ〉「義満将軍が初めて中楽をご覧になるので、おそらく第一番に登場した者〈つまり翁の役〉を、あれは誰かとお尋ねになるだろう。その時、それが一座の統率者である大夫でなくては具合が悪かろう」という南阿弥陀仏《なあみだぶつ》〈義満側近の遁世者〉の助言により、清次が勤めて以来、一座の大夫が翁を勤めることが始まった。それゆえ、大和猿楽では大夫が翁を舞うのを原則とするのである。

将軍足利義満の臨席を得る光栄と、義満の側近で謡の節付けも手掛けた南阿弥陀仏の助言によって、主導権が翁座の長《おさ》から芸能座の大夫へ移り、観阿弥一座が一躍京洛に名声を挙げたのであった。ちょうど四十前後で、もちろん少年世阿弥も出演したであろう。観阿弥の、都鄙上下の広い階層から支持されたという芸域の広さ、大男でいながら女能では細々と見えたという演技力の確かさ、歌舞を巧みに取り込む筋運びのうまさ、意外性に富む創作力の卓抜さ、音曲の革新が物語る作曲感覚の非凡さなどが、鑑賞眼の高い都の人々をも魅了したことであろう。能役者としての世阿弥の生涯は、観世座の興隆期に始まったのである。

観阿弥は京都方面に進出して足利将軍家や武将らの後援を受けるとともに、金春・金剛・宝生の諸座と並んで興福寺・春日社に参勤する大和猿楽四座のなかで代表的な位置を占めるようになり、田楽能を凌駕していく。晩年の観阿弥は還俗して清次に戻り、当時、興福寺の薪猿楽の時節が不定であったため、参勤の困難を訴え、以後、二月に定まった。これも観阿弥の功績である（『申楽談儀』）。

さらに観阿弥は、座の経済的な耐久力を保持し、座衆の暮らしが立てられるよう、座衆の地位に応じ、棟梁になった時のふるまい酒の金額ほか下行物《げぎょうもの》（下給品）などについても、さまざまの規約を定めた（『申楽談儀』魚崎御座之事）。観世座の大夫として、一代の間に新興の座を芸界の主流にまで押しあげた手腕は、並々ならぬものがあったと思われる。次節では幅広く人気を博したその芸風について詳しく見ていくことにしよう。

3　観阿弥の芸風

観阿弥の音楽改革

先述のように観阿弥が人気を博した最大の要因は、メロディ中心の猿楽の謡（小歌がかり）に、当時流行の曲舞の名手乙鶴に学んでその長所を摂取し、リズム感豊かな新風の謡を創始したことである。単調で雅な小歌節に躍動感あふれる曲舞を融合させ、新しい「小歌節曲舞《こうたぶしくせまい》」（この名称は世阿弥の音曲伝書『曲付次第《ふしづけしだい》』『風曲集』にみえる）を創造し、猿楽能に一大飛躍をもたらした。

世阿弥は謡伝書『音曲口伝』で次のように言っている。「亡父が中楽の能に初めて曲舞を取り入れて謡ったことが元になって、中楽能の曲舞が広く賞翫されるようになった。《白鬚《しらひげ》の曲舞》が最初の作品で、それゆえ曲舞風の曲を大和音曲と言いならわしている」と。「道の曲舞」（専門の曲舞）を能風にやわらげた魅力に富むこの音楽は「観世が節」（『五音』）と呼ばれ、一世を風靡し、観阿弥の名声を一気に高めたのである。世阿弥の幼少の頃のことだった。

曲舞は本来長文の作詞に適し、しかも叙事性に富むので、そこにひとつの物語を盛り込むことが容易になった。白髭明神の縁起や、観阿弥が名演を見せた《草刈の能》（廃絶曲《横山》）の夏刈りの謂れなどを一曲の中に劇中歌の形で取り入れることを可能にした。もっとも《自然居士》の「船の曲舞」は後人による後補説もあり、古作の能《藤栄》にも使われているので、最初からあったかは確定できないが、曲舞を入れたことで劇の頂点を作ったことは間違いない。叙事性に富む新しい曲舞は、世阿弥の頃には主人公の物語を語る〈クリ〉〈サシ〉〈クセ〉として定着していく。能の脚本構造は、能劇研究を開拓した横道萬里雄（一九一六〜二〇一二）が指摘したように「小段《しょうだん》」と呼ぶ単位を連結させたモザイク構造になっていて、〈クリ〉は最高音のクリ音を含む小段、〈サシ〉は高音域で始まる叙唱風の小段、〈クセ〉は曲舞を取り入れたリズム（拍律）の定まった小段である〔横道萬里雄：一九七〇〕。

応安（一三六八〜七五）初年ごろに観阿弥が作詞作曲した《白鬚の曲舞》は、世阿弥が音曲伝書『五音』で曲舞の傑作の筆頭に挙げたものである。近江の白鬚明神の縁起を語る謡い物で、現行曲《白鬚（白髭）》の白鬚明神の縁起を語る場面（〈クリ〉〈サシ〉〈クセ〉）に残っている。内容は『太平記』巻十八「比叡山開闢事」と同じく日吉大宮《ひえおおみや》権現の縁起で、詞章は『神道雑々集《しんとうぞうぞうしゅう》』所収の本文に拠っている〔朝倉治彦：一九五二〕。このことは、観阿弥たち草創期の能役者による謡い物の作詞は、先行する文章に依拠し、ごくわずかに手を加えた程度であることを物語っていよう。

観阿弥の作劇術

続いて、観阿弥の作劇術についても見ていこう。大和猿楽本来の芸風は、鬼と物まね（扮役・演技）と儀理（言葉）を三本柱とする。会話の面白さで人間関係の葛藤をつくり出し、あるいはそこに鬼が出て怒れる物語をする。儀理は秀句や言葉の面白さと筋立ての面白さで、特にそれを支える会話の文句の、機知に溢れた愉しさがあった。そうしたセリフの狂言的な言葉遊びに、巧みな物言いを好む「秀句（冗談・軽口）」好きの足利義満は興味を示したのであろう。

観世座の大夫として観阿弥が演じ見物を魅了した《静が舞の能》（《吉野静》の原曲らしい）《嵯峨の

大念仏の女物狂いの能》（《百万》の原曲）、先述の《草刈の能》や鬼能の《融の大臣《おとど》の能》（散逸曲）など少なくないが、ここでは、『申楽談儀』に「小町　自然居士　四位の少将　以上、観阿作」とある、観阿弥作であることが確実な作品《小町》（卒都婆小町の古名）《自然居士》《四位少将》（通小町の古名）を中心に、その作風について、みてみよう。

極楽の内ならばこそ悪しからめ

百歳《ももとせ》におよぶ老衰の小町に、かつて小町の言葉を信じ、百夜《ももよ》通いの果てに死んだ深草の少将の亡霊が憑依して狂う《卒都婆小町》は、劇的変化に富み、観阿弥の能の特色が凝縮された名作で、現在も人気が高い。世阿弥の作劇論『三道』は当時の人気曲二十九番を列挙するが、その中に「小町」とあるのが《卒都婆小町》の古名で、『申楽談儀』に拠ると観阿弥の原曲をその後世阿弥が短縮して改作したことも知られる。

かつて艶麗驕慢を誇った小町が百歳の姥《うば》となって老残落魄の身を路頭にさすらう説話の源流は、平安末期には成立していた『玉造《たまつくり》小町《こまち》子《し》壮衰書《そうすいしょ》』（栃尾武校注、岩波文庫。一九九四）である。玉造小町と小野小町は別人であるが、中世には同一視されていた。同書の詩句を多用する本曲は、老残の小町が道端の卒都婆に腰をおろしたのを咎めた教化の僧との卒都婆問答（禅問答的な応酬）と、僧を論破揶揄する小町を痛快に描いて行く。

乞食の老女が機鋒鋭く論破する教義問答は諧謔の歌「極楽の内ならばこそ悪《あ》しからめ、そとはなにかは、苦しかるべき」（極楽の内ならば仏〈卒都婆〉に無礼があってはならないが、外ならば仏も衆生も同じこと、卒都婆に腰かけても構わないはず）と、「外は」に「卒都婆《ソトワ》」をかける秀句的面白さがある。美貌を誇った昔の追憶、突然襲う憑き物による狂乱、百夜通いの再現、一転して悟りの境地に入る結末、と観客を飽きさせない。会話の面白さと緊迫した構成は、能の作劇術を開拓し、貴人にも庶民にも歓迎された観阿弥の力量を存分に示していよう。『申楽談儀』によると原作はもっと長く、小町の登場歌がもう一段あり、後半には小町が「そのあたりに玉津島の御座《ござ》あるとて」（そのあたりに玉津島明神がおわしますと言って）幣帛《へいはく》（みてぐら）を捧げると和歌の神である玉津島明神の使者の烏が出現する場面もあった。いくつも場面を重ねていくのは古作の特色であるが、世阿弥時代になると急速に緻密になり、次第に縮小削除されていった。

狂言ながらも法の道

芸尽くしの遊狂性に劇的緊張感を加えた《自然居士》は、現在も人気が高く、『三道』の人気曲二十九番にもその名が見える。『申楽談儀』は義満が《自然居士》での観阿弥の至芸を褒めたエピソードも伝えていて、観阿弥の当り芸であった。『三道』には「自然居士、古今あり」とあって、古曲も存在したことが知られ、どんな形であったか、先学に種々の推論もあるが、まず基本的な構想を見てみよう。

自然居士は鎌倉時代の永仁二年（一二九四）から延慶三年（一三一〇）ごろに実在した説経芸能者で、ささら太郎とも呼ばれた簓《ささら》の名手（『天狗草紙』）。その人物像については伊藤正義『謡曲集 中』（新潮社、一九八六）の解題が詳しく、法衣こそまとうが肩まで垂らした黒髪に烏帽子を着け、髭をはやし、既成宗派の顰蹙《ひんしゅく》排斥を浴びつつ、庶民の人気を集めた風狂の人であったらしい。

観阿弥はこの自然居士像を少年僧に転換させ、身を挺して人買いから少女を救う居士の、たくましい行動力と、知勇と弁説で大の男たちをやりこめ、次々芸を尽くす姿を描く。『申楽談儀』に観阿弥の名演に感動した義満の批評を記している。説明を加えて紹介しよう。

大男にていられしが、女能などには細々となり、自然居士などに、黒髪着《き》（喝食鬘《かつしきかづら》を着け）、高座（説法の席）に直られし、十二三ばかりに見ゆ。「それ一代の教法」より移り移り申されしを、鹿苑院、世子《ぜし》に御向かいありて、「児《ちご》は小股を掻《か》かうと思ふとも（すきをついて倒し父を追い越そうと思っても）、ここは叶《かな》ふまじきなど（ここの演技は適わないだろうなどと）、御感のあまり御利口ありしなり（感嘆のあまり冗談を言われた）。

「小股をかく」は相撲の手で、相手の膝関節の内側に手をかけ、すくい上げて倒すことで、転じて、すきをついて倒すことに使われる。大男の観阿弥が十二、三歳に見えたといい、説法の段で高座に直り、現行詞章にはない「それ一代の教法は…」以下の説法の謡を緩急自在に謡い進めた。人買いが横行した中世の時代相を描く作品で、秀句を交えた軽妙かつ痛快な会話は、秀句好きの義満の心をとらえた。なぶられつつも次第に興じていく芸尽くしは観客の耳目を集めただろう。終り近く「狂言ながらも法《のり》の道」すなわち芸尽くしは狂言綺語の戯れながら仏道に叶うものと歌いあげ、その功徳で悟りの彼岸同然の湖の岸に着いたと結ぶ終局の心地良さ。

人買いへ呼びかけるセリフ「人買い」を「一櫂《ひとかい》」と言いぬけ、結びでリズムに乗った地謡《じうたい》（斉唱団）が「もとより鼓は波の音」と「波」に「無し」を掛ける。海千山千の人買いを少年がやりこめる意外さと痛快さこそ本曲を貫く作劇術であろう。「衆人愛敬」をめざす観阿弥の真骨頂を示している。

「自然居士、古今あり」は古曲と新曲の二つがあることを伝え、古曲は世阿弥の『五音下』に「自然居士　亡父曲」とある指声《さしごえ》（それ一代の教法は…）・只詞《ただことば》（われはもと隠遁国の民なり…）・只詞（かやうに思ひしより…）・歌（花洛の塵に交はり…）からなる説法の段がある形で、そこを省除した現行《自然居士》の形が世阿弥改作の新曲かと思われる（「指声」は現在のサシ謡で、サラサラとよどみなく謡う部分。「只詞」は現在のコトバに相当するセリフの部分。「歌」は拍子（リズム）に合う謡の部分）。しかし、観阿弥以前に古曲が存在した可能性もある〔丸岡桂：一九一九〕。

九十九夜なり　今はひと夜よ

《通小町》は『三道』の人気曲二十九番に古名「四位少将」で掲げている。恋する男の百夜通いの話（『歌論義』『奥義抄』など）と、小町の髑髏が「秋風のうち吹くごとにあなめあなめ小野とはいはじ薄生ひたり」とつぶやいた話（『袋草紙』『無名抄』など）に拠りつつ、小町に恋した深草の四位の少将の、死後もなお小町の霊の成仏を妨げようとする恋慕の激しさと妄執の凄まじさを描く貴人の鬼能である。

短編ながら変化に富み、自由かつ大胆な構成で、恋の執念を見事に描いた。成仏を願う小町の霊は僧の受戒を希求し、九十九夜まで通って悶死し「煩悩の犬となって打たるるとも離れじ」と訴える少将の亡心は受戒を阻止し拒絶しようと出現し、対話体を中心に劇を進行させる手法も成功している。『申楽談儀』に「四位少将は、根本、山と（山徒）に唱導のありしが書きて、今春権守《こんぱるごんのかみ》、多武峰《とうのみね》にてせしを、後、書き直されしなり」とあるように、比叡山の唱導師（説経者）が書いて、それを金春権守（金春禅竹の祖父）が多武峰の猿楽で演じた作品を、観阿弥が改作した。『五音』の記事から、さらに世阿弥も手を加えていることも推量される。現在、金春・金剛・喜多流は木の実尽くしの〈ロンギ〉（役と役、または役と地謡が交互に謡う小段）の前の場面で、里の女（小町の化身）が、サラサラと叙唱する〈サシ〉で釈迦が採果汲水《さいかぎっすい》して仙人に仕えた話を引き、賤しいこの身には、このような奉仕は苦にならないと歌う。これが原形であろう。

このように大和猿楽の芸風は、物真似・儀理を本とし、歌舞・幽玄を副とするものだった。物まねは写実的演技であり、儀理は言葉による面白さが魅力の芸である。《自然居士》での人買いと居士の秀句を交えたセリフの応酬、《卒都婆小町》の、老衰落魄した小町と高僧との丁々発止の禅問答、これらは、大の秀句好きだった義満の共感を得たのである。

義満、花の御所に移る

その義満は永和四年（一三七八）三月、室町第（花の御所）に移った。初代尊氏は二条高倉に邸宅を営み、二代義詮《よしあきら》（一三三〇～六七）は三条坊門の邸におり、義満もしばらくはここに住んだが、永和のころ北小路室町の院御所跡の地を乞うて、ここに新第の造営を始めた。殿閣庭園の築造がすべて成った永徳元年（一三八一）三月十一日、後円融天皇が室町第に行幸した。「たのしむべきは春なり。もてあそぶべきは花なり。されば枝の上《うへ》の鶯、水の底《そこ》の蛙《かはづ》も。歌謡《かよう》を発《はっ》せずといふ事なし。いはんや人倫にをきてをや」と書き始める行幸記『さかゆく花』は二条良基の手になり、この地の景勝を讃え、天皇の治世を補佐する征夷大将軍足利義満を讃美する。四季の花をはじめ諸家愛蔵の名木が集められ、善美を尽くした新第は「花の御所」とよばれた。その主、義満は室町殿と称され、公武に君臨し、世に室町幕府といわれるのは、この室町第の名に由来する。

寿福増長の為手

南北朝という変革の時代に生き、猿楽能を開拓した観阿弥の生涯は、草創期にふさわしく、創造と開拓の精神に満ちていたにちがいない。「衆人愛敬《しゅにんあいぎょう》を以て、一座建立の寿福とせり」の言葉どおり、「貴所・山寺、田舎・遠国、諸社の祭礼に至るまで」多くの人々に愛された観阿弥は、まさに「寿福増長の為手《して》」であった（『風姿花伝』奥義）。世阿弥は「上花《じょうか》に

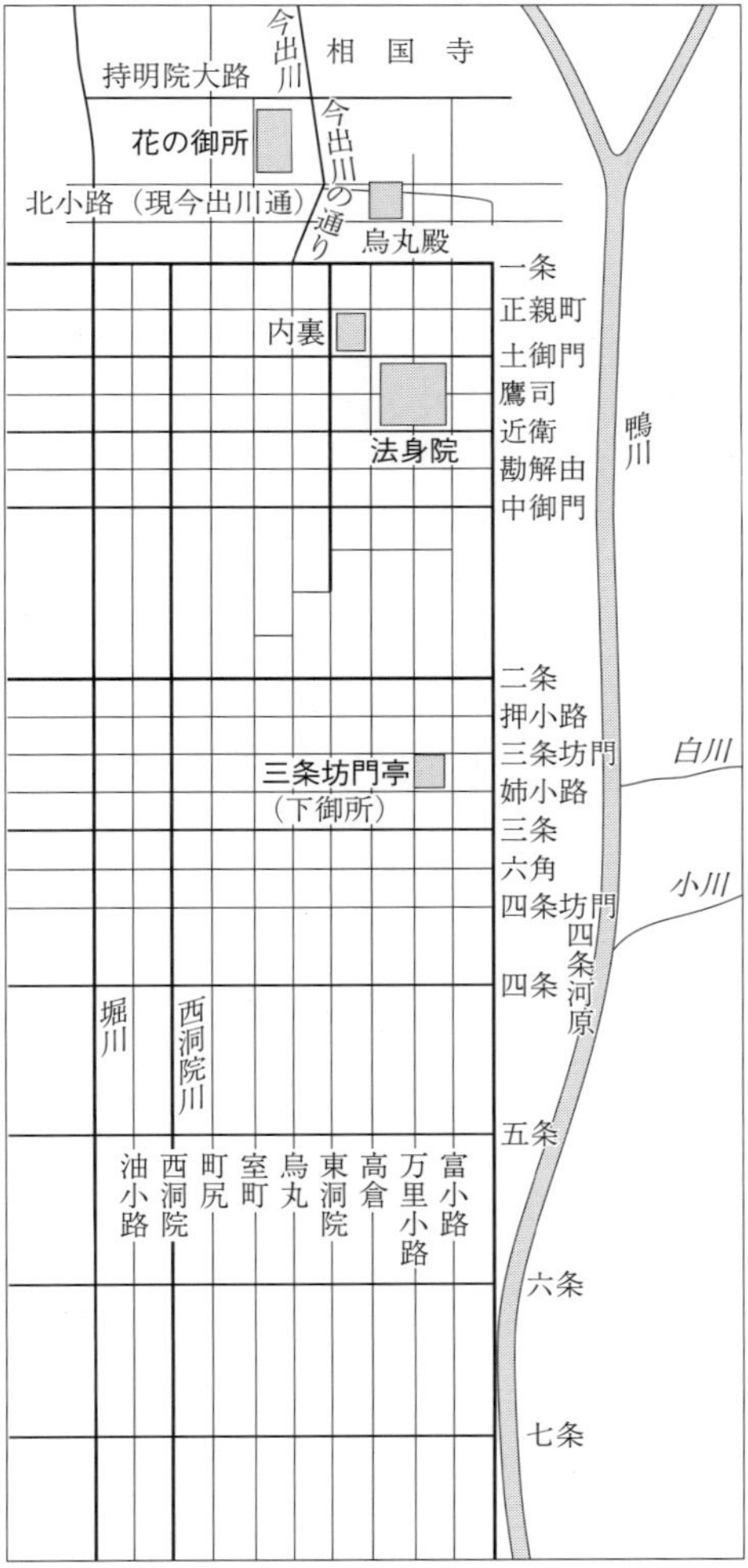

花の御所とその周辺
（森茂暁『満済』所収図を改変）

上《のぼ》りても山を崩し、中上《ちゅうじょう》に上りても山を崩し（至難のわざをたちまち意のままにこなし）、又、下三位《げさんみ》に下《くだ》り、塵にも交はりしこと（鑑賞眼の低い大衆をも喜ばせたのは）、只観阿一人のみなり」と讃えている（『申楽談儀』）。上花・中上・下三位も、能の芸位を上中下の三等を九段階に分けた世阿弥の芸位論『九位』の言葉であり、「山を崩す」とは峻厳な山を崩し平地となす、即ち高等至難な芸を平易に演じる譬えである（第七章参照）。最高位の上三花の幽玄な風体をやすやすと演じこなすばかりか、中三位はもちろん最下位の下三位の芸をも演じ、仏が塵に交じって衆生を救うように、民衆を楽しませたのは観阿弥一人だという。その芸格の大きさ、芸域の広さと技芸の確かさ、芸境の深さにおいて、観阿弥こそ古今独歩の達人と絶讃している。

至徳元年（一三八四）五月、観阿弥は駿河の浅間神社で法楽の能を舞ったのち、同月十九日、その地で五十二歳の生涯を閉じた。世阿弥、二十一、二歳の別れであった（『風姿花伝』奥義には没年は不記）。醍醐寺釈迦院の僧が書き継いだとされる過去帳『常楽記《じょうらくき》』の至徳元年の条に、「同月同日（五月十九日）大和猿楽観世大夫於駿河死去」とあり、没年が至徳元年だったことを伝えるとともに、観阿弥が「観世大夫」と呼ばれたことを示す第三者による観阿弥在世中の唯一の記録でもある。

第二章　出生と成長

1　生年をめぐって

世阿弥は、大和猿楽観世座の大夫観阿弥の子として貞治二年（一三六三）かその翌年に生まれた。実名三郎元清。清次三十歳か三十一歳の時の子である。のちに弟の四郎（久次？）も生まれている。

世子十二の年

南北朝の動乱が下火となって、室町幕府の基礎が固まって来た二代将軍足利義詮の時代である。大和・近江・伊勢・丹波・越前・摂津・河内などの諸国に座を結んだ猿楽や田楽の座が、諸国の寺社の法会や神事に参勤し、新興支配階級たる足利将軍家や武将たちの愛護を獲得すべく芸を競っていた中から、大和猿楽の観阿弥がしだいに台頭してきたころであった。

ところで、右に二つの年を示したように、世阿弥の生年は容易に確定できない。生年を貞治二年（一三六三）とする歴史地理学者で世阿弥伝書の発見者の吉田東伍（一八六四〜一九一八）以来の通説は、世阿弥晩年の永享四年（一四三二）八月一日、伊勢安濃津（三重県津市）で早世した後継者の十郎元雅を悼んで綴った『夢跡一紙《むせきいっし》』に「至翁、又、私なく当道を相続して、いま七秩に至れり」とあることを根拠としている。「至翁」は世阿弥の法号で、「七秩」をちょうど七十歳とみなし、それから逆算して割り出されたものである。元雅の生年が分からないので、享年は不明であるが、三十代半ばかと推量されている。これについては後述する。

この説に従うと、『申楽談儀』に「観阿、今熊野の能の時、猿楽といふ事をば、将軍家〈鹿苑院〉御覧じ初めらるるなり。世子《ぜし》十二の年なり」とある記事によって、将軍足利義満（十七歳）が初めて猿楽能を見物し、観阿弥父子の芸に魅せられた記念すべき今（新）熊野での演能は、応安七年（一三七四）のこととなるが、他に確認できる史料がなく、「世子十二の年」が唯一の手掛かりなのである。

その「世子十二の年」は少年世阿弥にとって忘れられない年であった。それは『申楽談儀』が伝えるところによれば、世子十二の年に南都法雲院で「装束賜《たば》りの能」があり、田楽喜阿弥の名演に触れ、心が震えたのである。すなわち、

世子十二の年、南都、法雲院にて、装束賜《たば》りの能ありと聞きて、まかりて、いかなることを聞かんずらんと思ひしに、喜阿、尉になりて、麻《お》の付髪《つけがみ》（仮髪）に直面《ひためん》にて（面を着けず）、「昔は京洛《けいらく》の、花やかなりし身なれども」の一謡《ひとうたい》、様《やう》もなく、真直ぐに、かくかくと謡ひし、よくよく案じほどけば（味わい返してみると）、後は猶面白かりしなり。

と、十二歳の少年の心を震わせた感動を語っている。法雲院は奈良興福寺の院家で、装束賜りの能とは、春日若宮祭の前日、田楽役者が装束を賜った謝礼に頭屋《とうや》で演じた能のことである。したがって通説の貞治二年に春日若宮祭が行われているならば、それに付随する装束賜りの能も行われたであろうから、何ら問題はないのだが、表章によって、同年には若宮祭が行われなかったことが解明された（表章：一九六三）。表は「七秩」の「秩」はもとは十年を意味するが、幅をもたせるべきで、七十ちょうどではないとし、若宮祭の史料を博捜して、春日若宮祭に付随する装束賜りは、「世子十二の年」即ち応安七年（一三七四）には神木入洛（興福寺衆徒が御神木を動座し強訴する朝廷・幕府への示威行動）のため若宮祭が行われなかったことを考証し、翌永和元年（一三七五）に二度行われたことを指摘したのである。そして世阿弥の記憶が正しければ、永和元年が十二の歳になるので、逆算して世阿弥の生誕は貞治三年となる新説を提起した。皮肉にも新説は昭和三十六年（一九六一）、世阿弥生誕六百年記念の年に発表されたのだった。

しかるところ、一九六七年、連歌・書誌学研究の伊地知鐵男（一九〇九～九八）が東山文庫中に崇光上皇の日記『不知記』を発見し、同書の永和四年（一三七八）四月二十日条に「伏見大光明寺の僧崇格が、先日二条良基と猿楽観世の垂髪（少年）が連歌をした。この児《ちご》は先年十三歳の時に良基に初見参し、藤若という名を賜った。良基は『松が枝《え》の藤の若葉に千とせまでかかれとてこそ名づけそめしか』（松の枝に懸かる藤の若葉のようなそなた、松とともに千年もかくあれと名付けたのだ）という和歌を詠んだが、すると今年は十六歳かと言った」という記事を紹介した（伊地知鐵男：一九六七）。伝聞ではあるが、この記事をもとに世阿弥の生年を考えると、貞治二年となる、これにより生年は旧説の貞治二年説が有力視されるようになったのである。ただし、装束賜りの能が永和元年に催行されていたことは動かないので、貞治三年説も否定できず、確定しているわけではない。

世阿弥が受けた稽古

世阿弥は能役者として成長していく過程で、観阿弥からどのような稽古を受けていただろうか。それを推測させてくれるのが観阿弥の庭訓に世阿弥自身の体験や工夫を加えた『花伝』第一年来稽古条々の記述である。ここで世阿弥は、役者の修業階梯を、七歳・十二三より・十七八より・二十四五・三十四五・四十四五・五十有余の七段階に分け、それぞれの年齢に応じた稽古の在り方や指標を説くが、世阿弥が言う稽古は、たんに技術を磨く練習（training や exercise）を指しているのではない。実際に舞台に立って、謡い、舞い、演じること、そして己の身体と向き合い研究（study）する時間も含まれている。稽古論（学習論・教育論）については第七章で触れ、ここでは少年時代の世阿弥の姿が想像される「七歳」と「十二三より」を見てみよう。七歳では次のように述べる。

この猿楽の芸では、大体は七歳を稽古のし始めとしている。この段階の能の稽古では、その子がひとりでにやり出すことに、必ず、生まれ月の長所の発揮されている芸風があるものだ。それが、舞や所作の中、あるいは謡の中である場合はもとより、たとい激しく怒り狂う演技であっても、当人が自然にやり出すであろう個性的な演じ方を、干渉せずに、自由にやらせるがよい。この時期に、あまり細かに「そこが良い」「ここが悪い」などと教えてはいけない。あまり厳しく注意すると、子供はやる気をなくし、能に嫌気がさしてしまうだろう。そうなっては、そのまま芸の上達は止まってしまう。具体的に言えば、この頃の稽古には、謡や所作や舞など、基礎的なこと以外はやらせてはならない。技巧を要するあまり細かな物まねは、たといできるにしても、教えないほうがよい。広い場所での晴れがましい催しの最初に出演させてはならない。三番目とか四番目とかの、子供にとって演じやすいような時分を選んで、得意としている芸をやらせるがよい。

細かいことなど教え込まず、個性を尊重し、スパルタ式とは正反対の、心のままに、自由に、好きなようにさせなさい、という教育方針である。「十二三より」では次のように述べている。

この年齢あたりからは、もう、歌う声もだんだん音階に合うようになり、わざについての分別もついてくるころだから、順序を追って、数々の能を教えてもよい。

この時期は、まず、元服前の愛らしい姿なので、どう演じても美しい。また声も引き立って聞こえる時である。この姿と声の二つの利点があるため、欠点は隠れ、よい所はいっそう花やかに引き立つ。

原則的には、少年の演じる能には、あまり手のこんだ物まねなどはさせてはならない。その場の見た目にも似合わないし、将来能が上達しない結果を招くからだ。ただし、その子が格別に上手になった場合には、どのように演じてもよいだろう。美しい児姿《ちごすがた》と言い、立つ声と言い、それだけでも魅力的なのに、しかも芸が上手であれば、何をやっても悪いはずはあるまい。

しかしながら、この少年期の「花」（魅力）は、真実の花ではない。単に一時的な花に過ぎない。

そうした年齢上の一時的な花があるために、この時期の稽古は、一切がやすやすと達成できる。したがって、この時期の巧拙は、当人の生涯の能の善悪を決定することにはなり得ないだろう。
この頃の稽古は、容易に効果の上がる姿や声の魅力を活用すると同時に、基礎的演技を大切に育てなければならない。所作は確実にし、謡は一字一字をはっきり発音し、舞は型をしっかり身につけて、注意深く稽古すべきだ。

少年・青年の頃の「時分の花」（肉体の花。美声・美貌・柔軟な肢体。現象の花）と壮年の頃の「まことの花」（芸風・芸格の花。工夫の花。本質の花）について注意を促し、詳細は第三問答条々以降で論述するが、少年時代を「童形なれば、何としたるも幽玄なり。声も立つころなり」という。童《わらわ》水干に袴を着け、垂髪《たれがみ》に児《ちご》眉の化粧姿の児姿で、舞い、美しい声で歌う姿は愛らしく、官能的でさえある。延年にも児舞があり、歌・連歌の座でも児は愛重された当時の時代相を反映している。次に紹介するエピソードは、いみじくも、賢く、美しく、蠱惑的な少年時代の世阿弥の姿を伝えている。

2　名童・藤若

二条良基の書状

世阿弥は十三歳で東大寺の有力な院家尊勝院の第二十五代院主の経弁《きょうべん》僧都（生歿年不詳）に伴われて押小路の二条良基（一三二〇～八八）邸に初参する。良基と言えば、北朝公家を代表し、連歌界の第一人者である。少年世阿弥はたぐいまれな美貌と、本業の猿楽はもとより歌・連歌・蹴鞠等の諸芸の才も備えていた。五十六歳の良基はこの眉目秀麗な少年に瞬く間に魅了され、藤若《ふじわか》の名を与えた。その寵愛ぶりについては、良基から尊勝院に宛てた書状「自二条殿被遣尊勝院御消息詞《にじょうどのよりそんしょういんにつかわさるるおんしょうそくことば》」（仮称「消息詞」。水府明徳会徳川博物館所蔵）がよく伝えている。これは「山之霞・榊葉《さかきば》日記・雲井之春・小嶋の口號《くちずさみ》」のうち「榊葉日記」の余白部分に書き込まれているもので、一九六五年に中世文学研究者の福田秀一（一九三二～二〇〇六）が発見し紹介した貴重な資料である〔福田秀一：一九六五〕。

日付は「卯月十七日」、先述のように宛先の尊勝院は大和東大寺の有力な院家である。大和猿楽一座との旧縁は自然であり、この手紙は永和元年（一三七五）四月に比定されているが、永和二年以降とする説もある〔表章：一九八六〕。

経弁の事績を詳しく考証した松岡心平は、経弁が少年世阿弥の有力な庇護者の一人で、世阿弥の若年期には「師匠僧と稚児の関係」にあったと推定している。さらに経弁が康暦二年（一三八〇）と十七日に行われた二条良基邸での大掛かりな花合せの記録を紹介し、経弁僧都も参加、「二条良基の特別に親しい友人」であり、その「交遊圏にすんなり入りうる人物」であったと指摘している〔松岡心平：二〇〇二〕。

なお、小川剛生は、彰考館本より若干書写年代が遡る渡会延佳旧蔵本（慶應義塾大学図書館蔵）を紹介した〔小川剛生：二〇〇五〕。同本は彰考館本の誤写を訂正できる箇所もあり、逆に彰考館本のままでよい部分もある。以下、彰考館本に拠りながら適宜訂正して紹介する。読みやすさを考慮し、私に改行し、濁点・句読点を補ったことをお断りする。

藤若ひま候ハヾ、いま一ど同道せられ候べく候。一日はうるはしく心そらなる様になりて候し。わが藝能ハ中〳〵申におよばず、鞠連哥などさえ堪能には、たゞ物にあらず候。なによりも又、かほだち、ふり風情ほけ〳〵として、しかもけなりげに候。か丶る名童候べしともおぼえず候。源氏物語に、むらさきのうへのことをかきて候にも、まゆのあたりけぶりたると申たるは、ほけてゆふのあるかたちにて候。をなじ人を物にたとへ候に、春のあけぼの丶霞のまより、かば桜のさきこぼれたると申たるも、ほけやかに、しかも花のあるかたちにて候。

哥も連哥もよきと申ハ、か丶りおもしろく、幽玄なるを上品にはして候なり。

この児の舞の手づかひ、足ふみ、袖かへし候さま、まことに二月ばかりの柳の風になびきたるよりもなをたをやかに、秋の七草の花ばかりゆふ露にしほれたるにもまさりてこそ候らめと見えて候。昔、唐の玄宗の、沈にて家をつくられて、二三里の中ハ匂ひ候けるとかや。これを沈香亭《ちんこうてい》と号して、此所にて、楊貴妃の牡丹の花をもてあそびて、霓裳羽衣《げいしょううい》の曲と申候て、玄宗の月の都へ入て、玉の笛にてうつされたる天人の舞をまひて、袖をかへして、李白といふ詩つくり、面白き哥どもをつくりて、うたハせ候けるも、いまの心地しておぼえ候なり。光源氏の花の宴に、春の鶯囀といふがくを、花のかげにてまはれて候しゆふばへのほども、かくこそと覚候し。

将軍さま賞翫せられ候も、ことはりとこそおぼえ候へ。得がたきは時なりとて、かやうの物の上手も、おりを得候ことかたき事にて候に、あひにあひて候事、ふしぎにおぼえて候。天馬も伯楽にあはざれバ、あしならぶなし。卞和《べんか》三代をへてこそ宝物にもなりて候し。しる人のなき時ハ正躰なき事にて候。か丶かる時にあひ候しも、たゞものならずおぼえ候。

相構〳〵此間に同道候ふべく候。むもれ木になりはて候身の、いづくにか心の花ものこりてんと、我ながらおぼえて候。此状やがて火中に入候べく候なり。

卯月十七日

尊勝院へ

私云、藤若者大和猿楽観世大夫子、鬼夜叉也。尊勝院同道、参二条殿之時、被改藤若云々、

「藤若に時間がありましたら、もう一度同伴していただきたい。先日はその美しさに心が奪われるほどになりました。自分の芸はむろん、鞠や連歌などさえ達者であるとは、ただ者ではありません。何より容貌といい、その風姿や所作といい、呆然となるほど臈《ろう》たけて、しかもかいがいしく、これほどの美童がいるとは思えません。…将軍様（義満）が賞翫されるのももっともなことです」と、過日、良基のもとに藤若を同道してきた尊勝院に対して、その名童ぶりを絶讃し、もう一度藤若をつれてきてほしいと、良基の熱烈な気持ちを伝える内容である。このとき良基は五十六歳であったが、藤若の姿かたちは蠱惑的で、優美さと華やかさをあわせもち、舞う姿は天人のようで、『源氏物語』が称賛する紫の上の美しさにも劣らない、などという。

「その長大さと言い、飾りに飾った文辞といい、通常の実用のための書状とは異質のものである。同書を彰考館文庫本が…美文の類と合写しているのは、『良基消息詞』が規範とするに足る文章として評価されていることを推測せしめる」〔表章：一九八六〕。

偽書説をめぐって

なお、この手紙に関しては偽書説も出ている。良基の手紙であることに疑問を抱いた日本史研究者の百瀬今朝雄は書札研究の専門の立場から、江戸時代の贋作であろうと推測した〔百瀬今朝雄：一九八八〕。その根拠として、当時の手紙としては長すぎること、「将軍様」「尊勝院へ」という表記が違和感があり当時のものとは思えないことなどで、実用のための書状として読み、故実等に詳しい専門家の立場から真偽を問うた傾聴すべき見解である。しかし、この書状の発見者である福田秀一が指摘しているように、良基の連歌論の用語との近似や、良基でなければ書けない内容等に加え、良基がこの書状のような、当時の公家としては異例の仮名書きの手紙を他にも残していることや、艶書文学として位置づける国文学研究者の小川剛生の詳細な反論〔小川剛生：二〇〇五〕に照らし、良基の手紙とみるべきであろう。

藤若賞翫も、義満の意を迎えるための贔屓であった。劇中で読まれてもいい芝居じみた手紙で、良基の情熱は甚だしく、前関白という貴顕良基が美しい少年に恋い焦がれる狂態を演じているようだ。「かほだち、ふり風情、ほけ〳〵として、しかもけなりげに候」とある「ふり風情」は、世阿弥の『花伝第七別紙口伝』にも「一、細かなる口伝にいはく。音曲・舞・はたらき・振り・風情、これまた同じ心なり」と見え、所作や風姿を言う。「ほけ〳〵」とは、たとえば、二条良基が、九州探題を任されるほどの有力武将で和歌・連歌にも精進した今川了俊〔貞世。一三二六～一四一四ころ〕に宛てた連歌論書『九州問答』〔永和二年成立〕に「寄合モ心モ珍カランハ不及申スニ及バズ、更ニ風情モ寄合モナキ句ノナニトヤランホケ〳〵ト感ヲ催ス事ノアル也。是ゾ生得ノ堪能ノ仕態ニテ侍ルベキ」とある「ホケ〳〵」と同じく「惚け惚け」で、当時の俗語的言葉であった。その美しさに心奪われて、ぼうっとする、呆然としている、という意味である。容貌・容姿も、立居振舞も、風姿も、きわめて魅惑的蠱惑的で、藤若が稀代の美童だったことは確かであろう。以下、『源氏物語』や和歌・連歌の例を並べて容貌・才能を褒めちぎり、藤若の舞ぶりを光源氏の春鶯囀《しゅんのうでん》の舞に譬えている。猿楽の芸はもとより、当時、公家が楽しんだ「鞠・連哥さえ堪能」だともいうのも驚きで、『風姿花伝』序で戒めた「非道を行ずべからず」と矛盾するが、猿楽を貴人賞翫の芸能に押し上げるように舵を切った観阿弥による英才教育の結果であろう。

「鞠（蹴鞠）」は貴族や神職・僧侶などの嗜む貴族の遊びで、良基自身造詣が深く、貞治二年（一三六三）の北朝の内裏蹴鞠会の記録『衣《きぬ》かづきの日記』の作者であり、良基の連歌論書『筑波問答』にも蹴鞠の家の難波宗緒（一二八九〜一三五〇以後）の蹴鞠論が援用されている。晩年、世阿弥は父観阿弥に劣る自分の欠点は足が利くということを元能に語ったが（『申楽談儀』附載）、足が利くことは敏捷性・瞬発力が求められる鞠にとっては長所である。こうした基礎技術が少年のころから備わっていた。『風姿花伝』をはじめ世阿弥の芸論にも「体配《たいはい》」「身づくろい」など鞠と共通の用語が散見するのも納得できる。

書状の「得がたきは時なり」にも注目したい。良基は先述した『衣かづきの日記』や『雲井の花』など宮中での儀式や行事を仮名書き文で記録しているが、作者不明ながら良基の作とされる、永徳元年（一三八一）三月の後円融天皇の室町第への行幸記『さかゆく花』に「得がたきは時なりとて」とあり、この表現も良基の書状であることを思わせる（《西行桜》にも「得がたきは時、逢ひがたきは友なるべし」とある）。末尾の「この状、やがて火中に入れ候ふべく候ふなり」はもとより謙遜で、誰か（意中では義満）の目に触れることを願っている。

なお、奥書「私云、藤若者大和猿楽観世大夫子鬼夜叉也」について付言すると、藤若が大和猿楽観世大夫の子であることは間違いないが、藤若の前の名を「鬼夜叉」とするのは疑問が残る。表章は、普通「〇夜叉」は田楽新座の役者に見られる名で、猿楽者には見られない、ただし歴代観世大夫のうち六世観世元広と九世観世身愛《ただちか》の幼名が「鬼若」なので、世阿弥以来の観世大夫の幼名に「鬼」を冠することがあったかもしれないが、明確な裏付けが現れるまで、世阿弥幼名鬼夜叉説は採用しない方がいい、としている〔表章：二〇〇八〕。

良基と連歌をする藤若

少年藤若が連歌も堪能であったことを示すのが、崇光《すこう》上皇（一三三四〜九八）の宸記『不知記《ふちき》』（東山御文庫蔵）の二十五日条の記事である〔伊地知鐵男：一九六七〕。良基邸での連歌会に「猿楽観世の垂髪」（垂髪は稚児と同じ。つまり藤若）が参上し、その付句二句が称賛を浴びたという。『不知記』の日付は連続していないので原本からではなく、その抄出本の写しとされ、永和四年（一三七八）の正月から六月までを一軸としたと推測されている。以下、『不知記』を詳細に考察した小川剛生「世阿弥の少年期（上）――「不知記」（崇光院宸記）を読み直す」（『観世』二〇一三・四）に拠って紹介する。構成を示すため、番号を付し、濁点と注を加えた。

①廿五日　法華経一部読之
於寺昨日崇格物語、先日猿楽観世□垂髪、於准后連哥当座称美句事、経有申出之処、此句たゞ非殊勝分、真

実法文心□□神妙之由、長老褒美以外也、

②いさをすつるはすてぬのちの世　　准后（良基）

罪をしる人はむくひのよもあらじ　　児（藤若）

前句も当座感□甚、付句又准后以外称美、讃□□

此前句も連哥にはあたらしくきこゑたり、哥には

同類多歟、すつる人をばすてぬとはいへるも同心歟、

③きく人ぞ心空なるほとゞきす

しげるわか葉はたゞ松のかぜ　　垂髪（藤若）

風の声　おと、もせず、たゞ風とばかり仕、堪能也云々、

此ほめ所は強不甘用（肝要の宛字）哉、此脇句には贈答事ちとありし也、大事歟、

④いつふるぞ卯の花がきの庭の雪

自関東上洛禅僧参仕云々、

⑤松が枝のふぢのわか葉に千とせまでか、れとてこそ名づけそめしか

此児ニ給五明（扇のこと）之時被書此歌、此童先年十三歳ニテ

参之時、被付藤若名字事云々、今年十六歳歟、□（脇）句

詞、此哥甘用歟、然而雀子ゑの子などの心ちする詞也、

此心ニテき、よき詞可被案付哉、

小川の指摘に拠れば、①は、前日、崇光院が「寺〈大光明寺〉」に赴き、「崇格」なる者の語る内容を書きとどめたものである。これより前に藤若が詠んだ「当座称美の句の事」を、庭田経有〈伏見殿の近臣で、朝廷にも出仕していた〉が話題にしたところ、「長老」が絶賛して解説したといい、それが②の付合《つけあい》である。院はこの句が出された時の状況を記し、付合について自らの批評を記した。

③と④は、恐らく②とは別の、しかし時期的に近い連歌会の発句・脇・第三と考えられ、③も当座の連衆の反応と鑑賞の意見を述べている。④は、③の自らの意見の証として出されたもので、②③④と続けて記した後に、⑤を追記したと考えられるという。

説明が長くなってしまった。藤若の付合について述べよう。②の良基の句「いさをすつるはすてぬ後の世」〈現世の功績を惜しまず棄てるのは、後生を棄てないということだ〉に対し、藤若は「罪をしる人はむくひのよもあらじ」〈現世での罪を自覚している人は、後の世で現世の罪に苦しむことなどよもやないでしょう〉と付けた。前句とほぼ同じ内容である。院は、同じ発想の和歌は常套であるが、連歌には珍しい、とした。

次は、「きく人ぞ心空なるほと〻ぎす」〈時鳥の声を聞くと〈期待で〉心もそぞろであるように、藤若の評判を聞く人はうわの空である〉という発句に対し、藤若は「しげる若葉はただ松の風」〈今をさかりと藤の若葉は美しく波のようにうねっていますが、波の音もなく、ただ松を吹く風の音だけなのです〉と付けた。常套表現の「風の声」「風の音」を詠まず、「ただ松の風」とした点が良基たちに評価されたと伝える。良基を松に喩えての謙遜の挨拶で返したのである。

「藤若」のいわれ

「藤若」の命名のいわれを伝えるのが⑤である。良基が五明（扇）に書いて渡したという和歌「松が枝の藤の若葉に千歳までかかれとてこそ名づけ初めしか」によって知られる。「松」にかかる「藤の若葉」を詠んでいるが、これは邸内に湧出した泉と池水によって名高い良基の押小路烏丸殿の、松に懸かって池水に映える見事な藤の花という眼前の光景をうつしたものという指摘もある〔松岡心平：二〇〇二、小川剛生：二〇〇五〕。松の枝に懸かる藤の若葉のように、千年の長きにわたって懸かれ（かくあれ）、と。良基は、少年の美貌と才能の長久を祈って藤若の名を与えたのであろうか。常緑の松に懸かる藤、幾重にも重なる紫の藤波も美しいが、それ以上に、萌え出づる若葉の輝き、新鮮な命の輝きを感じたのかもしれない。

良基が初対面のときから藤若の豊かな詞藻に驚嘆している事実は、世阿弥はそれ以前に尊勝院経弁のもとなどで文章表現の教育を受けていたこと、かなり高い文学的教養を身につけていたことを物語る。と同時に、幼時からのこうした教養が後年に自己の芸得を文章に著して高度の芸術論を展開し、歌語を自在に駆使した流麗な謡曲を数多く創作し得たことの大きな要因となっていよう。しかも貴人専用の遊戯である蹴鞠を少年の世阿弥が身につけていたという事実も、彼が貴人向きの芸人として教育されていたことを示している。観阿弥自身にそうした嗜みが深かったという形跡はないようなので、おそらく、東大寺尊勝院の経弁僧都やバサラ大名の京極の道誉、義満に近侍した遁世者海老名の南阿弥陀仏などといった教養ある庇護・支援者に依頼しての教育ではなかったろうか。世阿弥が『花伝』の「序」において猿楽の能のほかに唯一推奨した歌道のたしなみは納得できるが、蹴鞠も許されていたのは、前にも触れたように、貴人たちに可愛がられ、上層階級からの愛護を受けるよう観阿弥が望んだ英才教育であったろう。

3　足利義満の寵愛

世阿弥に対する良基の熱情は甚だしいが、前述の通りそこには世阿弥を寵愛する時の足利将軍義満の意を迎えるという動機があったろう。

義満との出会い

北条高時や足利尊氏など、それまでの武家の権力者は田楽を愛好していたが、義満は青年時代に猿楽に魅せられた。その出発点は、世阿弥が『申楽談儀』で「観阿、今熊野の能の時、申楽といふことをば、将軍家 鹿苑院 御覧じはじめらるるなり。世子、十二の年なり」と語った今熊野の能である。繰り返しになるが、それは、永和元年（一三七五）の新熊野社（現京都市東山区今熊野椥森《なぎのもり》町）六月会《みなつきえ》における猿楽であった。義満は初めて大和猿楽観阿弥の芸に触れた。世阿弥は十二歳の少年だった。その美童ぶりに魅せられ、寵愛するようになったのである。そればかりではない。後年、義満に寵愛された近江猿楽の名手犬王が、武家と猿楽とを結びつけた記念すべき出来事として、観阿弥に対する出世の恩を忘れず、毎月十九日（観阿弥は至徳元年五月十九日に駿河で死去）、観阿弥の月命日に僧二人を呼んで観阿弥の菩提を弔ったのである（『申楽談儀』）。

義満、藤若を同席させる

そして永和四年（一三七八）六月七日の祇園会見物に、義満は桟敷を構え、藤若を同席させて盃を与えた。保守派の公家、前内大臣三条公忠（一三二四〜八三）は非難し、義満の機嫌をとるために藤若を引きたて、金品を贈る武将たちを苦々しく思い、日記『後愚昧記』に次のように記している。

大樹（義満）、桟敷を構へ〈四条洞東洞院〉、之を見物す。件《くだん》の桟敷は賀州守護富樫介（昌家）経営す。大樹の命に依ってなりと云々。大和猿楽児童〈観世の猿楽と称する法師の子なり〉、大樹の桟敷に召し加へられ、之を物す。件の児童、去る比《ころ》より大樹之を寵愛し、席を同じくし器を伝ふ。此《かく》の如き散楽は乞食《こつじき》の所行なり。しかるに賞翫近仕するの条、世以て傾奇《けいき》す。

二十一歳の若き将軍義満。「大和猿楽児童」、藤若と呼ばれていた少年時代の世阿弥、十五歳ほどの差。席を同じくし、一つの器で酒を飲むという将軍の寵愛ぶり。三条公忠は「乞食の所行」である猿楽者が、将軍に近侍することだけでも嘆かわしい、「此の児に物を与ふる人」は義満の覚えがめでたいというので、諸大名が競いあって褒美を与え、「費《ついえ》、百万に及ぶ」とまで記している。

足利義満

その藤若の姿を描いたものはないが、想像させる資料がある。それは、後年、世阿弥が著した『二曲三体人形図』の「童舞《とうぶ》」絵図である（第七章参照）。幸いに世阿弥の自筆本を娘婿の金春禅竹が忠実に透写した本が伝わる。その冒頭が「児姿幽風」と記した「童舞」で、世阿弥は少年の美しさを「児姿幽風」と捉えたのだが、この「児姿幽風」について考察した香西精は、こ

児の舞う延年
（『法然上人絵伝』）

児眉
（『騫驢嘶餘』）

の図の児の眉と髪に注目した。眉は、目の上方に描かれた大きく長い八の字の形の作り眉で、これが『騫驢嘶餘《けんろせいよ》』（室町末葉頃の僧職・服装・織物糸等についての随録）の「児眉」にあたるとし、髪も女性のように後ろへ垂らす下げ髪に入元結《いりもとゆい》であることから、この図の児の与えるイメイジは「稚児物語に出て来るような寺の稚児に準じたものである」とした（香西精：一九七九）。『法然上人絵伝』（知恩院蔵）の延年を舞う児の姿を想像すればよいか。児姿に幽玄美が生まれるとした世阿弥の論に想到するとき、卓見であろう。

琳阿弥たち数寄者の貢献

時の権力者の寵愛を得たことで、それを利用しようという思惑も、世阿弥の周辺に現れるようになる。琳阿弥は玉林《たまりん》とも呼ばれ、義満近侍の地下《ぢげ》の遁世者で、明徳五年（一三九四）には、義満の寵臣で山城国守護の結城満藤（生没年未詳）とともに、諸国に大規模な荘園を経営していた東寺との連絡役を務め、応永四年（一三九七）には、東寺に土地家屋を寄進するなど、東寺との縁が深かったらしい。和歌・連歌にすぐれ、永和四年（一三七八）から翌年にかけて京都金蓮寺の四代浄阿が、熱田権宮司仲宗の所望により、円福寺（名古屋）三代厳阿の申沙汰によって寄進した『熱田本日本書紀紙背和歌』に出詠しており、歌人としても知られていた。連歌は救済《きゅうせい》（一二八二？〜一三七八？）門下の一人で（『古今連談集』）、良基は至徳頃（一三八四〜八六）の連歌の好士《くし》（和歌や連歌の愛好者）として師綱・通郷・成阿・道助の四人を推し、琳阿・頭阿・慶阿をこれに次ぐ者としている。琳阿弥は、義満に仕え、二条良基に師事した連歌愛好者の梵灯庵（朝山小次郎師綱。一三四九〜？）とは、同輩かまたは少し年輩らしい。

能の数寄者として歴史に残る琳阿弥の仕事は、現代にも闌曲《らんぎょく》（乱曲）または曲舞として謡い継がれている《東国下り》（別名、海道下り）と《西国下り》を作詞したことである。一時期義満の不興を蒙り東国を流浪していた琳阿弥が《東国下り》を作詞し、海老名の南阿弥（義満側近の遁世者）が節付けして、義満寵愛の少年藤若に義満の御前で歌わせたところ、義満の勘気を解くことができた。琳阿弥はその後、姉妹作ともいうべき《西国下り》も作詞し、観阿弥が作曲した。

二つの曲舞はともに長大な謡物で、古今の名句を点綴した華麗な修辞技法をみせ、文学的香気もただよう。こうした先駆的仕事が行われていたからこそ、世阿弥たちもこれらに学び、能の制作にその詩句を引用し、総体的に以後の能の作詞も質的に向上したのである。能の創成期には、このように琳阿弥や南阿弥ら数奇者たち貢献があったのである。

阿弥号とは

ところで室町時代には、「琳阿弥」のように「〇阿弥」という名を名乗る人物が多く輩出した。当時、阿弥号は、俗世間や寺院内での生活を捨てて、仏道に精進する世捨て人が名乗る名前で、遁世者である。幕府内での賓客の接待や客室の設営など将軍の身の回りの世話や雑用をし、そのうちの一部が芸術にその才を発揮したのである。彼らが名乗る「阿弥」という名前は阿弥陀仏を略したもので、たとえば、先述した海老名の南阿弥は、元は関東の武士で義満に近侍した遁世者で、当時流行した謡い物「曲舞」の作曲に長じた人物であるが、正式には南阿弥陀仏であり、「○阿弥」は阿弥陀如来の信仰に由来するものである。しかし、阿弥号を名乗る人物が、すべて阿弥陀如来を信仰する浄土教の一派である時宗の信仰をもっていたわけではない。世阿弥は禅宗に帰依しているし、桃山時代、刀の鑑定で有名な本阿弥光悦は法華宗の信徒であった。したがって「阿弥号＝時宗の僧」ではない。

それでは、田楽の喜阿弥・増阿弥《ぞうあみ》、大和猿楽の観阿弥・世阿弥、近江猿楽の道阿弥という名前は、いったい何か。ごく簡単にいえば、芸名であり、擬法名的芸名（法名に擬した芸名）とでも呼ぶべきものである〔香西精：一九六二〕。もともと「猿楽法師」と呼ばれる擬法体の芸能者である猿楽が、実際の信仰生活とは無関係に出家号を称し、それを芸名に用いたことは十分考えられることである。

なお、阿弥号や同朋衆については、天野文雄が「世阿弥と同朋衆をめぐって」、「能役者の阿弥号の意味と由来」で詳しく論及している〔天野文雄：二〇〇七〕。

父子による共演

観阿弥と藤若時代の世阿弥が共演した逸話が残っている。世阿弥が永享二年（一四三〇）三月に著した『習道書《しゅどうしょ》』「笛の役者の事」の補説に、大和猿楽の笛の上手名生の逸話として伝えている。

昔、大和猿楽に名生《めいしゃう》という笛の上手がいた。この人は、数奇者として有名な京極の道誉入道殿

〈佐渡判官ともいう〉でさえ、「能の演技の間《ま》が延びるのはよくないことだが、この名生の笛を聞いていると、時の経《た》つのも忘れてしまう」と感心された程の笛の達人であった。

　あるとき、神事猿楽の演能で、シテ（主役）の棟梁と少年の役者とが〈ロンギ〉（会話体の歌）を歌ったのだが、その時の基本的な調子は「鸞鏡《らんけい》」調（日本音楽の十二律の第九。洋楽の変ロ音に近い）であった。ところが少年の役者の声はまだ声が幼くて、とかく「盤渉《ばんしき》」（十二律の第一〇。洋楽のロ音に近い）にうわずっていった。しかしシテの声は「鸞鏡」調であるから、だんだんとやりとりを重ねてゆくうちに、二人の調子が揃わなくなり興ざめな上演になりかけた。それを名生が笛の調子を本来の「鸞鏡」に吹きながら、いっぽうの少年の声のほうを少々加減して「盤渉」調に彩り、シテのほうは本来の「鸞鏡」調に吹いて、その結果、両者の声の調子に違和感がなくなり、舞台全体の効果もおもしろいものになった。

　そのように巧妙な演奏をしたとは、一座の誰も気付かなかったが、その時のシテ（観阿弥）は後に名生に向かって、「今日の笛はまさに神業《かみわざ》だった」と褒めた。そのとき名生が言うには「聞き分けていただいたので申しあげるのですが、年とった声と若い声のやりとりの調子を整えるには、ずいぶん工夫をこらしました」と答えた。

　この時の能は《少将の能》であった。《少将の能》は散逸して今は伝わらないが、鬼界ケ島から帰洛した丹波少将成経や平康頼が登場する能であろう。「思ひし程は」は『平家物語』巻第三「少将都帰」の「ふるさとの軒の板間に苔むして思ひし程は洩らぬ月かな」の康頼の歌である。機転の名技である。一座の内で特に聞き分ける耳を持った者もいなかったようだが、さすが棟梁の観阿弥は、名生が笛で旋律を調整したことを聞き分けたのである。この逸話から、当時すでに『平家物語』に取材した能が作られていたことや（後述）、笛は、〈ロンギ〉（役と役、または役と地謡が交互に歌う小段）も、現代と違い並行旋律で修飾していたようで、現在より笛の出番が多かったことが分かる。

至徳元年（一三八四）五月、観阿弥は駿河国浅間神社において法楽能を興行し、同地で五十二歳の生涯を閉じた。『風姿花伝』第一年来稽古条々の「五十有余」に「亡父にて候ひし者は、五十二と申しし五月十九日に死去せしが、その月の四日の日、駿河の国浅間《せんげん》の御前にて法楽仕《つかまつ》る。その日の申楽ことに花やかにて、見物の上下、一同に褒美せしなり」とある。

やがて世阿弥が二代目の観世大夫を継いだ。恐らくこれ以前に元服していたであろう。三郎元清と名乗る。二十一、二歳で父と死別したことは大きな打撃であっただろうし、かつて貴人を熱狂させた美童としての魅力もすでに失っていただろう。だが若き棟梁の元清は父の遺訓を守って芸を磨き精進を重ねていく。少しの油断も許されなかったというべきだろう。

世阿弥を名乗る

明徳の乱で山名氏清（一三四四〜九一）が敗れ、南北朝の合一もなり室町幕府の基礎が固まった明徳五年（応永元年＝一三九四）三月十二日、春日興福寺に社参した義満は、翌十三日、将軍の宿所一乗院（興福寺最大の院家の一）で猿楽を見物した。伝奏（朝幕調整役）として活躍した広橋兼宣（一三六六〜一四二九）の『兼宣公記』には「十三日、晴、於一乗院殿有猿楽、家君御参」とあるだけだが、『春日御詣記』（大日本史料・七編之三所引）に「一、同十三日、依為例日無何事、但為官符衆徒沙汰、猿楽観世三郎有之」とあり、興福寺の官符衆徒の主催する猿楽で、演者が観世三郎すなわち世阿弥であった。義満饗応の催しであり、義満の贔屓役者であるがゆえに世阿弥が選ばれたのであろう。これが文献に見える観世三郎（世阿弥）の最初の出演記録である。時に世阿弥三十二歳。『風姿花伝』第一年来稽古条々、三十四、五に「このころの能、盛りの極めなり。この条々を極め悟りて、堪能なれば、さだめて天下《てんが》に許され、名望を得べし」とあるように、全盛に向かうころである。

さらに応永二年（一三九五）四月十七日、義満は南都に下向し春日興福寺に参詣した。興福寺一乗院門跡に仕えた東院の光暁（一三六三〜一四三三）が記した『応永二年乙亥毎日雑々記東院光暁之記写』（興福寺蔵。以下『東院毎日雑々記』）によれば、その前日の十六日条に「是アミ来了」とある記事が注目される。翌日十七日条には「室町殿御下向　参向一乗院門前事…」とあって義満の下向を伝えている。十八日条に「日次不快之間御出無之　童舞用意之処　降雨間不及沙汰」とあり、十九日条に「御参社　一乗院東御門ニテ御見物」とある。廿一日条には「室町殿御帰洛」とあって二十一日に義満は帰洛しているが、注目したいのが十六日条の「是アミ来了」なのである。

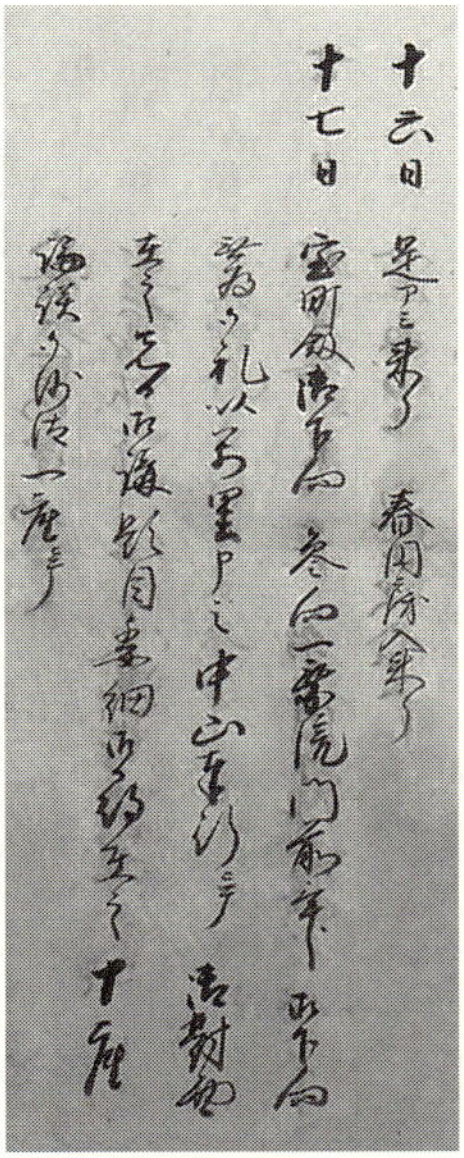

『東院毎日雑々記』応永２年４月16・17日条

この記事を信ずるならば、この時、観世三郎は「セアミ」ではなく「是（ゼ）アミ」と呼ばれていたことが知られるのである。世阿弥、三十三歳ごろとなる。これま

で、『申楽談儀』に、

> 道阿の道は、鹿苑院の道義の道を下さる。
> 世阿は、鹿苑院、「観世の時は、世、濁りたる声あり。ここを規模」とて、世阿弥と召さる。
> そのころ、勘解由小路《かでのこうじ》殿武衛《ぶえい》、兵庫にて御犬の検見に、将軍家、御着帳自筆に、「先管領」と遊ばされしより、今に先管領と云ふ。同じやうに御沙汰、世子面目の至りなり。

とある記事から、近江猿楽の名手犬王が義満の道号「道義」の「道」を賜り、犬阿弥を「道阿弥」と改名した（義満は応永二年六月に出家して法名道有を用い、まもなく道義と改めた）ことと合わせて、セアミかゼアミか、区々《まちまち》であったのを、義満が「観世」（観阿弥）の「世」は濁音で訓《よ》むから、これに倣って「ゼア」と濁るがよい、という義満の裁定によって「ゼアミ」と呼ぶようになったと理解されてきた。しかし、犬王の道阿の件とは別々であり、合わせて考える必要はない（落合博志：一九九四）。また、勘解由小路に住み、代々武衛（兵衛府の唐名）に任じたので勘解由小路殿武衛と呼ばれた初代管領斯波義将（一三五〇～一四一〇）が応永五年閏四月に退いた後は、「前」ではなく「先管領」と呼ばれたいわれを説明し、義将も世阿弥も、将軍義満の直々の御裁定をいただいた名誉と語っているが、これも義満直々の裁定であることの名誉を強調しているのであり、時期の推定とは別問題であろう。『東院毎日雑々記』の記事は「セアミ」ではなく「ゼアミ」と呼ばれていたことを示す資料である（なお第三者が「是阿弥」と記した例として、世阿弥の晩年であるが、『満済准后日記』永享四年正月二十四日条に「観世入道号是阿、芸能一番依仰仕之」とある)。

ここで少し『東院毎日雑々記』の筆者についてふれておこう。筆者の光暁は、義満との関係が深く、髙岸輝によれば、義満が応永二年(一三九五)四月七日に修した足利義詮三十三回忌法華八講に読師として参加している。光暁は広橋仲光(一三四二〜一四〇六)の猶子(養育関係にない義理の子)で、葉室光資が実父である(光資が南朝に仕えたため吉野に生まれたとの説がある)。円守僧正の弟子で東院と修南院に兼任し、のち円暁と改め、碩学で、文殊の化現、「文殊僧正」と称され、近代の名匠と讃えられた。応永二十一年の義満七回忌追善法華八講の賞として興福寺別当に補任されている(髙岸輝:二〇〇四)。光暁は貞治二年の生まれだから世阿弥と同い歳で、この時三十二歳である。親近感があったかもしれない。

北山第の造営

応永四年(一三九七)四月、義満の北山別邸(北山第)の造営が始まった。北山第は西園寺家が十三世紀初頭以来、氏寺と山荘を設けた広大な西園寺邸のあとを同家から譲り受けて築造した別業である。二条良基作ともされる『増鏡』に「もとは、田畠など多くて、ひたぶるに田舎めきたりしを、さらにうち返し崩して、艶《えん》ある園に造りなし、山のたたずまゐ木深《ぶか》く、池の心ゆたかに、わだつ海をたたへ、峰よりおつる滝のひびきも、げに涙催しぬべく、心ばせ深き所のさまなり」とあるように、すでに着工以前から北山第一帯は、かなりの威容を呈していた。

義満は、さらに多くの堂閣などの仏教建築群と、寝殿・釣殿などの住宅建築群からなる壮大な空間を巧みに活用し、壮麗な七重塔も建立するなど全体的な統一性を創出した。義満が、座敷に唐物を飾り茶会を開いた会所は、天鏡閣と呼ばれた三階建ての建物で、会所の隣には泉殿と、三階建ての舎利

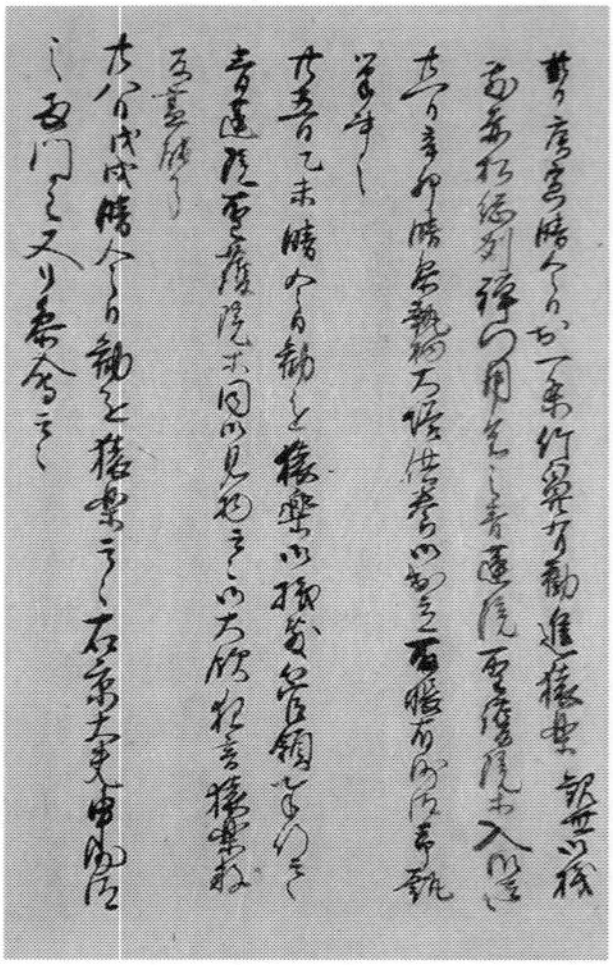

『迎陽記』応永６年５月

殿（いわゆる金閣）があり、舎利殿と天鏡閣は、二階が空中廊下で結ばれていた。

北山第は幕府の政庁であると同時に、公武に君臨した義満を中心とする公武上層階級の社交の場でもあった（佐藤進一：一九九四）。特に名高いのが応永十五年（一四〇八）三月、後小松天皇を迎えての饗応であるが、これについては次章で詳しく述べよう。

盛りの極め、天下の許され

応永六年（一三九九）三月には、興福寺金堂供養参列のために南都に下向した義満の御前で、世阿弥が金春大夫（禅竹の父であろう）と能を演じている（『東院毎日雑々記』ほか）。義満の変わらぬ後援もあって、世阿弥は翌四月、義満の猶子で後に義持・義教兄弟のブレインになった醍醐寺三宝院の門跡満済（一三七八～一四三五。黒衣の宰相と呼ばれ幕政に手腕を発揮した）を訪ね、義満臨席のもとで演能した。二条家の家司《けいし》東坊城秀長（一三三八～一四一一）の日記『迎陽《こうよう》記《き》』の応永六年四月二十九日の条に「晴、今日於三宝院有猿楽 観世 室町殿御見物、青蓮院宮、聖護院門主等御参会云々、十番逸興也、…」とある。

翌五月には、京都一条竹ヶ鼻において、三日間の勧進猿楽を幕府後援の下で興行し、義満・義持ほか諸大名が桟敷を構えて見物した。二十日は赤松義則（一三五八～一四二七）が桟敷を担当し、二十五日の桟敷は管領畠山基国（一三五二～一四〇六）が、二十八日は細川満元（一三七八～一四二六）が担当し、足利義満が直接に後援する勧進猿楽であった。

これまで「一条竹ヶ鼻」について、北野社近くの「瀧ヶ鼻町」かと推測されてきたが、細川武稔によれば、この勧進能は足利義満による永円寺造営のための勧進猿楽で、「一条竹ヶ鼻」は「北山牛御堂東」であるという〔細川武稔：二〇一〇〕。現在の京都市北区の北野天満宮近くである。世阿弥三十七歳の「盛りの極め」に「天下の名望」「天下の許され」を獲得したのである（『風姿花伝』第一年来稽古条々「三十四五」）。「天下」とは京都であり、よってこれは将軍家を頂点とする武家貴族の愛顧と世間上下の賞翫を獲得したということである。

『風姿花伝』を著す

翌年の応永七年、世阿弥の最初の能楽論書『風姿花伝』の第一次完結である第三問答条々までが書かれた。このあと第四神儀を附載し、その申楽起源説の要約を綴って第一の前に置いた「序」と、使命感と緊張感を持って「その風を得て、心より心に伝ふる花なれば、風姿花伝と名づく」と説き進める「奥義」とを加えた形の五篇までが、『風姿花伝』の基本となる。奥義がいつ成立したかは判然としないが、その後、『花伝第六花修』と『花伝第七別紙口伝』を加えて、全七篇の『風姿花伝』本体の構造が出来上がっていく。

したがって『風姿花伝』とは、序から奥義までの五巻の書名であり、七篇全体を呼ぶ名としては、旧名でもあり第六・第七の篇名冒頭に残る『花伝』が妥当とされている。ヨーロッパでもまだ生まれていない演劇論が誕生したのであるが、なぜ伝書は書かれたか、その背景などについては、第七章「芸術論の展開」で述べることにする。

第三章　好敵手たちとその影響

1　犬王の時代

犬王

順風の世阿弥以上に足利義満に寵愛された猿楽者がめざましい活躍を見せる。近江猿楽日《ひ》吉《え》座の犬王（?〜一四一三）である。世代的には観阿弥に近い先輩格の名手で、その謡を、バサラ大名の佐々木高氏（京極導誉）が「日本一」と絶讃したことが、『申楽談儀』の「音曲の命はかかりの美しさにある」ことを述べた条に見える。「かかり」とは個々の言葉や節ではなく、それらの流れの上に感じられる全体としての表現の姿であるが、ここではむしろその姿のもつ効果、美しさをさす。

続けて、観阿弥以前の「昔の大和音曲は、さしてかかりなければ、文字訛りよく聞こゆ」（観阿弥以前の昔の大和猿楽の音曲は、さしてこの「かかり」がなかったので、抑揚の誤り〈訛り〉がよく耳についたものだ）と述べ、田楽能の喜阿弥は「かかりありて、訛り隠るるなり。南阿弥陀仏、日本一の音曲と言はれし謡なり。喜阿が節なり」と、義満側近の遁世者で音曲の数寄者の海老名の南阿弥から「日本一の音曲」と讃えられた挿話を紹介している。さらに、

道阿、「ややらはかなや、などさらば、釈尊の出世には、生ぜざるらん。つたなきわれらが、果報かなや」。これを、いづれもきたなき音曲なれども、かかり面白くあれば、道誉も、日本一と褒められしなり。「道阿謡」とつけしものなり。

と語っている。「ややらや」は感嘆詞で引用曲は不明ながら（道阿所演の《念仏の中楽》か）、全体に訛りの多い謡ながら、「かかり」（曲調から生まれる情趣）が面白く、京極の道誉が「日本一」と褒めるなど、犬王道阿弥の謡が如何に情趣豊かで美しい謡であったかがうかがわれる。

『迎陽記《こうようき》』によると、康暦二年（一三八〇）四月、犬王は綾小路河原で勧進猿楽を興行し、東坊城秀長も「密々見物」した。すなわち「十三日葵酉、今日綾小路川原猿楽勧進、密々見物、犬王近江猿楽也」と記している（森末義彰：一九四二、一九七一）。綾小路は四条大路の一筋前の通りで、四条河原の少し南の賀茂川の河原で興行されたものらしい。

「密々見物」とあるのも注意される。二年前の永和四年（一三七八）六月七日、保守派の貴族押小路公忠が、猿楽を「乞食の所行」とし、祇園祭の鉾見物の桟敷で少年時代の世阿弥が足利義満と同席して盃を戴いたことを非難した話は先述した（『後愚昧記』）。開明派の貴族二条良基の下にいる東坊城秀長でさえ、勧進猿楽にうしろめたさを感じたか「密々見物」したのであろう。そこまでして見物に出

かけたのであるから、犬王の人気の程がうかがわれる。

その二年後の永徳二年（一三八二）五月に犬王が興行した北野天満宮の「御前大庭」（本殿前の庭。拝殿と他の三方を回廊に囲まれた所）での演能（勧進能か）では、大勢の観衆がつめかけ、拝殿の屋根にまで上りこむ程の盛況で、庶民層にも人気が高かったことがわかる〔片桐登：一九八一〕。すなわち『北野天満宮史料』第三冊「古記録」篇に「永徳弐年五月一日、御前大庭ニテ犬王猿楽ニテアリケルニ、其時、拝殿ノ屋ネノ上へ諸人ノボリテアリ、余リニ浅増敷《アサマシキ》事也トテ、其後ハ毘沙門堂ノ御前ニテスル也、毘沙門堂ノ前ニテ始而スル初ハ、同八日近江日吉ガ最初也」とある。

永徳二年（一三八二）といえば、観世の棟梁観阿弥は五十歳、翌々年、旅興行先の駿河で歿するのでその晩年に当たる。具体的な曲名が記されていないので、どのような能を演じたか不明であるが、ひとつの目安として『申楽談儀』に見える犬王の所演曲が挙げられよう。《葵上》では、車の作り物を出し、牛車に付き添う青女房も出た（現行演出では車も出さず青女房も出ない）。《念仏の申楽》（散逸曲）では、練貫《ねりぬき》（生糸と練糸で織った絹織物）の衣を一襲《ひとかさね》、衣の前をひとつに揃えて着て、その上に墨染の絹の衣をかけ、長い花帽子を深々とかぶって現れ、一心不乱に「南無阿弥陀仏」と唱えながら、鉦《かね》を叩いて進み出た。世阿弥はその装束の感覚のみごとさと演技に感動している。

直面《ひためん》物（面をつけない演目）らしい《もりかたの申楽》（散逸曲）では、物（床几《しょうぎ》か）に腰かけて読経しているところへ妻と母が来て、二人が「いかに」と話しかけた時、母のほうをじいっと見つめ、母から顔を引きながら妻のほうをそっとうつむいた。その目の演技が面白い心づかいだと、当時、絶讃を博した。《こは子にてなきと云申楽》（この者は子ではないと偽って子を助ける筋の能らしい。《檀風《だんぷう》》の原曲か）でも、「あれ、疾《と》く去《い》ね」という時、目で心情を現し、評判が高かった。現在、目の演技はないが、当時は流し目の演技もあった。「舞に、目そとゆがむ（流し目をするのは）、面白きところあり。左へはさのみゆがむまじ。右へは、目そとゆがむべし。五七・五七の句ごとに、見はたらきをすべし（句の切れ目ごとに目を使うのがよい）」と述べている（『申楽談儀』）。面を着けない直面の役らしいが、舞の中まで「流し目」が型になっているとは驚くばかりだ。観阿弥も《草刈の能（廃絶曲《横山》）》で、シテの鎌倉武士横山が一度幕へ退場する時「ここは忍ぶの草枕」と歌い、妻のほうを見やり、さっと退場した鮮やかな演技を見せ、若い世阿弥は、どんな能役者でも、たとえ天降った者でも、とうてい観阿弥の芸には及ぶまいと驚嘆している（『申楽談儀』）。

飛鳥が空を翔けるような「天女の舞」を創出したのも犬王で（『却来華』『申楽談儀』）、この舞事は廃絶してしまったが、現在でも主要な舞事の基準をなす拍律・旋律の「呂中干《りょちゅうかん》」地《じ》（舞における笛の地の名称。呂・中・干・干ノ中という旋律の異なる四句を一群とする）が循環する、リズムも心地よい舞であったらしい（竹本幹夫：一九七八）。このような舞事は近江猿楽が創始した舞であり、世阿弥も後に移入したほど魅力的な舞であった。しかも新作の競演があいついだ当時のことであるから、新しい魅力いっぱいの新作能を披露し、観衆は熱い期待を抱いて詰めかけたに違いない。

義満の諸国遊覧

戦乱が未だ終息しないなか、義満は各地に赴いている。義満の遊覧は単なる遊覧ではなく、かなり政治的な意味を含んでいた。中世史研究者の佐藤進一『足利義満――中世王権への挑戦』（平凡社、一九九四）によれば、①政治的な勢力をもつ大社寺の祝祭と懐柔、②それぞれの地方の政情視察と威圧、③将軍権威の誇示、が目的である。義満が初めて南都に下向した至徳二年（一三八五）八月には宿所の興福寺一乗院で延年を見物し、東大寺の尊勝院で「三蔵宝物」を見物、正倉院でも宝物を見ている。前述したように、明徳五年（一三九四。七月応永に改元）三月の南都下向では、一乗院で「観世三郎（世阿弥）」の猿楽を見物した。これ以前の康応元年（一三八九）三月には安芸の厳島社に参詣し、周防の国府まで足を延ばして帰京している。その厳島参詣を記した今川了俊（貞世。一三二五〜一四二〇）の『鹿苑院殿厳島詣記』によれば、讃岐の細川頼之（一三二九〜九二）が船を用意し、斯波義種（一三五二〜一四〇八）や細川頼元（一三四三〜九七）、畠山基国（一三五二〜一四〇六）、山名満幸（?〜一三九五）、臨済宗の禅僧絶海中津《ぜっかいちゅうしん》（一三三六〜一四〇五）、公家の日野氏などを引き連れた大掛かりな遊覧で、その中に物語の上手で義満の側近古山珠阿弥陀仏（生没年未詳）や、近江猿楽の犬王と岩童《いわとう》など芸能者も同行した。各地で受け取った守護からの進物も、他の同行者に比べて犬王への料足万疋（銭百貫文。一貫は千文）と記され、犬王だけが突出している。

室《むろ》の津では、山名満幸が犬王の謡を賞讃し褒美を与えている。役者にとって、能ばかりでなく座敷での謡の披露も重要な仕事であり、その代表的存在が犬王であった。犬王は観阿弥の歿後あたりから一貫して能楽界の第一人者の地位にあったと想像してよい。『鹿苑院西国下向記』は犬王の人気と義満の寵愛の程をうかがわせる貴重な史料である（落合博志：一九九四）。

後小松天皇の北山行幸

応永十五年（一四〇八）三月、義満の別邸北山第へ後小松天皇の行幸があった。義満が西園寺家の北山を取得し、庭園を造成し、舎利殿（現在の金閣寺にあたる）、紫宸殿など十三の建物を建て、七重の塔を建立し、崇賢門院（後円融院生母）御所なども含む壮大な北山第を建てたのは応永四年からであるが、ここ北山は代々の天皇の行幸の地であり、仏教の霊地であった。

「北山第は政庁であると同時に、義満を中心とする公武上層貴族の社交の場でもあった。和歌・連歌・管絃の会はもとより、義満の愛好する猿楽の催しも行われた」（佐藤進一：一九九四）。

善美を尽くした義満一代の盛儀たるこの行幸の様子は、一条経嗣（二条良基の息男。一三五八〜一四一八）の『北山殿行幸記』や武家伝奏（朝幕調整役）の山科教言《のりとき》（一三二八〜一四一一）の『教言卿記』に記されているが、『北山殿行幸記』に「さても行幸は応永十五年、やよひのはじめの八日なり。鳥のうたふこゑ、花のゑめる色も、げにさかゆく春と見えたり」とあり、うららかな春の陽光に包まれていた。

義満は、十五歳の義嗣を伴って待機。この日の義嗣の姿を『北山殿行幸記』は「総角《あげまき》し給へるつらつき、顔の匂ひたとへんかたなく美し気にぞ見え給ふ。光源氏の童姿もかくやと覚えたり。げに只今咲き出づる花ともてはやされ給へる御事なれば、申すも中々愚かなり」とその美麗さを絶賛している。

行幸はこの日から二十七日まで及んだ。この間に、破籠《わりご》の風流、献上物、連歌・ご酒宴・童舞・猿楽・鞠・管弦・早歌・白拍子などが繰り返され、諸芸の第一人者による芸能が天覧に供された。義満は犬王の芸を天覧に供した。猿楽の主役は犬王道阿弥であったのである。三月十日は前日からの雨が止まず、奥御会所で犬王道阿弥の舞と歌があり、義嗣の楽舞があった。『教言卿記』に、

一　奥御会所十五間、御幸申さる。これ数献。猿楽道阿弥とやらん、舞をどり歌と云々。御飾具足等、悉く之を進ぜらる。其の外重宝以下、且又鵞眼《ががん》（鵞眼銭の略で、銭の異名）三千貫之を進ぜらる。道阿弥に内裏御門所平鞘御太刀下さると云々。

とある。この日、義満は宋の徽宗《きそう》皇帝や牧渓《もっけい》和尚の絵画など唐物の名品を後小松天皇に献上した。『北山殿行幸記』によれば、十五日は、夜に入り、天皇は崇賢門院御所へ行幸。「栄《は》えばえしくうち乱れたる御遊びどもありて、猿楽をもわざとせさられて叡覧あれば、道の者ども、ここは己が能（技芸の意）のある限りを尽くしたるも、げに理《ことはり》と覚えて、こよなき見物にてぞ有りける」とあり、猿楽の道の者（役者）どもが、己が芸能の限りを尽くしたことを伝えている。

二十二日、再び崇賢門院方に行幸し、犬王の猿楽七番をご覧になった。『教言卿記』は、「亥刻、猿楽犬王道阿之を始む。七番、芸能を尽くし了んぬ。今度舞御覧の垣代《かいしろ》の児の装束の内、金襴唐織物の間、六具これを下さる。面目の至り歟《か》」と記している。天覧舞楽では、奈良の両門跡に命じて、左は一条院、右は大乗院の童舞を召し、それぞれに大衆五百人ずつが付き添ってきたというから、かなり大掛かりな芸能が供されたのであるが、猿楽では残念ながら世阿弥の名前は見えない。これまで、世阿弥ほどの役者が呼ばれないはずはない、名前はないものの出演したに違いないと推測する向きが多かったが、ここは素直に出ていないと考えるべきであろう。

また、これまで、後年の正長元年（一四二八）、大和猿楽十二座の役者十二権守康次が代筆で世阿弥の許へ送った礼状に見える「北山の時分」を、この北山行幸の時と推量し、世阿弥も参勤していたとする推測もあったが、上記のごとく、世阿弥の名前は見えず、犬王が主役であったことは間違いない。義満が北山に別邸を建てたのは応永六、七年ごろであり、猿楽を好んだ義満は北山第でしばしば能を演じさせているから、康次は世阿弥ともども、義満のために北山第で芸を披露したことがあったのだろう。「北山の時分」は、応永六、七年ごろに移り住んだ義満が、応永十五年にそこで歿するまでの約十年間と見るべきであろう。

この天覧能に象徴される義満の犬王重用は世阿弥に大きな影響を与えずにはおかなかった。亡父以来の大和猿楽の伝統である、物学《ものまね》を主体とし、儀理（言葉の面白さ）を重んずる面白き能から、歌舞を中心とした幽玄な能へと、世阿弥の芸風を変化させたのである。

2 義持の将軍就任と増阿弥の台頭

世阿弥、島津家の将軍饗応能で舞う

応永十五年（一四〇八）五月六日、足利義満が急逝し（五十一歳）、世阿弥は最大の理解者・庇護者を失った。新将軍義持はしだいに田楽新座の増阿弥を寵愛していくが、田楽だけでなく猿楽も愛好し、世阿弥を遠避けたのではない。義持は応永十七年（一四一〇）六月に京都の島津邸で催された将軍饗応能で、世阿弥の能を見物しており、世阿弥の人気が落ちたわけでもない。饗応能には賓客の好みを配慮するであろうから、世阿弥（この時四十一歳）への評価は前代と変わっていないと思われる。

前年に義持から日向・大隅・薩摩の守護職を認められた島津元久（一三六三〜一四一一）は、この年、将軍への挨拶のため上洛した。琉球経由で手に入れた膨大な数の舶来品を携え、海路を経て堺に入港し、播磨の守護大名赤松義則（一三五八〜一四二七）の取りなしで「京都ノ仁義礼法」を学び、十一日に義持の三条坊門第に出仕し、義持に拝謁した。その十八日後の二十九日に、元久は答礼として、先年、都に新造した屋形に将軍や管領ら諸大名を迎え、義持・義嗣に中国産および琉球からの輸入品を献上し、各大名及び近習にも高価な麝香臍《じゃこうほぞ》を贈るなど盛大にもてなし、観世大夫（世阿弥）に能を舞わせたのである。将軍饗応能の最古の例で、どのような場で能が饗応されたか、非常に気になるところだ。幸いこの日の様子が島津家の一族で有力な家臣の一人であった山田聖栄（応永五年に生まれ、九十歳近くで歿した）が編集した『山田聖栄《やまだしょうえい》自記《じき》』が、招待者や多種多様な交易品を目の前にして驚喜する様子など詳しく記しているので、適宜、紹介してみよう。

義持・義嗣には中国産の鎧白糸・緞子・毛氈・染付鉢、および進物の麝香・沈香・南蛮酒・砂糖は琉球からの輸入品であった。管領畠山満家・細川満元・赤松義則ら大名や、伊勢貞経・畠山持清・同相模守ら近習にも麝香臍が贈られた。義持の親衛隊の一人畠山将監が座興に「島津殿の荷駄を探して、麝香を取らなくては」と冗談を言うと、元久は気前よく残りの麝香を盆に盛って出したところ、将軍の御前にもかかわらず近習らが奪い合う賑わいとなった。京都で羨望の的だった舶来の品々を、元久は大量に持ち込んだのである（吉田健司：二〇一七）。

足利義持

饗応能について「猿楽観世大夫参り、能仕り候。嶋津殿より七尺に余る丸貫《ぬき》の大太刀を給はる。その外、料足風情は書き付くるに及ばざる処なり」と記しており、世阿弥が島津元久から拝領したのは「七尺に余る丸貫の大太刀」すなわち二メートルを超える大きな毛抜き形の太刀であった。そのほか金銭類が世阿弥に下賜されたのは記すまでもない。この禄物について表章は「小男だったと伝えられる世阿弥がこの太刀をどうもて扱ったものか、想像するだにほほえましい。小男と聞き知って選択した禄物ではなかったろうか」と推量している〔表章：二〇〇八〕。

このときの上演曲目は『山田聖栄自記』に記載なく、他に徴すべき史料もない。しかし、西原大輔は、このとき島津元久が莫大な舶来品を携えて上洛したこと、この日が立秋であることに着目し、金銀珠玉の数の宝物を献上する《岩船》の詞章「頃も秋立つ夕月の」にも注目し、義持の対外政策とこの日の様子を紹介した吉田賢司の考察を援用し、《岩船》が世阿弥による新作として、この日に披露されたのではないかと推測している〔西原大輔：二〇二二〕。着想は面白いが、世阿弥作とする確証には至らない。

義持の増阿弥寵愛

世阿弥が高く評価した役者は犬王だけではなかった。奈良を本拠とした田楽新座の名手で、世阿弥が「音曲の先祖（模範）」と讃えている喜阿弥（亀阿弥）の後継者である増阿弥《ぞうあみ》もまたその一人である。喜阿弥は観阿弥とほぼ同世代と思われ、増阿弥も生没年未詳ながら、世阿弥と同世代のようである。少年時代に足利義満の御前で獅子舞を舞い、少年世阿弥もその場に居たらしく、『申楽談義』で「獅子舞ハ、河内（正しくは摂津）ノ榎並ニ、徳寿トテアリ。神変獅子《ジンベンジシ》（霊妙で自由自在、人間業とは思えない見事な獅子舞）也。増阿、児《チゴ》ニテ、鹿苑院（足利義満）ノ御前《オンマエ》ニテ舞シ、面白カリシ也」と語っている。

応永十九年（一四一二）四月、東山常在光院で勧進田楽があり、義持が見物している。演者は増阿弥かもしれない。これ以後、義持の増阿弥贔屓の様子を物語るように、毎年のように勧進田楽が催され、義持が臨席している。増阿弥の芸風については後述するが、一方、翌五月、嵯峨椎野に犬王の後継者岩童の勧進能があり、翌年五月九日、栄光の犬王道阿弥が歿した（享年不明）。『満済准后日記』は「犬王道阿弥円寂往生なり。天より華下り、紫雲聳えたり」と記し、紫雲が立ったという奇瑞を伝えているが、まるで高僧の入寂を記すようで、至高の名手犬王の絶大な人気の反映と思われる。

幽玄を志向した近江猿楽であるが、犬王の歿後、後継者に恵まれず廃れて行った。世阿弥は『申楽談儀』で、近江の芸風について「立ち止まって、あっと言わせる所は少しも心にかけず、たっぷりと情趣を聞かせ見せることだけを眼目にしている。後場の終りでは、諸役全員が立って斉唱して、さっと幕へ入った。道阿弥こそ上三花の芸位にあるから、このような情趣は自然に面白かったが、現在の近江の役者は、実力不足なのに犬王をまねるので、謡もしぐさも、しまりがない」と批評している。「上三花」とは、世阿弥が芸術論『九位』において、理想の芸位としたものである（第七章参照）。犬王歿後の近江猿楽について厳しい評価を下しているが、この背景には、近江猿楽が流行の幽玄風の現象だけを追い求め、猿楽能の根本・本質を等閑視したからであろう。観阿弥・世阿弥を中心とした大和猿楽が独り栄えたのは、物まね、すなわち根強い写実性の上に立っていたからである。

冷えさびた増阿弥の芸風

一方、増阿弥の芸風について、世阿弥は『申楽談儀』で次のように語っている。注を加えて大意を記すことにしよう。

○増阿は、能の演技も謡も、芸位を九段階に分けて論じた『九位』の第三位の「閑花風《かんかふう》」の芸境、すなわち花を極め、雅で、理想的な境地に根をおろした芸境である。

○奈良興福寺の東北院で、能に先立って行われた、数人の役者が同時に舞う立合（相舞）で、増阿は東の方から西の方へ廻って、扇の先でちょっとあしらって舞い止めた演技に、感涙も流れるばかりに心打たれた。こういう微妙なすばらしさが分かる者もいないので、張り合いもないと思うけれど、理想的芸境に到達した役者の芸は、観客の目や耳にも自然に伝わるせいか、「増阿の立合は、他の役者とどこか違っている」などと批評する者もいる。
○《尺八の能》では、尺八をひと吹き吹き鳴らしたのち、技巧をこらさずさらさらと謡い、何ら修飾もつけずにさっと入ったが、実に冷え冷えとした芸であった。
○増阿は田楽の演技だけしかできないという芸域の狭い役者ではなく、何でもこなす多芸多才な役者である。しかし、舞台に立ち並んで謡う風情や、《炭焼の能》で、薪を背負った風情は、やはり田楽であることを如実に示している。

世阿弥は、芸術論『九位』で閑花風の芸位を象徴する詩句として禅林の詩「銀埦裏《ぎんわんり》に雪を積む」（『碧巌録』などに見える句）を示し、「雪銀埦裏に積みて、白光清浄なる現色、まことに柔和なる見姿、閑花風といふべきか」と説明している。銀製の埦に雪を盛った真白に光る清浄たる美、冷えたる美である。そして「能が持ちたる音曲、音曲が持ちたる能」すなわち演技と謡とがみごとな均衡を示し、このうえなく調和している、とその芸風を讃えている。

冷えたる美と《尺八の能》

前述のように、増阿弥の冷えたる美しさを顕現した能が《尺八の能》である。尺八（一節切《ひとよぎり》。長さ一尺一寸一分が標準）を一《ひと》手吹き鳴らし、すらすらと淀みなく謡い、演技も何ら修飾もつけずにさっと幕へ入ったが、まさに冷え寂びた芸であったという。《尺八の能》は文安三年（一四四六）三月、住心院実意（?～一四五〇）が自坊で催した田楽能（二日間。十八番）の記録の『文安田楽能記』にも曲名が見えるが謡本は伝わらない。中世歌謡集『閑吟集』（一五一八年成立）が伝える「田我ら（わたし）も持ちたる尺八を、袖の下より取出《い》だし、暫しは吹いて松の風、花をや夢と誘ふらん、いつまでかこの尺八、吹いて心を慰めむ」がその一節かとされ、いくつかの廃絶曲が推測された。《信夫（現在信夫トモ）》を想定することもできるが、確定はむずかしい（西野春雄：一九八三）。それはともかく、尺八の名手でもあった増阿弥が劇中で尺八を吹き、その冷え寂びた至芸に、世阿弥はいたく感動した。

能役者が舞台で実際に器楽を演奏する趣向は今日では想像しにくいが、世阿弥時代には珍しくなかった。《丹後物狂》の原曲《笛物狂》では船中で少年が笛を吹き、それが縁となって父と子が再会する。《籠尺八《ろうしゃくはち》》では、罪を得て籠者の身となった弟を救おうと、自分も入牢した兄が刑死を前に尺八を吹く。現行の狂言《吹取《ふきとり》》では役者が実際に笛を吹き、狂言《楽阿弥《らくあみ》》では、尺八を吹き死にした楽阿弥の霊を弔い、旅僧が尺八を吹く（武智鉄二は本曲を「尺八の能」とする〔武智鉄二：一九六七〕）。このように、役者が劇中で器楽演奏をする趣向は創成期の能では種々行われていた。

連歌師の心敬《しんけい》（一四〇六～七五）が『ひとりごと』の中で「尺八などとて、万人吹き侍る中にも、近き世に増阿とて奇特の者侍りて、吹き出だしたる音共、今に一天下この風流（芸統）を受け侍り。無双の上手最一（最高）となり。これも、廿（異本は三十）年ばかりに失せて侍り」と絶讃している。尺八の名手でもあった田楽の増阿弥が演じる《尺八の能》は、観客にとって、劇の展開は勿論のこと、名人による名演奏も楽しめたのである。『ひとりごと』は応仁二年（一四六八）ごろの執筆であるから、二十ないし三十年ばかり前といえば嘉吉・文安のころとなり、世阿弥とほぼ同時代に活躍したことも確認できる。

世阿弥への影響

世阿弥は、増阿について、こうも述べている。田楽の芸しかできない役者ではなく、何でもできる多才な役者であるが、立ち並んで謡う様子や、《炭焼の能》で薪を背負った姿や風情は、やはり増阿が田楽であることを如実に示している、と。確かに、薪を背負った姿で登場する能は田楽の能の特色であったようである。世阿弥が十二歳の時、南都の法雲院（興福寺の院家）で行われた装束賜《たば》りの能の折、増阿の師匠喜阿弥は《炭焼の能》で、尉（老人）の出立で薪を背負い杖をついて登場し、橋がかりの中途で立ち止まり、咳をし、「あれなる山人《やまびと》は荷が軽きか、家路に急ぐか、嵐の寒さに疾《と》く行くか。同じ山に住まば、同じ插頭《かざし》の木を伐《き》れとこそいふに、疾く行くか。重なる山の梢より」（〈サシ〉）と謡い、〈一セイ〉の謡に移った妙技に「胡銅《こどう》の物を見るやうなりしなり」と感動した。胡銅は当時盛んに流行した花会に用いられた唐物の代表としての胡銅の花瓶などをいい、古色の中から滲み出る滋味深い芸風であったらしい。

この時の閑寂な趣が少年世阿弥の心に深く刻まれたようで、世阿弥は晩年に詞章の一部（あれなる山人は荷が軽きか…重なる山の梢より）を借用して、藤原実方と阿古屋の松の説話に取材した《阿古屋《あこや》の松《まつ》》を書いている（自筆能本現存）。喜阿弥へのオマージュであろう。

喜阿弥が作曲した《禿高野《かむろこうや》》（廃絶曲。《刈萱《かるかや》》の古名）のシテは薪を背負って登場し、「捨て果つる、身を奥山の住居こそ、憂き世を厭ふ心なれ、これは高野住《じゅうせん》山の沙門《しゃもん》にて候…」と名乗り、続けて「採るや薪のしばしばも…」（〈上歌〉）と歌う。ほかにも、大伴黒主の霊が志賀の山桜を背景に和歌の徳を讃える《志賀》、咲き匂う牡丹の花のもと獅子王の勢いを見せる《石橋《しゃっきょう》》（少年増阿が妙技を揮った獅子が想起される）、春の須磨の浦に光源氏の霊が遊舞する《光源氏》（《須磨源氏》の古名）などの前ジテの山賊《やまがつ》や樵童《しょうどう》は、薪に花の枝を折り添えて登場し、山路のわびしさ、荷の重さ、樵歌牧笛《しょうかぼくてき》のことなどを歌う（能が前後二場に分かれるとき、前場のシテを前ジテ、後場のシテを後ジテという）。そうした風姿の祖型を喜阿弥や増阿弥の《炭焼の能》に求めることはできるだろう。水墨画を見るような木樵・炭焼の風趣は、当時将来し、将軍家や禅林などで鑑賞された宋・元の絵画につながっているように思われる。

天地万象の遠大と寂寥を描写し、鐘声万里の詩境を表現する水墨画。世阿弥は『花鏡』批判之事で、「見《けん》の能」「聞《もん》の能」（それぞれ視覚的な面白さ、聴覚的な面白さを中心とする能）を越えた、深い味わいのある「心《しん》の能」について、「さびさびとしたるうちに、何とやらん感心のあるところあり。これを冷えたる曲とも申すなり」と述べている芸境は、心敬が『ささめごと』で、「枯野の薄、有明の月」を示して「冷えさびたる方」と呼び、表現を超越した透徹・寂寥の境地を表現した風趣と近いものであろう。このような「冷えた」る美を表現し得た増阿弥の能は、世阿弥の芸術論の理論的深化に大きな影響を与えた。それは伝書への加筆増補や、新たな伝書の執筆である。そして、何よりも鑑賞眼が高い将軍足利義持が「冷えに冷えた」増阿弥の芸風を寵愛し、将軍義持の絶大な庇護・支援を得て、応永二十年代には、ほとんど毎年のごとく勧進田楽を行っていた。当時は増阿弥の人気が群を抜いていたようである。

深く禅宗へ傾倒し、鑑賞眼も高い将軍義持の治世になって、冷えに冷えた芸風を寵愛された増阿弥は、世阿弥のライバル的存在というより、抜きんでた存在だったと思われる。それを物語るのが二つの『増阿弥画像賛』である。

増阿弥画像賛

どちらも画像そのものは伝存不明であるが、一つ目の『増阿弥画像賛』は臨済宗の僧で、詩文を絶海中津に学び、応永十八年以降、相国寺・萬寿寺・南禅寺・天龍寺などを歴任し、博識をもって知られ、将軍義持の寵遇を受けた惟肖得巌《いしょうとくがん》（一三六〇〜一四三七）が、相府〔将軍の意〕の命によって増阿弥の画像に記した五言絶句の賛である。すなわち「奉相府命賛増阿畫像　歌舞一朝玩、畫図千載恩、明時誰不奮、薄技達君門」で、「歌舞、一朝玩び、画図、千載ノ恩、明時、誰か奮わざる者あらん、拙い芸、宮門に達す」と訓むのであろう〔天野文雄：二〇一〇〕。意味は「能芸が将軍に愛好されて、役者の画像が描かれるという大変な君恩に浴することになった。このような泰平の御代には誰もが発奮するものだが、その結果、卑しい能芸にも君の注目するところとなったのだ」ということであろう。将軍家の御用役者として寵愛され、画像まで描かれ、当代一流の禅僧によって賛を記されるという栄誉は、能役者では増阿弥以前には確認されず、次は文名高かった禅僧景徐周麟〔号、宜竹。一四四〇〜一五一八〕が記した讃が残る観世座の大鼓方で能作者の観世小次郎信光（一四五〇〜一五一六）である。世阿弥には画像賛は伝わっていない。

画像に寄せた正徹の賛歌

もう一つは増阿弥が尺八を吹いている画像に寄せた臨済宗の僧で歌人の清巌正徹《せいがんしょうてつ》（一三八一〜一四五九）の歌である〔稲田利徳：一九七八〕。それは「宗良親王千首和歌」巻末の朱筆書入れの歌で、「増阿弥尺八ノ影　一ふしに五のしらべある竹のよにたぐひなきねをのみぞふく正徹」とある。増阿弥は、代々笙を専業とする京都方楽家の一たる豊原家本流第十九代で尺八にも堪能であった豊原量秋《とよはらかずあき》（生没年不詳）の弟子であったという（京都方楽家の豊原統秋『體源抄《たいげんしょう》』〈永正九年〉に拠る）。豊原量秋は後小松院の笙の師範で、奥書に「応永二年（一三九五）三月八日　従五位下右近将監豊原朝臣量秋撰」とある「渡物譜《わたしもの》」を残している人物で、『地下家伝《じげかでん》』（地下官人諸家の系図をまとめた書で江戸後期の成立）によると、嘉吉元年（一四四一）には従五位上に叙せられ、年月不明ながら右近将監に任じられている。

一方、『続教訓抄』に混入の日録体の記事の応安七年（一三七四）三月二十九日条に、「田楽菊法師・喜阿・珠阿以下、音秋方へ来」とある音秋が豊原音秋《とよはらおとあき》（一三五七〜七五）とすれば、田楽新座の喜阿たちとの交渉が推測できる。この年、音秋は十八歳、若年ながら堪能の誉れ高かった。洋の東西を通じ、音楽的才能はすでに少年期に開花する。ピアノの詩人ショパン（一八一〇〜四九）の天才ぶりはよく知られているが、日本の近代でも、箏曲の宮城道雄（一八九四〜一九五六）が《水の変態》を創作したのは十四歳であった。猿楽や田楽の能もしかり。世阿弥の早熟さはいうまでもないが、少年時代の増阿弥も獅子舞を面白く舞ったのである。

《実盛》は義持の意向で作られたか

世阿弥の芸が深まり、優れた作品が生まれ、高次の芸論を次々と著したのは、義持時代であった。傑作が生まれた事例として修羅能《実盛》を挙げよう。義持と正室栄子の意向により世阿弥が作り、御前で演じたと推測されるのである。

《実盛》は、世阿弥の作劇論『三道』（応永三十年）に人気曲二十九番の一つとしてあげられ、『申楽談儀』に世阿弥作とある。老武者と侮られるも口惜しく、鬢鬚《びんひげ》を黒く染め、故郷での戦ゆえに錦の直垂姿で出陣し、討死した老武者斎藤別当実盛（?～一一八三）の、武名と気概を描いたこの名曲は、次に示す巷説を素材として構想された。それは、『満済准后日記』応永二十一年（一四一四）五月十一日条に「斎藤別当真盛《サネ》霊於加州篠原出現、逢遊行上人、受十念云々、去三月十一日事歟、卒都婆銘令一見了、実事ナラバ希代事也」とある事件だ。

加賀国篠原に斎藤別当実盛の幽霊が出現したという巷説が都に届けられ、それを基に、平家の物語の巻七「真盛」の本文を取り入れて作劇した。天野文雄によると、能の制作を命じたのは将軍義持である（天野文雄：二〇二〇）。天野は、金春家に伝わった『聞書色々』（法政大学能楽研究所蔵）に見える六世観世大夫観世元広（道見。金春禅鳳の女婿。一四七二?～一五二三）の芸談に「一、実盛、能に作る事。加賀国上人の御まへゝ、実盛幽霊来たるを天下へ奏聞《ソウモン》申。此時、公方様、観世世阿弥に能につくれと被仰出、即作らる、と云へり」とある記事に着目し、巷説を耳にした公方様が世阿弥に制作を命じ、世阿弥は『遊行縁起』に拠って創作したと推測した。観世元広の芸談は世阿弥歿後約六十年後の観世座における伝承であり信憑性が高いとし、公方様は義持で、上演は応永二十六年（一四一九）二月三十日、義持室の栄子の御所で義持も同席して催された演能ではないかと推測したのである。

さらに『申楽談儀』の「祝言のほかには、井筒・通盛など、直ぐなる能なり。実盛・山姥も、傍《そば》へ行きたる（脇道にそれた）所あり。殊に、神の御前《かみおまえ》、晴の中楽に、通盛したきなりと存ずれども、上《うへ》の下知《げぢ》にて（御命令で）、実盛・山姥を当御前にてせられしなり」という記事に注目した。「神の御前」は「上の御前《かみ》」の誤写かとする『世阿弥 禅竹』の頭注に従い、この「上」は義持夫人をさすのではないかと推測し、『満済准后日記』応永二十六年二月三十日の条「参御所。御対面。御参籠無為珍重中入。今日於御所御台御方猿楽在之云々」とある記事に照らし、これは、義持室の栄子の御所で義持も同席して催された演者不明の催しであるが、義持がこの時期恒例の北野参籠から戻った日の能であり、義持の誕生日（二月十二日）の祝賀の一環だったらしいので、「上の御前、晴れの申楽」にふさわしいと推量した。演者は世阿弥で、自分は《通盛》を演じたいと思っていたが、上（義持夫人）の命令で《実盛》と《山姥》を当御前（義持の御前）で演じたのではないかと推量したのである。

そして『聞書色々』の逸話と併せ、義持は自身が制作を命じた《実盛》を気に入っていて、自身の誕生祝賀の場で、老武者の矜持を描いた《実盛》を演じさせたことになり、「応永三十年の『三道』にみえる禅趣味横溢の『山姥』も義持のお気に入りで、『山姥』はこの催し以前に制作されていたことになるわけである」と結論づけた。『満済准后日記』の記事から出発し『聞書色々』と『申楽談儀』の記事と推測を重ねた興味深い新説である。

ただし、元広の芸談は世阿弥の子・元雅を無器用といい、それ故に跡を継がず、世阿弥の甥の音阿弥が器用ゆえに跡を継いだとするなど、観世代々に元雅を入れない音阿弥以後の観世座における伝承に拠っていることも注意しなければならない。

《実盛》の構成と特徴

実盛の幽霊が出現したというニュースに取材した《実盛》の場面は、加賀国篠原の里、実盛の首を洗ったという池のほとり、念仏を勧める他阿弥上人の法談の場。ある日の夕暮から真夜中。最初に里の男が登場し、上人が独り言を言うのが不審だという。上人が誰かと言葉を交わしている様子であるが、上人以外には姿が見えないという設定がうまい。上人が念仏の功徳を讃嘆していると、老人の姿が浮かびあがる。たなびく紫雲に合掌し、鉦の音や念仏に耳を澄まし聴聞する老人に、上人は名を尋ねるが、名乗らない。罪障懺悔《ざいしょうさんげ》のためにも隠さず名乗り給えと促されると、老人は人払いを頼み、昔長井の斎藤別当実盛は…と他所事《よそごと》のように語り出す。この老人こそ、この地で討死した実盛の霊であった。老人は弔いを願い、姿を消す。

里の男が上人に実盛の合戦の有様を語り、その夜、池のほとりで別時の念仏（日々の念仏では怠りがちとなるため、特定の期間を設けて、不断に念仏を行ずること）が行われると、鬚鬚白き老武者なれども華やかな甲冑姿の実盛の霊が顕れて、念仏に加わり、和讃を唱え、弥陀を鑽仰《さんごう》する。そして修羅の苦患《くげん》の救いを願い、懺悔《さんげ》に物語を始める。

それは、老武者と侮られるも口惜しく、白髪を染め、若武者姿で合戦に臨むも首打たれ、篠原の池で首を洗われ、墨は流れ落ち白髪となったこと、故郷での合戦なので、宗盛に乞い、大将の着る錦の直垂を着て出陣したこと、義仲と組もうとするも手塚めに隔てられ無念の討死を遂げたことなどで、やがて回向を願って消える。

そして、演技の流れに序破急の展開を配慮した世阿弥は、『申楽談儀』で「実盛に、鬚を洗ふより、順路ならば合戦場《かっせんば》になる体《てい》を書くべきを、「又実盛が」など云ひて、入端《いりは》（結末部）に戦うたる体《てい》を書く、かやうの心得なり」と、冗長に陥ることを避け、首実検、出陣、戦死、と物語の順序を意図的に前後させている。この時間を倒置する手法は世阿弥が得意とするところであった（『申楽談儀』）。

さらに残酷な首洗いの場を、

〈語リ〉…シテ 申しもあへず首を持ち、地謡 御前《おんまえ》を立つてあたりなる、この池波の岸に臨みて、水の緑も影映る、柳の糸の枝垂れて。
〈上歌〉地謡 気霽《は》れては、風新柳の髪を梳《けづ》り、氷消えては、波旧苔の、鬚を洗ひて見れば、墨は流れ
落ちて、元の 白髪となりにけり、げに名を惜しむ弓取りは、誰《たれ》もかくこそあるべけれ、あらやさ
しやとて、皆感涙をぞ流しける。

と綴った。枝垂《しだ》れし柳、清らかな池水、白髪の首、流れゆく墨と、数々の連想を、『和漢朗詠集』の詩句「気霽《は》れては風新柳の髪を梳《くしけず》り　氷消えては波旧苔の鬚を洗ふ」（早春・都良香）によって、うるわしく、潔く形容し、みごとな描写を見せている。実盛が敵方の手塚の太郎光盛や、池水で首を洗った樋口の次郎になったり、実盛自身に戻ったりと、語り進めてゆく手法は、能が「語り物」の立体化といわれるゆえんでもあるが、いくつかの角度からの映像を連続的に重ね合わせて、一つのイメイジを合成していく、映画のカット・バック手法を先取りしている。こうした映画的手法は《忠度》ほか世阿弥が磨き上げた夢幻能に多く見られることも注目される（死者の霊が過去を語る夢幻能については第八章で後述する）。

なお、世阿弥たちの後援者で鑑賞眼が高い細川右京兆満元（右京兆は右京大夫の唐名）は、《実盛》の前場の実盛の霊と上人との問答で、シテのセリフ「名もあらばこそ名告《の》りもせめ」の「せめ」の声扱いが評判になった時、「実盛の謡はどこもみな立派だが、特にこういう妙味は、まさに世阿弥の独擅場だ」と激賞した逸話が『中楽談議』に見える。眼の高い満元の心を震わせた名演であったろう。

第四章　禅との出会いと芸風の深化

1　禅への帰依と出家

世阿弥は応永二十九年（一四二二）ごろ、六十歳前後で出家入道した。それを物語るのが『申楽談儀』二十四条の世阿弥と霊夢をめぐる次の記事である。

六十歳前後での出家

また応永二十九年霜月十九日、相国寺のあたり、檜皮大工《ひはだだいく》（檜皮葺職人の棟梁）の女《むすめ》、病重かりし時、北野聖廟より霊夢ありて、「東風《こち》吹かば」の歌を冠に置きて歌を詠みて（勧め歌也）、観世に点取りて（合点《がってん》してもらって）、神前にこむべき（奉納せよ）と、あらたに見しかば（明白なお告げなので）、歌を勧めて、縁を取りて（手づるを求めて）、世子に点を取る。否みがたくて、行水し、合点《がってん》せしなり。そのころは、はや出家ありしほどに（出家していたので、当時の観世大夫は元雅だった）、夢心に、観世とはいづれやらんと思ひしを、世阿なりと仰せけると見てありける、と云々。

相国寺（義満創建の禅寺。室町殿の東北に烏丸通を隔ててあった）の檜皮葺職人の棟梁の娘が病気で重篤のとき、天神（菅原道真）の霊夢があり、天神の「東風吹かば匂ひおこせよ梅の花あるじなしとて春を忘るな」（『拾遺和歌集』）の三十一文字をそれぞれ第一字（冠）に置いて、三十一首の歌を詠み（それは「勧め歌」といって、多くの人に信心を勧めて歌を詠んでもらう歌であるが）、観世に合点（佳い歌に印を付けること）してもらって奉納せよというお告げなので、歌を詠んでもらい、縁故を頼って私に合点を求めて来た。御霊夢なので否みがたく、水垢離して身を清め、合点したが、そのころはすでに出家していたので、夢の中のお告げの「観世」とは観世大夫元雅かと思ったが、夢中の天神が「世阿である」と仰せられたということであった。

霊夢を見たのは誰か、父か娘か。夢心に「観世とはいづれやらん」と思ったのは父か娘か、諸説ある。今、すべて娘として解してみたが、世阿弥は合点を依頼されるほど和歌に長じていたことを物語る挿話である。

文中に「そのころは、はや出家ありしほどに」とあるので、世阿弥は、応永二十九年十一月には、すでに出家していたことが知られる。しかも、同年四月の醍醐寺清滝宮祭礼猿楽では、観世五郎（十二五郎カ）と同三郎（観世元重）が勤仕し、牛入道（牛阿弥）と共に指導に当たった世阿弥を「観世入道」と記しているので、四月以前に出家していたことは確かであろう。

世阿弥は、以前から禅に心を寄せていたらしい。公武に君臨する足利将軍を筆頭に配下の大名たちも禅宗に帰依し、禅は、精神面はもとより文化面にも深く浸透していった時代である。禅の教えを学んでいく世阿弥も、芸境と思索を深めていく過程において、禅から多大の影響を受けた。禅は適切な思惟の型を示してくれたばかりか、能の作品にも、役者としての生き方にも強い影響を与えていったのである。

香西精は、世阿弥が金春大夫（禅竹）に宛てた「五月十四日付」書状にみえる「ふかん寺二代」が奈良県磯城《しき》郡田原本町味間の曹洞宗の宝陀山補巌寺《ふがんじ》二代竹窓智巌《ちくそうちごん》（?～一四二三）であることを究明し、表章の協力のもと、同寺が世阿弥夫妻の菩提寺であることも明らかにした〔香西精：一九六二〕。妻の寿椿禅尼とともに、至翁禅門と記されて永代供養田として田を一段寄進したことを示す納帳も残っており、世阿弥の出家名が至翁・善芳であることも判明している。至翁と善芳の関係は、善芳が沙弥を冠する自署に用いられている形式から法諱《ほうき》（法名・法号・戒名）、至翁が居士・禅門を踏まえている形式から道号（仏道に入った後の号）と見るべきである。

これまでも、世阿弥の芸術論や能の詞章に禅林用語に由来する言葉があることは指摘されていたが、芸術論においては、曹洞色が強いこと、さらに後年になると臨済色も強いことが判明している。世阿弥伝書に見られる禅的教養については後章にて改めて触れることとしたい。

蔵室翁の談話

日本中世史研究者の森末義彰（一九〇四～七七）によって紹介された桃源瑞仙《とうげんずいせん》（一四三〇～八九）の『史記抄』に見える記事は、世阿弥と禅との関係ばかりでなく、世阿弥の伝記研究に興味ある問題を投じた。一九六九年一月六日「朝日新聞」夕刊の「研究ノート」欄「世阿弥は小男だった」を寄稿し、さらに『観世』一九七〇年二月号に「桃源瑞仙の史記抄にみる世阿弥」が発表している〔森末義彰：一九七一〕。

それは、世阿弥歿後ほぼ三十数年を経ている文明九年（一四七七）に成った相国寺十八世の学僧桃源瑞仙による中国の史書『史記』の注釈書『史記抄』巻十六「滑稽列伝」第六十六の「優孟」の注として記されたもので、「抄」とは講義の筆録である。歴史学者で中世文化史研究者の今泉淑夫によると、応仁元年（一四六七）八月、桃源は応仁の乱を避けて郷里の近江市村慈雲庵《じうんあん》に入り、折々、永源寺、曹源寺などに遊び、慈雲庵で連歌を楽しんだ。十二月初めに慈雲庵より永源寺山上の龍門庵に移り、在京の僧や永源寺・曹源寺などの知友との交流は続いたという。文明元年（一四六九）十一月、桃源は永源寺山上に梅岑庵《ばいしんあん》を造って移り、古典研究を進め、周辺の僧を相手に『周易』を講義し、文明八年正月から『周易』と重なるようにして『史記』の講抄を始めた〔今泉淑夫：二〇〇九〕。問題の「滑稽列伝」の「優孟《ゆうもう》」の註に、「優とは倡優《しょうゆう》なり。俳優と云ふも同じことぞ。日本の猿楽の狂言の様なるものぞ」とあって、桃源の先輩蔵室翁の談話を紹介している。

> 三月十九日、曹源寺に行き、退蔵軒の風呂に浴した。蔵室翁が先にお出であった。話は進んで、観世十郎が今日から永源寺に近い百済教寺で猿楽をすることに及んだ。私は「その十郎とかいう役者は、昔の世阿弥の子孫でしょうか」とお尋ねしたが、翁もこれはご存知なかったが、翁が言われるには、「世阿弥は背丈の低い小男だったが、立居振舞はきびきびとしていた、それというのも、彼の身についた習熟した技が自然に表れているからだろう。彼は常に不二和尚（岐陽方秀）の座上にあって、笑談し、静寂な禅堂に大笑いを提供したものだった。

文明九年（一四七七）三月十九日の記事である。文中の不二師とは不二道人岐陽方秀《きょうほうしゅう》（一三六一～一四二四）のことで、讃岐の人。十二歳で東福寺に入って喝食《かっしき》（禅寺で大衆誦経の後、大衆に食事を大声で知らせる役僧）となったが、長ずるに及んで鎌倉の寿福寺や京都の南禅寺を経て、三十歳のとき東福寺に帰り、応永十八年（一四一一）八世東福寺住持となり、入寺のとき将軍義持から袈裟を贈られている。その後、天龍寺や南禅寺の住持にもなったが、間もなく辞し、東福寺の側に不二庵を構えて、老後を送り、応永三十一（一四二四）年二月三日六十四歳で没した。世阿弥より二歳年長なので、世阿弥が不二師の集まりに加わっていたのは六十歳前後のころである。

　語り手の蔵室翁の生没年は不明であるが、若いころ不二和尚の門下であったことが知られる。中年に叢林を去り他所に漂泊したが、この頃は退蔵寺の長老であった。痩せ方で、すらりとした、白鷺のような姿で、相当老齢であったようである。文明九年に七十五歳であったと仮定すれば、世阿弥が六十歳の時には二十歳で、若い頃の記憶がよみがえったに違いない。この逸話から世阿弥の人間像やその姿が分かり、特に次の三点が興味深い。

①　世阿弥の背丈が小柄であったこと。

②　起居進退に節度が備わっていて、長い修練の賜物かと思われたこと。

③　不二師と親交があり、時に諧謔をもって、寂しい禅室に笑いを提供していたこと。

①は、世阿弥の具体的な人間像を教えてくれる。父観阿弥が大男であったのとは逆に、世阿弥は小男だったわけだが、藤若時代の可憐さもさぞかしと推測され、歌舞中心のたおやかな美しき歌舞能は

小柄な役者に似合わしく、肉体的条件が芸風や作風にも影響を及ぼすように思われる。

②は、確かに技能習熟の発露であろうが、『花鏡』の「万能綰一心事」の条で、あらゆるわざ（万能）を一心に綰《つな》ぐべき事を説き「総じて即座に（その舞台に）限るべからず。日々夜々、行住座臥に、この心を忘れずして、定心に綰《つな》ぐべし（かりそめにも迷うことがあってはならない）」と述べていることが想起される。

③は、世阿弥の伝書に色濃い禅的教養や発想の背景の一端をうかがわせ、世阿弥が岐陽を通じて、臨済禅とも接触していたことを示している。また座持ちの良さをも物語る。世阿弥が人情の機微に通じ、座を和ませる、心配りの「色知り（座持ち）」の名人であったことは、『申楽談儀』の申楽常住の心得で「世子、かやうの所、ことに名人なりとて、皆々褒美あり」と語っていることからも分かる。くつろぎの具としての「座持ち」の名人として、そのような生き方をしたのである。

世阿弥父子と正徹の交流はあったか

ところで、世阿弥が東福寺に出入りしていたとすると、世阿弥やその子の元雅は、東福寺で書記を務め「徹書記」とも呼ばれた歌僧の招月庵正徹に接する機会があったのではないだろうか。正徹は定家や『新古今和歌集』の風体を理想とし、幽玄の美を希求し鼓吹した。たとえば「咲けば散る夜のまの花の夢のうちにやがてまぎれぬ峰の白雲」（咲いたかと思えば夜の間に散ってしまった花は、そのまま夢の中に紛れてしまわずに峰の白雲となった。『草根集』一四七三）のような夢幻的雰囲気をたたえた歌がある。この歌について渡部泰明は「語と語が多重的に結びついている。風景としては、振り返った山に雲がかかっているという単純かつ鮮明なものなのに、言葉のつながりがおのずと物語（夢の世界でもある）を滲《にじ》ませ始めて、いつのまにか現実の輪郭が揺らぎ出していく。そういう揺らぎの中で、旅のよるべなさを形象化しようとしているのである」と指摘している〔渡部泰明：二〇二〇〕。正徹の歌は多様であり、幽玄だけで説明できない。特に稲田利徳が早くに注目した「共感覚的表現」などが、和歌史の上でも注目されている〔稲田利徳：一九七八〕。幽玄といい、夢幻的世界といい、共感覚的表現といい、同時代の世阿弥がめざした世界と通底している。

その正徹と金春禅竹との交流はすでに指摘されている〔伊藤正義：一九七〇〕。正徹の詠草集と見られる『月草』〔陽明文庫蔵〕に、「金春大夫本尊ニ賛所望時、当座詠之。本尊体翁面」と題して、「千はやぶる神ハ仏の影なれバ翁すがたに法のころもぞ」とあり、禅竹と正徹との交渉が知られるのである。前章で正徹が増阿弥画像賛に和歌を詠じたことに触れた。世阿弥や元雅と交流していた可能性もあるのではないか。たとえば「足弱車」という言葉がある。能では、《清経》「一門は気を失ひ〔気力を失って〕力を落として、足弱車のすごすごと」、《弱法師》「盲亀の心寄るべなき、足弱車の片輪ながら」、《蟬丸》「勅定なれば力なく、足弱車忍び路を、雲井のよそにめぐらして」、《熊野》「心は先に行きかぬる、足弱車の力なき花見なりけり」、《定家》「よろよろと足弱車の、火宅を出でたる有難さよ」などと使われている。車輪の堅固でない車、足の弱い牛の引く進みの遅い車、足の進まぬ比喩などといった意味であるが、足弱車を和歌の世界に見出すことはほとんどない。唯一の例外は正徹の二首で、古典文学作品では連歌にわずかに散見する。連歌では二条良基が『光源氏一部連歌寄合』に「あしよは車」を挙げている〔稲田利徳：一九九一〕。こうした同時代にみられる同一表現の影響を見るとき、両者の交流が想像される。

さらに、安土桃山時代の書写と思われる、和歌・歌人に関する和歌逸話集『続無名集』〔宮内庁書陵部蔵）に、徹書記の挿話の「書記は弘才にして謡曲の作者也」とある記事も注目される。犬王が好演し《柴船の能》と呼ばれたらしい《兼平》を正徹作とする室町後期の伝承も存在しており、正徹が実作したかどうかは不明であるが、作能に際し相談に与ることがあったのではないだろうか。

出家以前の観世座の人気曲

応永三十年（一四二三）二月六日、世阿弥は作劇論『三道』を子供の七郎元能に相伝した。世阿弥六十歳、元能は二十代らしい。同書については第八章で触れるが、「最近とくに世間で人気を博していると思われる能」として左の二十九番を挙げ、新作の模範曲とするようにと述べている。


八幡《やはた》（弓八幡の古名）、相生、養老、老松、塩竈（融の古名）、蟻通。かくのごとき老体の数々。

箱崎、鵜羽《うのは》、盲打《めくらうち》（散逸曲）、静、松風村雨、百万・浮舟、檜垣女《ひがきのおんな》、小町。かくのごとき女体。

通盛、薩摩守《さつまのかみ》（忠度の古名）、実盛、頼政、清経、敦盛。かくのごとき軍体。

丹後物狂、自然居士、高野（高野物狂の古名）、逢坂（逢坂物狂の古名）。かくのごとき遊狂。

恋重荷《こいのおもに》、佐野船橋《さののふなばし》、四位少将《しいのしょうしょう》（通小町の古名）、泰山もく（泰山府君のこと）。かくのごとき砕動風。


これらは、老体能・女体能・軍体能、放下《ほうか》の能、砕動風鬼の能の代表曲であり、当時の観世座の上演演目の中の人気曲であった。後に『申楽談儀』で作者別に再掲し、世阿弥作は二十二曲を数え、観阿弥作《小町・自然居士・四位少将》、井阿弥《せいあみ》（観世座の役者らしい）作《通盛》、素人で細川家被官の横越元久が作詞し世阿弥が作曲した《浮舟》も含め、ほとんど現在も演じられている。

世阿弥は、改作曲や翻案曲にも触れ、「この『三道』は、応永三十年に書かれしほどに、それより後《のち》、本（手本）になるべき能、いくらもあるべし」と語っている（『申楽談儀』）。事実、応永三十年以後に新作し、改作した曲が少なくないようである。それらを含め、第八章および第九章で世阿弥の能を総覧し、世阿弥能の作風とその変化について詳述する。

2　『申楽談儀』に見る芸風

世阿弥が語り、好敵手が語る世阿弥評

いったい世阿弥は、どのような謡を謡い、舞を舞っただろうか。どのような芸風の役者であっただろうか。『申楽談儀』に世阿弥自身が元能に語った世阿弥評や、好敵手の増阿弥が語った批評が載っている。便宜、段落に分けて番号を付し、説明を（　）に包み、現代語訳を載せて紹介してみよう。

①ある静かな夜、《砧》の能の節を聴いたときに、父は「このような能の味わいは、後世、知る人もいないだろう。そう思うと、《砧》の能を書き残すことも物憂い」などと語られた。「しかれば無上無味のみなるところ」（最高の曲趣で、よしあしの批判を超えた域に達したもの）は、味わい分けることはできないし、文章に書こうとしても、その言葉もない。「位上らば」（芸位が上達したならば）、自然に悟るべきことと承れば（自悟自得によるもの）ということだったので聞書もしていない。ただ（芸位が）《浮船》や《松風村雨》などと合致しているような役者を最高と考えてよい、

ということである。

②田楽の増阿弥が世阿弥の能を批評して次のように言った。「ありがたや百王守護《はくおう》の日の光、豊かに照らす天《あめ》が下」（《放生川》の後ジテ武内《たけうち》の神の登場のサシ謡の冒頭）のところなど、たっぷりと余情豊かに謡い流すところは犬王そのまま。《蟻通》の初めから終わりまで全曲喜阿弥ばりの謡いぶりだ。要所々々を引き締め引き締めてゆく曲舞風の演技は観阿弥風である。

③（次に《蟻通》を例にその特徴の著しい点を引用すると、まず、）（シテ宮守の老人の登場直後のサシ）「何となく宮寺なんどは、深夜の鐘の声、御燈《ごとう》の光などにこそ」とか、「燈火《ともしび》もなく、すずしめの声（神慮を慰めるための奏楽の音）も聞こえず」のところであり、（シテに応待するワキ紀貫之とシテの掛ケ合から地謡の下歌になる）「ありとほしとも思ふべきかはとは、あら面白の御歌や」とか、「これ六道の、巷《ちまた》に定め置いて、六つの色を見するなり」のところなど、すべて喜阿弥風の謡い方である。とくに喜阿弥は、「神は宜禰《きね》がならはし」（シテ登場直後のサシ謡）など、きっぱりと謡い、「宮守ひとりも」のところは「ひ」を詰て「ひっ」と謡った。（《蟻通》以外でも《松風》のなかほどのシテ松風の霊のサシ謡）「松の木柱《ばしら》に竹の垣、夜寒むさこそと思へども」のところなども皆喜阿弥風の謡い方である。

④《鵜飼》の前段の音曲は観阿弥の謡をまねている。唇で軽々と謡うのが観阿弥風の謡の特色である。この《鵜飼》は闌曲《らんぎょく》（祝言・幽曲・恋慕・哀傷の種々の音楽的曲趣を極めつくした後に到達しうる至上の音曲）で終始一貫している。（闌曲は一人で歌うのが決まりなのだが）、《鵜飼》の前段は、終わり近くの）「面白の有様や」から上歌一謡《あげうたひと》だけは（例外で）同音で歌う。（また音曲面のみならず）、

この能の後段の地獄の鬼も、観阿弥が演じた《融の大臣《おとど》の能》（散逸曲）の後段の鬼を摂り入れたものである。

⑤その融の鬼の演じ方は、昔の榎並座の役者馬の四郎の演じた鬼を模範にしたもので、観阿弥自身が彼の鬼をまねたものと言われたという。（その馬の四郎の鬼は）敏捷に鋭く、（また一面では）大きくゆったりとした芸である。光太郎《みつたろう》（金春禅竹の祖父金春権守《ごんのかみ》の長兄）の鬼能をついに見る機会がなかったが、古老の話によると、姿を消した趣で退場しすぐ後ジテの鬼となって現れ、こまかく足・手を使う（砕動風《さいどうふう》の鬼の）演じ方だったという。

⑥（観阿弥が）《蟷螂《たうらう》の能》（散逸曲）を書き、自分はワキにまわり世阿弥がシテの鬼を演じたとき、「失せて出で来たる風（姿を消した趣で退場し、後ジテの鬼となってすぐ登場したのを）、「光太郎の面影がある」と観阿弥が話されたという。この《蟷螂の能》は、世阿弥が鬼能を形どおりまねた最初である。

①は《砧》が出来たばかりの時の逸話であろう。試しに謡いながら、節を吟味した様子がうかがわれ、筆記者の元能（世阿弥の子）はもちろん元雅も聴いていただろう。『申楽談儀』の能書く様にも「砧の能、後の世には知る人あるまじ。物憂きなり」と嘆いている。《砧》の佳さを味わう人も、また演じこなす役者もいないという歎きだろう。予想通り《砧》は廃絶してしまい、江戸中期、能を溺愛した徳川綱吉（一六四六〜一七〇九）の主導で復活したのである。②から④は、世阿弥が謡でも演技でも、父観阿弥はもちろん田楽能の喜阿弥など先人たちの優れた芸を積極的に摂取していたことがうか

がわれる。ただし、影響が強い喜阿弥の謡でも、喜阿弥風一点ばかりではなく、自己の芸風を磨いていたことも知られる。

⑤と⑥は大和猿楽の伝統芸の鬼能についての挿話で、少年世阿弥が初めて演じた鬼能が《蟷螂の能》であったことを伝える。この鬼能はカマキリの精が登場する能らしいが、本文は散逸して伝わらない。しかし、蟷螂の芸は平安中期の官人で漢学者の藤原明衡《あきひら》（九八九?～一〇六六）の『新猿楽記』に見え、祇園祭の蟷螂山や静岡県森町山名神社の舞楽「蟷螂舞」などが想起される。また近年、浄土真宗の僧蓮如（一四一五～九九）の御文の註釈に「蟷螂の謡」という曲が引かれていて、曲中に「げに恐ろしき栄華の夢」というシテの述懐の一節があった可能性が指摘されている〔落合博志：二〇一四〕。植木朝子は『虫たちの日本中世史』「中世芸能に舞う虫――蟷螂・蝸牛」で、蟷螂の故事と芸能について論及し、「攻撃性に注目されることの多い蟷螂を、人間と調和的な存在とし、舞うものと捉えた今様の精神は、…中世を通じて脈々と受け継がれ、民俗芸能の中にも流れていった。観客を笑わせる滑稽な物真似芸としての蟷螂である。一方、能の世界では、攻撃的でありながらもろくはかない蟷螂を、鬼でありながら優美さを保つ砕動風鬼として造形していった。明るく滑稽な味わいと、影のあるあわれさと――蟷螂のイメージは、中世芸能の持つ二面性をよく表しているといえよう」と述べている〔植木朝子：二〇二一〕。興味深い指摘で、どこかに謡本が伝わっていないだろうか。

日常生活、上演前の諸注意など

世阿弥は、『中楽談議』で、どんな場合でも好感をもたれるように、いつも貴人の側近くいる気持で慎み深くありたい、と述べている。さらに幕屋（楽屋）などの入り口はよくよく塞いで、人（観客）に見せないようにすべきで、女などに美しく扮しても、楽屋で裸になって大汗だらけでは、曲中の人物と思いこんだ観客の気持ちも一瞬にして醒め、幻滅すると注意している。

勧進能の桟敷（見物席）の間数《まかず》についても語っている。間《あいだ》は柱と柱との間をいい、だいたい六十二、三間《けん》（約一一・六〜一二・四メートル）が標準だった。舞台を中心に円形に隙間なく構築すれば、謡の声もちょうどよい具合にこもり、演能もしっとり運ばれてゆく。橋掛かりは幕屋口（揚幕の所）を高めに、舞台へは徐々に低くなるように、しかもまっすぐに掛けるのがよく、中央部を反橋のように高めなのは具合が悪い。舞台の位置は前後左右のいずれへも偏らず、桟敷の中央へくるようにするのがいい。どうしても、声は桟敷正面へよく聞こえるものだからだ。また、演能に先立って、舞台や橋掛かりをよくよく検分し、釘が出ていないか確かめ、危険な所は直しておくこと。大勢の座（地謡がすわる場所）は舞台より多少低くして畳（うすべり）を敷き、脇の仕手（ワキ）などが歌う場所には上等の毛氈などを用いたものである、と。現代の平滑な能舞台や橋掛かりの位置など、だいぶ違うことも分かる。

また能役者にとって声のケアは大切であるが、声の薬は「正気散」（不換金正気散。鬱気を払い、声をよくする薬として知られていた）がよく、味噌気や油気は避けることといい、「当座」（舞台）では「沸《かへ》り湯」（熱湯）を飲んで喉を焼くのがよく、楽屋では重湯（米の煮汁）がいいと述べている。

上演にあたっては、尺八も持参しなければならなかった。尺八は現在の五十四センチほどの太い笛ではなく、一節切《ひとよぎり》といって短い約一尺一寸（三十三センチほど）で、音を取ってから（音取《ねとり》）謡う。尺八をチューナーのように用いていたようだ。そして「調子をば機が持つなり。吹物《ふきもの》の調子を音取りて、機に合せすまして、目をふさぎて、息を内へ引きて、さて声を出せば、声先、調子の中より出づるなり」（『花鏡』）と注意している。つまり「笛の音の高さをよく聞き、謡い出すタイミングをよくはかり、ここぞという瞬間に声を出せ」という教えで、「一調二機三声」という呼び方で知られた教えである。

現在の能では、歌い出しの音の高さは、歌い手自身が、自分の調子、場所や作品の雰囲気に合わせ、決める。しかし、世阿弥の教えは違う。吹物（尺八）の高さに合わせよと言う。貴人の邸宅などに招かれて謡を歌う「内にての音曲」の時の作法が『申楽談儀』に見える。意訳すると、「ぴたりと着座し、右手に扇を持ち、左手に謡の調子を把握するための尺八を、ちょうど右手の扇と一対になるように持ち、尺八の吹き口を左の袖の内へ引き入れ、指で衣服の袖口をおさえる。貴人の御前などでは、平伏したままの姿で謡う」とある。さらに小さなことだが、と前置きして、火打ち袋はきれいな模様の金襴地のものがよい。なぜなら、それが座敷での彩りになるからという。

世阿弥が語る面の話

仮面劇である能では、能面への比重が高く、世阿弥は『申楽談儀』で、優れた面打ちや創造期ならでは面の話や霊夢など、能面の歴史を解明する上で重要な事柄を語っている。大事な発言で、世阿弥の語り口もうかがわれので少し長いが原文のまま説明を加えて紹介しよう。面打ちの名前は太字で示す。

一、面の事。翁は**日光**打ち。**弥勒**、打ち手也。この座の翁は**弥勒**打ち也。伊賀小波多にて座を建て初められし時、伊賀にて尋ね出だし奉りし面也。

近江には、**赤鶴**《しゃくづる》〈サルガク也〉、鬼面の上手也。近比《ちかごろ》、**愛智**《えち》打ちとて、坐禅院（坂本にあった延暦寺所属の一院。日吉神社領愛智庄の管理をしていた）の内の者（召使）也。女面の上手也。
越前には、石王兵衛《いしおうびょうえ》、その後龍右衛門、その後夜叉、その後文蔵、その後小牛《こうし》、その後徳若也。石王兵衛、龍右衛門迄は、誰も着るに仔細なし（誰がつけても不都合はない）。夜叉より後のは、着《き》手《て》を嫌ふ也（着る人によって合う合わないがある）。金剛権守が着し、文蔵打ちの本打ち（本面）也。この座に（で使う）、年寄りたる尉（老人面）、龍右衛門。恋の重荷の面とて名誉せし（評判の）笑《わらい》尉（老人面の一種）は、夜叉が作也。老松の後などに着るは、小牛也。

と、越前に優れた面打ちが輩出したことを述べ、現在、観世座で使っている尉面について語っている。続けて、佳き面と評判の男面や鬼面に及ぶ。

愛智の打ち手、面ども打ちて、近江申楽に遺物《ゆいもつ》しけるが（贈ったが）、大和名人とて（大和猿楽の名手ということで）、世子の方へ、岩童して（介し）送りし遺物の面、今、宝生大夫の方にある女面・顔細き尉の面、これ也。時々源三位《げんざんみ》（《頼政》）に、彩色《さいす》きて着られし也。男面、近比、佳き面と沙汰ありし（評判されたのは）、千種打ち也。若男面は、龍右衛門也。
出合の飛出《とびで》、この座の天神の面・大癋見《おおべしみ》・小癋見《こべしみ》、皆赤鶴也。大癋見をば、他国よりは大和癋見といふ。この面也。大癋見・天神の面、専ら観阿より重代の面也。飛出は、菅丞相《かんしょうじょう》の、柘榴《じゃくろ》くゎっと吐き給へる所（表情）を打つ。天神の面、天神の能（《雷電》など菅原道真がシテの能）に着しよりの名也。人の借り召されしを（ある方の命でお貸ししたが）、不思議なる霊夢ありて、返されし面也。

家に納め奉れども（秘蔵していたが）、又霊夢ありて、今も着る也。小癋見は、世子着出《きいだ》されし（使い始められた）面也。余の者着べきこと、今の世になし。かの面にて、鵜飼をば為出《しいだ》されし面也。異面《ことめん》にては（他の面を用いる時は）、鵜飼をほろりとせられし也。面も位に相応たらんを着べし（役者の芸位につり合った面を着けるがよい）。

この座の、ちと年寄りしくある女面、愛智打ち也。世子、女能には、これを着られし也。〈なほなほ名誉の面どももあるべし。〉

世阿弥は実に多くのことを語っている。猿楽の座にとって翁面が如何に大切であるか、後世、規範となった面を創作した名手たちの作風、面の形態や彩色、面と演技、名誉の面、面の貸借と移動、面の創作秘話、面と役者の相応、面にまつわる不思議な霊夢などを伝えている。鬼面の上手の赤鶴が近江猿楽の役者であったこと、越前には、石王兵衛、龍右衛門、夜叉、文藏、小牛と優れた面打ちが輩出したことなども、教えてくれる。

能面の歴史は、翁面の時代（平安末期～鎌倉時代）、創作の時代（南北朝期～室町中期）、完成の時代（室町後期～安土桃山時代）、模作の時代（江戸時代以降）に大別されるが、観阿弥や世阿弥のころから猿楽の源流として神聖視された《翁（式三番）》に用いられる面は、平安末期に創作され鎌倉時代には完成していたことは、本書の序章で触れた。

能が一代飛躍を遂げた世阿弥時代は、能そのものが創造のエネルギーに満ち、新作があいつぎ、それと呼応して役柄にふさわしい能面が創られた。優れた面打ちが輩出したのもこの時代で、近江に鬼面の上手の赤鶴（猿楽の役者）と女面の上手の愛智（世阿弥と同時代）がいて、越前に、石王兵衛→龍右衛門→夜叉→文蔵→小牛→徳若と続出し、越前は能面制作の伝統があったことも伝えている。近江といい越前といい、優れた面打ちが輩出し、世阿弥たち大和猿楽の役者も優れた面を求め、着用していた。「顔細き尉の面」を、時々《頼政》にふさわしく彩色して着たことも伝えており、いかにも創作の時代を思わせる。観世文庫所蔵の小癋見は世阿弥が初めて着用し、他に使いこなせる役者は今の世にいないという。肌は褐色に近い朱色で、眉や耳が簡潔に鋭く表現され、柔らかい皮膚感や鋭い目との相乗効果で、凝縮された緊張感と存在感が漲っている。《鵜飼》《野守》などに着用し、世阿弥の鬼能を考える上で注目すべき面である。「夜叉より後のは、着手を嫌ふ也」（着る人によって効果が違う）とある記事も、能面の特質を伝えていて興味深い。面と役者の技量とが相応しなければ成功しないのは現代も同じである。

世阿弥は面の額《ひたい》についても、「面の額の長いのはいけない。近年、惜しがって切らないのは、おかしなことだ。頭に何かかぶる場合、烏帽子・冠なら、額の中ほどまで目深くかぶるので、額が長いと烏帽子や冠がのけぞってしまい、巴形つまり阿弥陀被りになって具合が悪い。赤頭《あかがしら》や黒頭《くろがしら》などのような毛の長く垂れた仮髪をかける場合は、長い毛が額を覆うので額はほとんど見えなくなるが、乱れた髪の中から見える場合もあり、やはり額の長いのは見苦しいものだ。ともかく、額の長い面は上部を切るのがよい」と述べている。額が長かったら切ればいい、いかにも創作の時代を伝える発言である。

世阿弥はどこに住んでいたか

少年時代から青年時代までは故郷の大和に住んでいたと思われる世阿弥だが、都への進出を果たし、京の都を主要な活動場所とした壮年以降は、おそらく、京都に住んでいたであろう。晩年の正長元年（一四二八）八月には確かに京に住んでいた。それは、同年、義教の御所に招かれて能を演じた観世座の傍系十二座の役者十二五郎康次が、無事に晴れの大役を済ませて大和に帰る際、お礼の挨拶のため京の世阿弥の居宅に二度訪ねたけれど、あいにく不在のため、代筆してもらった手紙を残して帰ったことが『申楽談儀』に見え、その手紙の全文が『申楽談儀』に載っていることから判明する。

このとき、康次は七十六歳で、六十四歳の世阿弥より一回り年長であるが、内容は、将軍御所に召されて能を演じ、将軍のご機嫌や貴人方の評判も悪くなかったことは老後の面目であり、これもひとえに世阿弥が（鬼能を得意とした）自分に合う能を書いてくれたお蔭で、すべて世阿弥の教導の賜物と感謝し、生涯にわたる庇護は孫子の代までも忘れないと綴っている。手紙を読んだ世阿弥は「道を持てる者の意地、かくのごとし」と芸道を重んずる者の心意気に感じ入ったのだった。

問題は、康次が訪れた居宅は京のどこにあったか、である。天野文雄は、『日本歴史地名大系（京都市編）』の「観世町」を引き、観世屋敷があった場所は、上京区大宮通五辻下ルで、『京町鑑』（宝暦十二年刊）の「此町西側観世屋敷有猿楽四座の内観世左《ママ》太夫拝領の地によってかくいふ」という記事により、足利将軍家から拝領されたという伝えを紹介した（天野文雄：二〇一〇）。さらに『大館常興日記』天文九年（一五四〇）三月二十三日条の記事「西陣芝薬師近辺」を紹介して大宮通り五辻の近くであるとし、『蜷川家古文書』永禄十一年（一五六八）十一月七日条に、観世大夫の在所を「大宮観町」とした記述も紹介して、謡伝書『塵芥抄《じんかいしょう》』に「大宮のそうせつ（宗節）の亭にゆき」とある記述から、京都の観世屋敷は天文以前から大宮通りにあったことを考証している。それ以前のことは不明としつつも、この土地は世阿弥時代以来のもので、世阿弥の佐渡配流（第六章で後述）によって、将軍家から観世三郎元重（音阿弥）に譲られたと想定している。世阿弥時代以来のものかどうかは分からないが、今後の研究のために紹介しておく。

3 出家後の演能記録

応永三十四年二月薪猿楽

出家はしたものの、世阿弥は能から離れたわけではなかった。そのことを暗示する貴重な史料があるのでここで取り上げておこう。

日本史研究者の八嶌幸子が紹介した「応永三十四年演能記録」（大乗院文書・「寺社方諸廻請」尋尊記紙背文書）は、十五番の曲名とその演者名（シテ）を記した最古の演能記録である（八嶌幸子：一九九九、二〇〇〇）。すべて世阿弥たち観世座の上演曲で、これまで世阿弥時代にはまだ成立していなかったと思われていた曲を多数含み、この演能記録の出現は学界を驚かした。番組が示唆するものははなはだ多く、これまで多数の研究成果が発表されてきた。ここでは、これら諸論の成果に拠りつつ、この番組からうかがわれる世阿弥晩年期の能、応永三十年代の能の姿について概観しよう。

なお、この資料は薪猿楽に伴い興福寺の別当坊で演じられた別当坊猿楽の記録である。康正二年（一四五六）二月に興福寺別当（寺務）となった尋尊《じんそん》（一四三〇～一五〇八）が、翌年に就任後初めての別当坊猿楽を演じさせるに当たり、一座ごとの参勤という従来の慣習を変更して二座による立合形式を採用したため、初日の金春と金剛二座の間で、どちらが名誉の脇能（《翁》に続いて演じる神々が出現する能）を演じるかを争い、籤《くじ》によって決着したが、尋尊は、翌年からは先例どおり金春が脇をすべしと裁定を下した。この記録は、その裁定のための資料として、尋尊の前任者で別当であった大乗院経覚《きょうかく》大僧正（一三九五～一四七三）が当時の史料を写して尋尊に与えたものである。

何が上演されたのか

次に何が上演されたのか、番組に記された十五番を、順番・曲名・演者名の順序でみてみよう。

応永卅四年二月九日　大蔵大夫五番
十日　観世十郎　同三郎　十二次郎　自巳刻 至酉刻　十五番沙汰候了。
脇　佐保姫　観世十郎　第二　曽我帍(虎)　同三郎　第三　盛久　十郎　第四　酒天童子　十二次郎　第五　仏原
三郎　第六　エビラノ梅　十郎　第七　猩生(々)　十二次郎　第八　自然居子(士)　三郎　第九　業平　十郎　第十
忠信　十二次郎　第十一　小町少将　三郎　第十二　哥占　十郎　第十三　逆鉾　十二次郎　第十四　松山
三郎　第十五　綾鼓　十郎

巳刻（十時頃）に始まり酉刻（六時頃）に終わった八時間に、観世十郎元雅が六番、観世三郎元重（音阿弥）が五番、十二次郎（鬼能など強々とした能が得意だった十二五郎康次の後継者）が四番のシテを演じ、一番の平均所要時間が約三十二分となる（現在の能一番の所用時間は平均約七十分なので、当時はずいぶん速かった)。脇能を勤めた十郎元雅は当時二十七歳前後、三郎元重(三十歳)と十二次郎(四十四歳)の三人は、それぞれ自分の座の大夫であったと考えられ、薪猿楽のような神事に終結して観世座として参勤していた。応永三十年二月に世阿弥から『三道』を相伝した元能の名が見えないが、地謡あるいは囃子方《はやしかた》(楽器を奏する役者の総称)、あるいは作者として大夫元雅を補佐していたのであろう。世阿弥の名前も見えないが、出家後は第一線を退いていても、元雅の座の大御所的存在として、作能し、助言や指導する立場だったと思われる。

十五番の上演曲について、現行曲と同名の曲は問題ない。それ以外の作品がどの曲を指すかは研究者によって区々《まちまち》で、いまだ不明な曲もあるが、先行研究も参照しつつ次頁の表で筆者の見立てを示しておこう。このうち、第十四《松山》は現行曲《松山鏡《まつのやまかがみ》》とみる説が多いが、室町時代、《松山》と言えば、讃岐の松山の白峰を訪ねた西行と崇徳院の霊との邂逅を描く現行曲《松山天狗》を指す(《松山天狗》の名は江戸時代以降)。《松の山鏡》は一貫して《松の山鏡》であり、ここも《松山鏡》ではあるまい。なお、想像を巡らせば、《松山》の成立の背景に、応永二十一年四月十七日、管領細川満元(道歓)が任国である讃岐の地で憤死した崇徳院の二百五十年遠忌に、京の自邸で催した頓証寺法楽千首を興行し、崇徳院の菩提寺となった頓証寺に奉納したことと関連するのではないだろうか。法楽千首の出詠者は世阿弥の後援者であった細川満元を中心にグループを形成していた人々で、道歓とその被官、道歓に親近する公家(飛鳥井宋雅ほか)、幕臣の武家と僧侶歌人(梵燈・正徹・堯孝)であったが、被官のなかに横越元久もいる。横越は素人ながら《浮舟》を書き、節は世阿弥が付けたことが知られているが、《松山》も横越のような素人が作詞し、世阿弥など玄人が節付け(さらに型付も)

応永三十四年演能記録の15曲

	曲　名	概　要
1	《佐保姫》	現行曲《佐保山》。佐保山に春の女神佐保姫が舞を舞う脇能で，元雅か禅竹の作と推測される。
2	《曽我虎》	廃絶曲《虎送》と見る説が多いが，富士の裾野井出の里で，曽我十郎祐成の跡を弔う恋人大磯の遊女虎の前に，祐成の霊が現れ，巻狩で伏木に馬が乗り上げ工藤祐経を射損なったが，同夜，本懐を遂げたことを物語る廃絶曲の修羅能《伏木曽我》の可能性が高い〔伊海孝充：二〇一一〕。
3	《盛久》	元雅作で，応永三十年奥書の世阿弥自筆本が伝わる現行曲。
4	《酒天童子》	廃絶曲《幽霊酒呑童子》ではなく，落合博志が比定する現行曲《大江山》か。
5	《仏原》	現行曲（同名）。
6	《エビラノ梅》	現行曲《箙》。
7	《猩生》	現行曲《猩々》（猩々が童子姿で登場する前場のある完全形式）。
8	《自然居子(士)》	現行曲（同名）。
9	《業平》	後ジテ基経の霊が出る古作《雲林院》（応永三十三年奥書の世阿弥自筆能本が伝存）とする説があるが，現行曲《井筒》の可能性が高い（山中玲子による）。あるいは現行曲《雲林院》か（このほうが前ジテ・後ジテとも業平の霊で一貫し，そのまま「業平の能」となる）。
10	《忠信》	現行曲の《忠信》でも，廃絶曲の《愛寿忠信》や《空腹》でもなく，廃絶曲の修羅能《忠信》か〔伊海孝充：二〇一一〕。
11	《小町少将》	現行曲《通小町》。
12	《哥(歌)占》	現行曲（同名）。
13	《逆鉾》	現行曲（同名）。
14	《松山》	現行曲《松山鏡》とみる説も多いが，現行曲《松山天狗》か（本文参照）。
15	《綾鼓》	応永三十年二月奥書の『三道』に，「恋重荷，昔，綾の太鼓」とある《綾の太鼓》の翻案・改作らしい現行曲《綾鼓》か。内容分析から元雅作の可能性が高い〔西野春雄：二〇〇五〕。

したか、あるいは道歓から能作の依頼を受けて能役者の誰か（世阿弥か元雅か）が創作したかとも想像される。

《松山》は西行が崇徳院の墓を訪ねる能であるが、崇徳院の墓を「御廟所」と呼ぶ表現は、『保元物語』にも『撰集抄』にも『西行物語』にもなく、『白峯寺縁起』（応永十三年成立）だけに見える（本多典子：二〇〇七）。そして、この『白峯寺縁起』を編纂したのが、明経道《みょうぎょうどう》（五経など経書を専門とする）清原家の嫡流で儒学者の清原良賢（一三四八〜一四三二）である。清原良賢は世阿弥の『五位』に跋文を寄せている（第七章で後述）。

おそらく《松山》は、同書に依拠して作られていると考えられる。《松山》が崇徳院の二百五十年遠忌に作られたことを証明する資料はない。しかし、江戸時代以降、高僧の遠忌、連歌師・歌人・俳人の年忌などに能を作り顕彰する例はしばしばみられるので、こうした作品の先駆けかもしれない。

以上の十五番には、《通小町》のように観阿弥原作・世阿弥改作の能もあれば、《歌占》《盛久》など元雅の能もある。《佐保姫》《箙》《仏原》は元雅か禅竹かと思われ、あるいは第三の作者として元能が浮上してくる。

さらに十二次郎の所演曲のうち《酒天童子》は、落合博志が想定する《大江山》である蓋然性が高い（落合博志：二〇〇三）。落合は、山伏姿となった頼光たち（ワキ・ワキヅレ）と稚児姿の酒天童子（前ジテ）の酒宴の場で地謡が謡う「一児《ちご》二山王と立て給ふは、かみをさぐる由ぞかし」（比叡山の僧たちが山王権現よりも稚児をかわいがり男色にふけったことを諷した諺。稚児を神の上に立てる意。観世・宝生流「神を避《さ》くる」、金春・金剛・喜多流「神を避ぐる」）について、将軍家と深くかかわっていた比叡山の花王院証憲の秀句的解釈を紹介し、「想像を巡らせば、ある時義持の御前で証憲の披露した「一児二山王」の秀句的解釈が評判となり」、「少なくとも《大江山》が義持の周辺で作られたとすれば理解しやすい」と推定し、「十二次郎によって演じられていることは、十二座が将軍家と関係の深い猿楽であるだけに、同曲が《大江山》であることを強く思わせる」とした。《酒天童子》(大江山)は、御前で披露された「一児二山王…」の秀句的解釈に深い関心を寄せた将軍義持の意向を受けて作られた可能性もある。作者について具体名は触れていないが、能が作られた状景が見えてくるようである。十二次郎の所演曲には、過去に、鬼能を得意とした十二五郎康次のために世阿弥が書いた能が含まれているかもしれない。

こうしてみると、春の女神の能《佐保姫》、世阿弥の修羅能とは異質の《忠信》、あるいは観世三郎の所演曲《曽我虎(虎)》《仏原》《松山》、荒神物《逆鉾》や舞踊曲《猩々》など、十五番の能の作者に、世阿弥および世阿弥周辺の人間が浮上してくるとともに、そのレパートリーからは、創成期の生き生きとした能の姿が想像されるのである。

第五章　悲運の訪れ

1　義持歿し、弟の義円が後継者に

前章でふれたように、世阿弥は応永二十九年（一四二二）ごろ六十歳で出家し、その後は第一線を退いて一座の後見役のような立場へと移行していった。このことは前述した応永三十四年二月の薪猿楽において、元雅・元重・十二次郎がシテを勤める一方、世阿弥が出演しなかったことに看て取れる。

観世元重の台頭

応永三十二年（一四二五）二月、五代将軍義量《よしかず》（享年十九）に先立たれた義持は、応永三十五年正月七日発病した。やがて重篤となり、後継者を指名せず、十七日鬮《くじ》で決することを許し、十八日に病没した（享年四十三）。幕府の有力大名と満済らの合議により、石清水八幡宮の鬮によって、義持の弟で青蓮院門跡・天台座主義円《ぎえん》（一三九四〜一四四一）が後継者に選ばれ、還俗して義宣《よしのぶ》を名乗り、後に義《よし》

足利義教

教《のり》と改めた。

義教は青蓮院門跡時代から猿楽を好み、摂津猿楽の榎並を贔屓にしていたが、榎並が没すると、世阿弥の弟四郎の子の三郎元重（音阿弥）を寵愛し、応永三十四年四月二十三日には、三郎による稲荷辺での京一言《ひとこと》観音堂造営のための勧進猿楽を後援している（『満済准后日記』）。

新将軍となった義教は、将軍宣下の前年の正長元年（一四二八。四月二十七日正長と改元）に家督を相続し、三月二十一日に三条坊門第に移り、四月・六月・七月と立て続けに猿楽を催している。『満済准后日記』正長元年四月五日条に「今日、室町殿御所に於いて、観世三郎猿楽芸能を施すと云々、諸大名等悉く参入と云々、面々寄合い五万疋分之に下さると云々」とあり、新将軍が贔屓する観世三郎元重の演能に諸大名が悉く参列し、元重に何と五万疋（銭五百貫文）もの禄物が下されている。義教の元重愛護が周囲の知るところであったからだろう。

同年六月十二日には、猿楽が三条坊門第寝殿南庭で催された。寝殿・南庭という幕府の儀礼の場で行われた公的な演能で、管領畠山満家（一三七二～一四三三）が新将軍義教のために酒席を設け、役者は満家寵愛の近江猿楽の岩童《いわとう》大夫（犬王の後継者）が勤めた。義教は夫人とともに寝殿に出座した。幸いにこの日の催しを公武の信任厚く南都伝奏も務めた内大臣万里小路《までのこうじ》時房《ときふさ》が『建内記』に詳しく書き留めている。

同書の記事を紹介し考察した丸山奈巳によると、南庭に構えられた舞台には「屋形（屋根）」があり、舞台は「寝殿階間（中央間）」の正面に、北向きに構えられたようである。楽屋は「中門南土庇」に設けられ、見物席は寝殿とその周辺の建物に設営された。将軍の座は「寝殿階間」の西側、東側を夫人の座とし、万里小路時房以下の公卿は「公卿座」に、儀同三司（広橋兼宣）・近習諸大名は御前に、外様大名以下は「中門廊」に、小番衆・諸奉公人は「中門北庇」の「仮板敷」に座した。

時房たちは将軍から側近の大館《おおだち》満信（一三八一～一四五一）の伝達で招集され、身分に即して席に着き、将軍から万疋、大名から各千疋を大夫へ下賜。参列者は着衣を脱いで大夫に与えた。着衣は、後日、百疋と交換して見物料として大夫に与えるよう大館から命じられた（着衣を脱ぐ作法は「小袖脱ぎ」と言い、心付け・祝儀として、着ている小袖を脱いで役者に与えること。猿楽の費用を見物客に負担させる作法）。曲名は不明ながら十番演じている。将軍邸における能舞台の具体的形態を伝える貴重な記事である〔丸山奈巳：二〇二〇〕。

室町殿での観世元重と十二五郎の演能

室町殿での元重らの演能は続く。『満済准后日記』正長元年（一四二八）七月十七日の条によれば、観世元重と十二五郎が一座を組んで演能している。大意を紹介しよう。

七月十七日。晴。今日室町殿で申楽があった。観世三郎と十二五郎が一手に成って能を演じた。十二五郎は七十六歳というが、まるで若者のように種々のクロイ能を演じて見物の目を驚かした。聖護院准后（道意）・関白（二条持基）・如意寺准后（満意）と予（満済）は、はじめ一所に見物していたが、後で将軍義教の桟敷に招かれて同席した。終日の贅沢は言いようもない。中門廊を桟敷とし、室町殿（将軍）の御桟敷は寝殿で、舞台は南庭に構えられた。聖護院以下の面々と相談し、満済方より中楽者に禄物萬千疋を下賜した。

観世三郎元重と十二座の棟梁十二五郎康次が一座を組んで勤めた室町御所でのこの演能は、元重を寵愛する義教の意向によるものだろう。十二五郎は七十六歳の老齢にもかかわらず、若者のように種々の「クロイ能」（クルイ能。荒々しい鬼能）を演じ、観客を驚かせた。元重は自分の一座だけでは人手が足りず、十二座の役者に応援を頼んだのであろう。鬼能を得意とした十二五郎も元重と同じく新将軍義教の贔屓の役者だったに違いない。

仙洞御所での観世三郎元重の猿楽

義教の強い愛護もあって、観世三郎元重は室町殿のほか仙洞御所（上皇が生活する所）でも演能を重ねていく。たとえば、正長二年（永享元年。一四二九）一月十一日の演能で、『満済准后日記』は「仙洞ニ於イテ観世三郎芸能ヲ致ス」と簡略に記すのみであるが、藤原北家花山院流公卿で後小松院の院司・武家伝奏として幕府との連絡に当たった中山定親（一四〇一～五九）の『薩戒記』正長二年一月十一日条に興味深い記事が見える。大意を紹介すると、「今日仙洞御所で猿楽があったと聞く。左典厩《てんきゅう》（左馬頭《さまのかみ》。典厩は左右の馬寮《めりょう》とその頭《かみ》の唐名）より献じた演能で、役者は観世三郎といって、典厩が殊に寵愛する上手である。院から観覧したいという要望があって催され、側近・公卿・殿上人が残り無く参列した。今日の催しを推量するに、院と将軍家の熱心な希望によるもので、実にめでたい。後に聞くと、仁和寺の宮・妙法院の宮・仁和寺新宮・三条前の右大臣入道一位・参議・同じく三司、以下参列し、それぞれ褒美を与え、勅禄万疋、臣下万疋、都合二万疋が観世三郎に下賜された」とある。

公武すなわち後小松院と将軍家がともに猿楽の名手観世三郎の芸を見たいと願っているので、左典厩すなわち左馬頭が計画し、具申して行われた演能であるが、この時の左馬頭は誰あろう義教その人であった（『公卿補任』）。この計画の肝要な点は「公武御庶幾」すなわち後小松院と将軍家がともに観世三郎の演能をこいねがった形の上演ということである。公卿・殿上人・武家貴族が参列した仙洞御所での猿楽は、義教が寵愛する観世三郎元重の名声と栄誉をさらに高めたに相違なく、元重の時代が始まっていたのである。

一方、『申楽談義』は、永享元年（正長二年九月に改元）三月五日、興福寺一乗院の別当坊で、円満井座（金春大夫氏信）と結崎両座立合の薪猿楽があり、観世大夫元雅が脇能《八幡放生会の能》を勤めたことを伝えている。薪猿楽で脇能を演ずることは名誉とされ、立合能では脇能をどの座が演ずるかで争いの起こることが多かったので、籤《くじ》引きで決め、このときは前年の一乗院での籤によるものであった。

《八幡放生会の能》は世阿弥が禅竹に与えた『能本三十五番目録』に見える「ハウシヤウ川」の別称で、『申楽談儀』には「放生会の能、魚《いを》放つ所曲なれば、私あり」（水桶から魚を放す型など、作者の好みが出過ぎている）とある。世阿弥たちは足利家を讃える脇能を作り、演じている。詳しくは第九章で述べよう。

正長二年五月三日（一四二九）、室町御所の笠懸の馬場で、元重と元雅の「観世大夫両座」と宝生大夫と十二五郎による多武峰様《とうのみねよう》の立合猿楽が催された（『満済准后日記』）。「観世大夫両座」とあるから、三郎も十郎も、それぞれ独立し、大夫として活動していることが知られる。「多武峰様猿楽」とは大和多武峰の神事猿楽で行われる特別様式の演能のことで、二条摂政をはじめ聖護院准后・如意寺准后・実相院（義運）・宝池院（義賢）・青蓮院・徳大寺など義教の護持僧たちも招かれ、同じ桟敷で見物し、公方（義教）より酒肴が出され「終日活計（一日贅沢を尽くし）。申楽十五番仕リ候ヒ了《オワ》ンヌ、此ノ桟敷ヨリ寄合ニテ万疋之レヲ進《マイ》ラセ了ンヌ」とある。

室町御所笠懸馬場での多武峰様猿楽

遠く離れた多武峰ではなく、室町御所の笠懸の駒場で再現された多武峰様猿楽は、その写実的で派手な演出から、能は義教の好みに合わせた催しと思われる。十五番も演じられたとあるが、どんな番組だったろうか。幸い観世方の三番を、内大臣万里小路時房が日記『建内記』に書き留めている。「毎年多武峰ニ於イテ神事猿楽之體也ト云々。或ハ甲冑ヲ着シ、刀剣ヲ持チ、或ハ馬ニ乗リ舞台ニ出ル」とある。

左、観世

綾織　一谷先陣　秦始皇

義経、十郎也　乗馬ニテ舞台ニ出ル

梶原、三郎也

十郎と三郎の演者名まで記した《一谷先陣《いちのたにせんじん》》は二人の芸風もうかがわせるので、三番について述べよう。《綾織》は現行曲《呉服《くれは》》の古名で、古代日本に呉国より渡来した呉織《くれはとり》・漢織《あやはとり》という二人の織姫の物語である。織物技術を日本に伝えた織姫二人は女神に準じ、織り上げた御衣《ぎょい》を献上し、めでたき御代を讃美する。多武峰様猿楽なので、美しい糸を掛けた機台《はただい》の作リ物（舞台装置）を出しただろう。機を織る場面が前場の頂点である。しかも、新作を上演する慣習の多武峰様猿楽であり、未定着の曲名であることを勘案すると、多分この時が初演ではあるまいか。なお、現行演出では、諸流とも後場に呉織（シテ）一人だけ登場するが、原形は漢織（ツレ）も登場し、二人で機織りを再現し、相舞したことが詞章からも推測できる。世阿弥時代の《呉服》は現行演出に比べ、よりにぎやかな舞台だったろう。作者は不明であるが、《高砂》や《志賀》とも同じ詞章が見え、祝福表現の特色からみて、世阿弥グループ（元雅・元能）の誰かと思われる。

《一谷先陣》は廃絶曲《二度懸《にどのかけ》》の古名で、『平家物語』巻九「老馬」と「二度掛」をつなげた現在能である。観世十郎が判官義経に、観世元重が梶原に扮し、甲冑姿で馬に乗って舞台に登場し、一の谷先陣のさまを演じる野外ページェント劇である。前半は、貴人役の義経が老いた杣人《そまびと》の物語を聞き、その子鷲尾を家来に加え、老杣人は子供の出世を喜びつつ涙とともに別れる。後半は、我が子源太を求めて梶原景時が二度敵陣深く駆け入り、助け出して帰還する武勇を描く。後半の戦闘場面の興味だけに終わらず、前半に親子の情愛をからめているところに「劇」としての深味がある。役としては梶原に扮した元重の方が重い。作者は不明であるが、観世大夫両座のうちの誰かであろう。

《秦始皇》は『平家物語』巻五「咸陽宮」に取材し、燕《えん》の刺客荊軻《けいか》と秦舞陽《しんぶよう》による始皇帝の暗殺未遂事件に取材した唐事《からごと》の能で、現行曲《咸陽宮》の古名である。豪壮華麗な咸陽宮に、花陽夫人《かようぶにん》や大臣を従えた始皇帝が登場し、荊軻と秦舞陽に刀を突き付けられる。絶体絶命の始皇帝が最期の望みに花陽夫人の琴の弾奏を求め、夫人が秘曲の琴歌に託して帝に脱出を勧める。地謡によって表現される琴歌と琴を弾く場面がひとつの山場で、刺客二人が琴の音に聞き惚れている間に帝は素早く脱出し、二人を討ち取る。多武峰様猿楽なので、実際に琴を出して弾いたかもしれない。作者は不明で、こちらも観世大夫両座のうちの役者と思われる。

仙洞御所での演能をめぐって

この多武峰様猿楽の十日後の五月十三日、突然、義教から、仙洞猿楽には「観世十郎ならびに世阿の両人」はお召しになられぬようとの追伸が出された。これを取り次いだ満済は、その旨を後小松院側に伝えている。『満済准后日記』によると、十二日は、幕府執奏役の大館満信より、仙洞御所での猿楽の事は、いつでも将軍より派遣の用意がある、との義教の意を体した書状が届き、満済が後小松院御所方の中御門宗継《なかみかどむねつぐ》（一四〇〇～五三）に取り次いだ。

この簡単な記事だけでは事件の真相はよく分からない。これまでも先学によってさまざまな推量や想像がなされてきた。たとえば、戦前の能楽研究を牽引するも、一九四四年三月教育召集を受け、翌年一月、フィリピンのミンドロ島で戦没した小林静雄（一九〇九～四五）の『世阿弥』（檜書店、一九四三、増補再版一九五八）には次のようにある。

> これまで仙洞御所における能は主に丹波猿楽の梅若大夫が召されていたが、後小松法皇は近来好評を博している観世の能を御覧ありたく思し召し、義教にその旨を仰せ下された。義教は観世という

のは自分が後援している元重とばかり思い込んで、何時たりとも参上させる旨を奏上した。ところが法皇の御意は元重にあらずして元雅及び世阿弥にあることを知って、右両人は召さる可からざる旨を重ねて奏上したものであらう。…翌年から毎年正月十一日に元重が仙洞御所へ召されることになった点から見ても、右の推測が当らずと雖も遠からぬものがあることが了解できるであらう。

一九五八年の増補再版の修補を担当した能楽研究者の小山弘志（一九二一～二〇一一）は、元重が仙洞御所に召されるようになったのは後小松法皇の御意によるものでなく、義教の推挙によるものであることを、『満済准后日記』永享二年正月十日条の「次ニ猿楽ハ観世三郎ナリ。仙洞御賞翫ノ猿楽ニ非ズ」を引いて注記している。

また、その後、断片的ではあるが、この一件に関係するらしい記事「観世申状」が『満済准后日記』の紙背文書中（正長二年四月条から九月条まで）に見えることが紹介された（片桐登：一九九八）。それをふまえ、もともと上皇は世阿弥父子を希望していたのにもかかわらず、義教が拒否した、とする見方が一般的で、義教による世阿弥父子弾圧事件とするのが通説であった。

しかし『満済准后日記』の記事を再検討した竹本幹夫は、

義教の意向の真意は、いわば間違えないように念を入れてダメ押しをしたわけで、この頃までは、「観世両座」がまだ両立していたこと、元重はすでに世阿弥の指導を離れて独立していたが、前月の共演のこともあり、世間では必ずしもそうは見ておらず、将軍愛顧の猿楽は三郎元重であることを周知させるために、義教の意図的なテコ入れが必要であったろうことが、この追仲の背景にあったのであろう。

と推測し、義教に世阿弥父子を排斥するような意図はなかったという異説を提示した〔竹本幹夫：二〇〇九〕。観世三郎が後小松院賞翫の猿楽でないことは間違いなく、義教による元重贔屓が目立つ事件であるが、ここでは異説の是非について触れず、両説を紹介するにとどめる。しかし、弾圧があったか否かにかかわらず、義教が元重を取り立てたことによって、世阿弥父子に逆風が吹いていたのは確かである。だが、この事件は悲運の序曲に過ぎなかった。

清滝宮の楽頭職も元重に交替

永享二年（一四三〇）、義教はついに醍醐寺清滝宮の楽頭職の任免にも口を出した。楽頭職は祭礼などの猿楽興行に関する権利と義務を保有する芸能取締役であり、請負の権利者である。この職にある以上、毎年、祭礼に奉仕すべきであり、もし差支えがあったなら代役の一座を差し出さなければならない。清滝宮祭礼の楽頭職は永く摂津猿楽の榎並が勤めていた。ところが榎並は応永二十年代に入ると懈怠《けたい》著しく、二十二年と二十九年は観世に、二十四年から二十六年、三十年も他座に代勤させている。懈怠が続いては寺側も放置できず、満済は榎並を「突鼻」（叱責）した。すると榎並が頓死（自死か）し、その後嗣となるはずの弟までが歿し楽頭職が空席となったので、永年にわたる精勤が認められ、世阿弥が新楽頭に任命されていたのであった。ちなみに、榎並が懈怠し続けた理由は分からないが、経済的な理由も想像される。永享七年（一四三五）七月の近江八幡宮の近江猿楽勧進能の総収入が四百四十貫、猿楽方への謝礼が百十一貫であるのに対し〔宮本主造：二〇二〇〉、清滝宮祭礼猿楽の謝礼はこの三分の一にもならない。

話を戻そう。その楽頭職を義教は世阿弥から観世三郎元重に変更させた。『満済准后日記』永享二年（一四三〇）四月十七日・十八日条を紹介すると、「十七日、今夜の申楽、常の如く拝殿前で行った。今年は観世三郎が勤仕したが、これは室町殿より内々に推挙されたことである。六番演じ、その芸は目を驚かすばかりだ。申楽が終って程なくして降雨。神事禄物として三千疋（銭三十貫文）を下賜。恒例に従い、門跡中より二千疋、地下人等より千疋を進上したが、観世三郎には別に二千疋を下賜した。これは公方（将軍）の沙汰（はからい）である」。十八日は八番演じられ、夜に入り篝《かがり》を焚き二番演じた。十八日は、御礼に参上した三郎元重と父の四郎、牛太郎（牛大夫）に褒美が下賜されている。

2　元能の出家遁世

元能は凡庸であったのか

このようにして一座が危機に陥りつつあった永享二年（一四三〇）十一月十一日、元能は、世阿弥の芸談の聞書きを整理・編集した『申楽談儀』を形見に出家遁世した。出家の理由は何か、その背景にどのような事情があったのだろうか。

これまで、元能は、棟梁たる十郎元雅を補助する立場であったと理解されてきた。そして、天才の元雅に比べ、篤実ではあっても能力的に劣り、元能に相伝した能作論書の『三道』は、能作の面で棟梁の元雅を補助するように、かつ元能でも能本を書けるように平易に論じた手引書として相伝したのだろうと思われてきた。天才肌の元雅には及ばない凡庸な人物で、世阿弥の芸談を『申楽談儀』にまとめて出家したのも、将来に絶望して出家遁世したのではないかと推測されてきたのである。しかし、果たしてそうだろうか。何よりも世阿弥の芸談を『申楽談儀』にまとめたのも、編集能力があるからで、決して凡庸ではあるまい。

元能は生年も没年も分からない。十郎元雅を長男とし、七郎元能を次男とするのが一般的だが、厳密にはそれさえ確かではない。元能が『三道』を相伝した応永三十年にはまだ二十代ないし十代の後半と推測されている。観世元重の第七子の観世小次郎信光（一四五〇〜一五一六）が大鼓の役者ながら《玉井》《吉野天人》《遊行柳》《張良》《船弁慶》《紅葉狩》《龍虎》などの能を作った事例を参照すると、座衆の誰かが能本の創作をして棟梁（大夫）を盛り立てるのが観世座の慣例であったらしく、世阿弥も元能に作能の才能を認めたからこそ『三道』を書き与えたのであろう。『三道』の姉妹篇と思われる『曲付次第』には伝授の奥書がないが、その一部は『申楽談儀』に見え、『風曲集』にいたっては本文までが引用されているので、音曲方面の伝書も与えられていた可能性がある。おそらく元能は作詞・作曲の両面において世阿弥が嘱望する技量の持ち主であったろう。

しかしながら、今日、元能作として伝えられている能は一曲もない。世阿弥晩年の音曲伝書『五音』にも元能の名前はないが、ある時期に還俗しており（『四座役者目録』。元雅の遺児十郎を補佐するためと思われる）、世阿弥の最晩年ないし歿後に作能している可能性もある。

《江島《えのしま》》《正尊《しょうぞん》》《輪蔵《りんぞう》》などの作者観世長俊（観世信光の子。一四八八〜一五四一）の直話を基に吉田兼将が大永四年（一五二四）にまとめた『能本作者註文』（吉田東伍の命名）は、《吉野琴》《盛久》《隅田川》《歌占《うたうら》》など、今日、元雅作が確実視される作品でも、すべて世阿弥作としている。第一、禅竹や孫の禅鳳（一四五四〜？）が立項されているにもかかわらず元雅は立項もされていない。元能も同様の扱いなのではあるまいか。長俊は観世元重につながる立場なので、元雅や元能を抹消したかもしれず、世阿弥作や作者不分明とする作品の中に元雅や元能作の能が埋もれている可能性もある。たとえば、世阿弥が金春大夫に与えた能本の目録『能本三十五番目録』の諸曲の中に、世阿弥や元雅の能のほかに元能の能も含まれているのではないか。世阿弥が示した作劇法に拠りながら、世阿弥とも元雅とも文辞や感触が違う作品、たとえば、前場の中心部の〈クセ〉が叙事ではなく叙景を歌う《松尾《まつのお》》や《軒端梅《のきばのうめ》》（東北《とうぼく》の古名）、『夢跡一紙《むせきいっし》』と同じ表現が見られる《天鼓《てんこ》》である。また、「遊楽《ゆうがく》」など世阿弥の愛用語を詞章に引くのは元雅たちの能の特色であるが、「風月延年《ふげつえんねん》の遊楽」を引く廃絶曲《粉河祇王《こかわぎおう》》（籠祇王トモ）も元雅か元能作の可能性が高い。ことに《粉河祇王》は、白拍子祇王が牢に入れられた老父の身を案じて粉河に下る物語である。極限状況に置かれた父と娘の情愛を描き、観音の功力を讃える能で、成立の背景に、男子出生を祈願して義満が参詣し、義持・義教も参詣した将軍家の篤い粉河観音信仰〔高岸輝：二〇〇四〕が想定される。これらの作品が元能作であるとなれば、凡庸な人物というこれまでのイメイジが払拭されるだろう。今後の研究が待たれる（なお《粉河祇王》は、二〇二三年六月、京都観世会第七回復曲試演の会で復曲した。シテ青木道喜）。

出家の理由

元能の出家に話を戻そう。元能が棟梁元雅の補佐役として期待されていたならば、一座の危機を目の前にして、元雅を見捨てて出家することは許されまい。しかし元能は出家した。深い訳があったに違いない。

ここに一つの仮説がある。それは、祖父観阿弥や観阿弥の長兄の生一《しょういち》、および世阿弥の弟四郎が座から独立して一座を建立したように、元能も独立を前提として、応永三十年に『三道』を、永享元年に、元能と座衆一同のために書かれた可能性が高い『習道書』を相伝されていたのではないか、という仮説である（竹本幹夫：二〇〇九）。竹本は、元能の独立の可能性すらないほどに一座が追い詰められ、その結果、前途を思い、危機を救うために出家したと見る。「一族扶持の力を喪失しつつあった世阿弥や元雅にとってもそれが合理的な選択なのではなかったか。非力な大夫を支えるべき座衆一同の心得を説く『習道書』の趣旨は、まだ若くて可能性未知数であったろう元能の一座を前提と考えると、非常にわかりやすいのである」という。

この仮説を吟味する鍵は『申楽談儀』完成の半年以上前に成った『習道書』である。世阿弥が、棟梁の為手、脇の為手、そのほかの脇の者、鼓の役人、笛の役者、狂言の役人など一座を構成する役者の役割ごとの心構えを述べた伝書で、その奥書に「申楽一会之習道、如レ此。永享二年三月日　為二座中連人一書（座中連人ノ為ニ書ス）」とあって、特定の人物ではなく一座の役者全員への教訓として書かれたことである。この書への言及が『申楽談儀』にあるので、元能は同書を見ており、『習道書』は独立を前提として元能とその座衆のために書かれ、元能が相伝した可能性も生まれる（『申楽談儀』に書名が見え、本文が引用されている伝書は、元能に与えられていたかもしれない）。

さらに脇の為手は常に棟梁の為手の指南に従うべきこと、「たとひ棟梁の不足なりとも」（棟梁が力量不足だといっても）、「それにつきても、力なき、為手として、一座を持つ程の主頭には」（それにつけても、棟梁は棟梁なのだから、止むを得ない事と考えて）、脇の為手に従うべきであると強調している点が注目されるのである。世阿弥の「力なし（力なく）」には無力である意味の用例はなく、「力なき時節」

（『拾玉得花』）のように「人力ではどうしようもない」とか「やむを得ない」などの意味で用いている（表章：一九七四）。ここもその意に解さざるを得ず、座の事情や慣習に従い、まだ若く力不足な元能が止むを得ず棟梁になったと解すれば、大夫を支えるべき座衆一同の心得を説く『習道書』の趣旨は、元能の独立に合致する。

だが、足利義教の手厚い庇護のもとに繁栄する元重一座に対し、世阿弥が後見役の元雅一座は衰退の道をたどる。座衆の引き抜きもあったろう。世阿弥の恩を忘れず世阿弥に礼状を届けた十二座の十二五郎権守康次のような役者もいる一方で（『申楽談儀』）、元雅一座を見捨てて栄光に向かう元重一座に移った者もいただろう。やがて、元能に独立を諦めなくてはならない時が来た。そこで、一座の衰退を何としてでも食い止めるために元能は出家遁世を選んだ。出家の功徳によって衰退を食い止め、家運を挽回しようと決意したのである。

『申楽談儀』の目的

その元能の立場を暗示するのが『申楽談儀』である。そもそも『申楽談儀』の目的は、いったい何であったろうか。この問いに答えてくれるのが能勢朝次「世阿弥と元能」（『文学』一九四二年一一月）の指摘である。能勢は、元雅を補佐し、相談相手になり、将来、副棟梁となるべき元能のために、猿楽の能の歴史から猿楽者の心得るべき事柄に至るまで、元能に期待して語ったのではないかと推測している。将来独立して棟梁となるべき元能である。そうした期待を秘めて語ったのではないか。そのことは『申楽談儀』三十一カ条の内容から推測される。次に能勢説に準拠して内容を類別して示そう。

A　能の歴史的事項に関するもの。大和・近江・丹波猿楽の由緒、田楽の起源伝説、松囃子、薪能、永享元年の興福寺能の事。
B　古今の名手の芸風。田楽の一忠・喜阿・増阿、近江の犬王、観阿弥・世阿弥と当時の脇、金春権守・金剛権守・十二権守、笛・狂言の名人、田舎役者。
C　勧進能と翁の事。桟敷数・舞台のことなど。
D　仮面について。翁面、名高き面と作者、面の移動・奇瑞など。
E　能作に関する事。能の書き方の実際、改作・翻案の実例、人気曲と作者。
F　音曲に関する事。風曲集・音曲口伝・曲付次第の所説の説明。
G　猿楽者の心得るべき事。猿楽者の身持、日常の心得、神事参勤と旅興行、魚崎座の座規。
H　その他の心得。定まれる事を知る事、かかり、演技における心根の重要性、芸の位、稽古と位、能における装束・持物の彩りなど。

AからDは故実的知識である。故実や歴史に明るいことは、一座の統率者元雅の補佐役としても座衆の指導の面でも重要であろう。EとFは『三道』と『風曲集』などを中心に、具体的な事例をあげて、伝書では述べ得なかった微細な事柄を語っている。Gの諸注意や座衆として守るべき座規は、一座を率いる棟梁やその補佐役が監督責任を持つべきものであり、Aで述べた故実由緒に関する教訓と合わせ、元能を観世座の副棟梁から、独立して棟梁たらしめる意思が働いているだろう。そしてこれは、永享二年三月に成った『習道書』と表裏の関係にある。Hは主として演能に関する具体的な諸心得であり、棟梁としての指導である。このように見てくると、世阿弥は元能の将来に期待していたと考えられ、そのことは次に紹介する『申楽談儀』の奥書からうかがわれるように思われるのである。

『申楽談儀』奥書に見える元能の心情

元能の心の内は、彼がまとめた『申楽談儀』の奥書と、そこに添えられた歌から推量できる。ここは原文に現代語訳を添えて示すことにしよう。

右、三十一ケ条、ヨモ聞キ違《タガ》ヘタルコトアラジト存《ゾンズレ》ドモ、モシ聞キ違ヘルコトモヤアルベキ。心中バカリノ、ナヲザリナラザリシ所ヲ見スベキバカリニ、コレヲ記ス。御一見ノ後、火ニ焼キテ給ウベキ者也。

（右、三十一ケ条にわたって記しました事柄は、よもや聞き違えたことはあるまいと存じますが、ひょっとして聞き違えていることがあるかもしれません。しかし実際に生かし得たかどうかはともかくも、心中においては決して父上の教訓をおろそかにしていなかったことを見ていただくために談儀に書き記しました。御一見下さいました後は、どうか火中に投じて焼き捨ててください。）

たらちねの道の契りや七十路《ななそぢ》の老まで身をも移すなりけん

（親観阿弥から受け継いだ芸道の宿縁のために、わが父は七十の老年に及んでもなお、身の安まることもないのであろう。）

はゝそ原かけ置く露のあはれにもなを残る世のかげぞ断ち憂き

（柞原《ははそはら》に置く露のような母の慈愛によって人となり得た自分は、出家を思い立ちはするものの、なおこの世に残る恩愛の絆に、あはれ、断ちきれない悲しさを感じております。）

棄レ恩入二無為一、真実報レ恩者

（恩愛の絆を棄てて菩提悟りの道に入る事が、真実の報恩者となることである）

たち返り法《のり》の御親の守りとも引くべき道ぞせきな留《とど》めそ

（この道を引く事が、やがては仏恩による親の護りとなる事だと深く信じて、芸道を捨てて仏道に入るのです。どうぞ引き留めないで下さい）

永享二年十一月十一日

為レ残志レ、秦元能《はだのもとよし》書レ之

第一首は、七十歳近い老境においても家芸の当道に没頭している父を歌い、第二首は、慈母への恩愛の情断ち難きを訴え、次に、恩愛を棄てて出家するのが真に恩を報ずる道だという意味の経文の偈を引いて、それに力を得たように、出家の功徳宏大にして一族に及ぶことを強調して決行を妨げないでほしいといった意味である。

「為残志」は、残志の為と読んで、志を残さんがためと解すこともできるが、香西説のように「志を果たし得ないで、心残りのこと」と解すべきであろう〔香西精：一九七〇〕。元能も、父祖伝来の家芸を継ぎ、立派な当道として立つ覚悟で、「ナヲザリナラ」ず励んで来た「志」、それが奥書の「心中」に通じるものではないだろうか。

「一人出家すれば九族《きゅうぞく》浮かむ」とか「一子出家すれば、七世《しちせい》の父母《ぶも》成仏するなれば、この身を捨てて無為《むい》に入らば、別れし父母の御事のみか、生々《しょうじょう》の親をも助けん事」（元雅作曲の曲舞を採り入れた世阿弥作《高野物狂》）という信仰が生きていた時代である。自らの出家という徳行が一族の利福を呼び戻す種となると信じる、青年の強い意思、衷情を思うべきであろう。おそらく、元能は元雅より年少で、独り身であったかもしれず、妻子のいない元能が、元雅一座のために出家遁世したものではあるまいか。心残りは、芸道を捨て父の訓導に報いる道を閉ざさざるを得ない無念さ、支えるべき兄を支えることができなかった悔しさであったろう。近い将来、独立が許され、座を立てることが約束されていたとしたら、その夢を諦めなければならぬ若者の苦悩と絶望を思う。元能は、父の教導を決しておろそかにしていなかった心の内を形見として『中楽談儀』を兄元雅に贈ったのだろう。その気持ちは、上述のように奥書の三首目の歌に込められているように思われる。末尾の「御一見ノ後、火ニ焼キテ給ウベキ者也」は「良基消息詞」などにもみえる謙遜的な修辞である。

遁世譚にあるような、本人ひとりで決心し、行方をくらますのではない。一家相談づくで、いわば人身御供として白羽の矢が立ったのだろう。同じ年の同じ月に、大夫元雅は天河大辨財天社に尉面《じょうめん》（老人面）を奉納して願をかけている。その尉面は今に伝わり（本書のカバー参照）、面裏に「奉寄進辨財天女御寶前仁為　允之面一面　心中所願　成就圓満　永享二年十一月日　観世十郎敬白」と墨書されている（本書の口絵参照。近年の科学的調査により材質は樟であることが判名）。弟の出家に呼応して、音楽の神であり芸術愛護の女神でもある辨財天に祈った元雅の願いは、いったい何であったろう。観世座の家運の挽回を願ったものではないだろうか。

かくして元雅は一座の将来を背負って立ったのである。そのわずか二年足らずのちに訪れる悲運のことなど思いもよらなかっただろう。

3　元雅の死と一座の破滅

世阿弥父子による最後の演能記録　永享四年（一四三二）正月、室町御所で行われた細川陸奥守（持経か）の若党たち素人による催しで世阿弥と元雅はそろって出演したことが『満済准后日記』永享四年正月二十四日条に見える。「細河奥州の若党どもが、将軍御所で申楽五番演じ、目を驚かした。同じ舞台で観世大夫（元雅）が能を一番勤め、次に観世入道号是阿が、将軍の仰せによって能を一番勤めた。自分も見物した。山名・細河・畠山修理《しゅり》大夫・一色修理大夫などの諸大名が御前に祇候し、そのほかは悉く縁に祇候した。申楽が終了し、将軍は通玄寺に渡御された」とある。

室町第において、山名・細川以下の諸大名の前で、細川奥州の若侍が猿楽を五番演じ、見物の目を驚かした。武士（素人）による演能、すなわち武家手猿楽の最も早い記録である。恐らく世阿弥父子は、細川奥州家の愛顧を得ていて指導に当たったものであろう。若党たちの演能五番のあと、観世大夫元雅が能一番を演じ、さらに義教の命によって観世入道（世阿弥）も能を一番演じたのである。

このときの世阿弥の心中について、今泉淑夫は、二年前、醍醐清滝宮猿楽の楽頭職を義教の命令で元重に代わられるなど、世阿弥父子に対する義教の横暴な振舞から「猿楽者にとって舞台は清浄の別空間なのであったから、武家の、それも若党が五番も舞った後の舞台で、元雅が舞うのはふさわしくない。世阿弥にとってみればそれだけでも屈辱であったのを、義教はさらに世阿弥にもその舞台で舞うことを命じたのである。演能空間の秩序と猿楽者の自尊心を無視した暴力であり、世阿弥の心中は察するに余りある」とし、このような仕打ちは「義教の生得の気質」で、こうした仕儀が「世阿弥の佐渡配流の遠因であった」と推測する〔今泉淑夫：二〇〇九〕。

しかし、そこまで深読みする必要はあるまい。若党たちの能の後に、指導したであろう師匠格の元雅が舞い、さらに大師匠の世阿弥が将軍のお乞いとして番外に演じたとみるべきで、屈辱云々は考え過ぎであろう。翌日の二十五日条に、世阿弥たちの後援者で鑑賞眼も高い細川右京兆（細川満元）が細川奥州と共に満済を訪ね、昨日の申楽では面目を施し御剣を拝領したこと、申楽の為手も御剣を拝領したことは、「眉目（面目の意）」身に余ることと挨拶した。これ以降、世阿弥父子の公的な活動は記録になく、世阿弥父子にとって最後の栄誉であった。

武家手猿楽の流行

室町後期に入ると、能は武士が嗜むべき諸芸の一つとして位置付けられていた。宮本圭造が指摘するように、少し時代は下るが、室町幕府政所執事職にあった伊勢貞頼（一四六三〜一五二二）が大永八年（一五二八）にまとめた武家故実書『宗五大草紙』に、武士が若年に稽古すべき諸芸として、弓馬・蹴鞠・歌道・兵法・包丁などとともに、囃子（大鼓・小鼓・太鼓・笛・尺八）をあげ、音曲（謡）をよくよく稽古し、酒宴の席では一さし舞うことも心得よ、座敷舞は大事だ、と記している〔宮本圭造：二〇一二〕。

世阿弥たち能役者が酒宴の座敷に呼ばれて芸を披露したことは『申楽談儀』にも見え、世阿弥がその場の空気を読んで如何に上手に振る舞う「色知り」の名手であったことが知られるが、能の流行とともに素人の武家たちも嗜むようになったのである。そうした武家による演能、すなわち武家手猿楽《てさるがく》が盛んに行われていたのであった。

元雅の客死と夢跡一紙

永享四年正月の細川陸奥守邸での若党による猿楽から七カ月後の八月一日、十郎元雅は伊勢の安濃《あの》津で客死した（旅興行中であろうか。殺害されたという憶説もある）。行年不明ながら、三十三歳ぐらいらしい〔香西精：一九七〇〕。遺骨なり遺髪なりは郷里の大和に持ち帰って手厚く弔ったことだろう。大和の補巌寺は世阿弥が帰依し、後年、世阿弥（至翁禅門）と妻（寿椿禅尼）が永代供養として、田を一反寄進しているので（『補巌寺納帳』）、補巌寺がその法要に当ったものと推測される。

七十歳の老境に後継者を失った世阿弥の嘆きは痛ましく、同年九月、四十九日ごろに綴った『夢跡一紙』は一掬の涙なしには読過しえない。次に適宜改行して全文を掲げよう。

「根に帰り古巣を急ぐ花鳥《はなとり》の、同じ道にや春も行《ゆ》くらん」。げにや、花に愛《め》で、鳥をうらやむ情《なさけ》、それは心ある詠《なが》めにやあらん。これは親子恩愛の別《わかれ》を慕ふ思ひ、やる方もなきあまりに、心なき花鳥をうらやみ、色音《ね》に惑《まど》ふあはれさも、思へば同じ道なるべし。

さても去《さんぬる》八月一日《ついたち》の日、息男善春、勢州《せいしう》安濃《あの》の津にて身まかりぬ。老少不定の習い、今さら驚くには似たれども、あまりに思ひの外《ほか》なる心地して、老心身《み》を屈し、愁涙《しうるい》袖を腐《くた》す。

さるにても善春、子ながらも類《たぐゐ》なき達人として、昔《むかし》亡父此道の家名を受けしより、至翁又私《わたくし》なく当道を相続して、いま七秩《しちちつ》に至れり。善春、又祖父にも越えたる堪能《かんのう》と見えしほどに、「ともに云《いふ》べくして云はざるは人を失う」と云《いふ》本文にまかせて、道の秘伝・奥義ことごとく記《しる》し伝へつる数々、一炊《いっすい》の夢と成《なり》て、無主無益《むしゅむやく》の塵煙となさんのみ也。今は残しても誰《た》がための益《やく》かあらむ。「君ならで誰《たれ》にか見せん梅の花」と詠ぜし心、まことなる哉《かな》。しかれども、道の破滅の時節到来し、由なき老命残《のこつ》て、目前の境涯にか丶る折節を見る事、悲しむに堪《た》えず。あはれなる哉《かな》。「孔子は鯉《り》魚《ぎょ》に別《わかれ》て思《おもひの》火を胸に焚《た》き、白居易は子を先立てて枕《まくらのほとり》間に残る薬を恨む」と云《いへ》り。善春幻《まぼろし》に来《きたっ》て仮の親子の離別の思ひに、枝葉《しえふ》の乱墨を付《つく》る事、まことに思《おもひ》のあまりなるべし。

思ひきや身は埋もれ木の残る世に盛りの花の跡を見んとは

永享二々年九月日　　至翁書

幾程《いくほど》と思はざりせば老いの身の涙の果てをいかで知らまし

〈口語訳。「根に帰り古巣を急ぐ花鳥の同じ道にや春も行ゆくらん〈花は根に、鳥は古巣に帰って行く。春も同じ道を過ぎ行くのだろうか。『新千載和歌集』二条為定〉」花を愛し、鳥を羨ましく思う心に駆られるままに、心を解しない花や鳥を羨み〈『古今和歌集』仮名序「かくてぞ、花をめで、鳥をうらやみ…」を踏まえる〉、花の色、鳥の声に心を動かされるのも思い返せば同じ道を過ぎ行くのであろう。

我が子十郎元雅 法名善春 は去る八月一日、伊勢国安濃津〈三重県津市〉で急死した。老いた者が先に、若い者が後れて死ぬとは定まっていないことに今更ながら驚かされ、あまりに思いがけなく、心がくずおれ、身が折れ曲がり、愁いの涙が袖を朽ちさせる。

我が子ながら元雅は、並ぶ者ない熟達した猿楽の名手で、猿楽の道を亡父観阿弥が受け継いで以来、自分も忠実に継承して七十歳ほどになった。元雅は観阿弥をも超えた優れた才能を持っていたので、「ともに云ふべくして云はざるは人を失ふ〈伝えるべき人に奥義を伝えないならば、その人は離れて行く〉」という本文に従って

〈『論語』衛霊公篇〉猿楽の奥義を書き綴った述作を伝授したのだが、すべて、はかない夢と消え、塵煙になってしまった。いったい誰の役に立とうというのか。

「君ならで誰にか見せん梅の花色をも香をも知る人ぞ知る〈ほかの誰に梅の花を見せようか。美しさも香りも分かるあなただけが己のものとするのだから。『古今和歌集』紀友則〉」と詠んだ心がよく分かる。

猿楽の道が滅びる時が来て、取るに足りない老いた者が残る事態を前にして、誠に悲しみに堪えない。何とも悲しい。孔子は子の鯉魚〈字《あざな》は伯魚〉と死別して悲しみの火を胸に燃やし、白居易は子に先立たれて枕辺に残った薬を恨んだという《天鼓》《初瀬六代》にもほぼ同文が見えるが典拠未詳〉。元雅が夢幻に現われ来て、はかない今生での親子の別れを思い知らされ、心乱れてとりとめもなく歎きを綴るのも悲しみのゆえである。

「思ひきや身は埋もれ木の残る世に盛りの花の跡を見んとは〈思いもよらないことだ。老い朽ちた己が残り、花の盛りである我が子の亡き跡を弔うとは〉」

永享四年〈一四三二〉九月日　　至翁〈世阿弥の法号〉

「幾程と思はざりせば老いの身の涙の果てをいかで知らまし〈己れの命がいくばくもないと思っていないとしたら、涙の涸れる果てをどうして知ることができようか〉」）

世阿弥が父観阿弥から相続し、さらに工夫し深めた能の「道の秘伝・奥義をことごとく記し伝」えた数々も、一炊の夢となってしまった。「孔子は鯉魚《りぎょ》に別れて思ひの火を胸に焚き、白居易は子を先立てて枕間《ちんかん》に残る薬を恨む」と孔子や白居易に我が身をなぞらえている。道の破滅の時節も到来し、甲斐なき自分が残って、かくも辛い目に遭う悲しさ。添えた二首の和歌から、世阿弥の悲痛な胸の内と深い絶望が痛いほど伝わってくる。

元雅の作品

世阿弥が「子ながらもたぐゐなき達人」「祖父にも越えたる堪能」と讃えた元雅だが、早世したためか残した作品は少ない。それでも、花の吉野山に降り立った天女が、琴を奏で、袖を翻し遊楽する清雅な《吉野琴》(廃絶曲。二〇一四年復曲。シテ片山九郎右衛門)から、観音懺法の声のうちに源朝長の霊が現れる《朝長》、父清盛の命令で南都の寺々を焼き尽くし修羅道に落ちた重衡の自責の念と救われぬ魂を描く《重衡》(廃絶曲。二〇一四年復曲。シテ浅見真州)とも異彩を放っている。さらに愛する人との別離と邂逅を描く物狂能では、ほとんどすべての能がハッピーエンドで終わるのに対し、《隅田川》のような悲劇の結末は他にない。我が子の行方を尋ねて隅田川のほとりにやって来た都の女が、船中で対岸から聞こえてくる大念仏の声について、隅田川の渡し守が語る少年の哀しい物語を聞く。何とそれは我が子のことだった。母は塚の前で絶望のあまり泣きくずれ、この世の無常をかみしめる。念仏を唱えると少年の声が聞こえ、塚から姿が現れる。母が近づこうとすると消え失せ、夜が明け、我が子と思ったのは塚の草だった。再会の喜びにひたるよりも、一周忌に死に場所にめぐり合わせ、念仏の声の中に我が子の幻と対面した母の悲しみに泣くほうが、どんなに感動的であろう。元雅は、我が子の死の物語を聞く母を描く「逆様事の能」を創出したのである〔伊海孝充：二〇二二〕。

《弱法師》では継母の讒言により家を追われ、今は弱法師《よろぼし》と呼ばれ天王寺に巣くう乞食の群れに身を投じている俊徳丸を描く。春の彼岸会の雑踏の中、真西に沈む太陽を心に想い観ずる(「日想観《にっそうがん》」)。

心の眼に映ずる難波の浦の致景の数々。逆境を超越して済み切った諦観の中に生きる俊徳丸の心の葛藤と父との邂逅を描く（世阿弥自筆能本の臨写本が伝わり、弱法師は妻を伴って登場し、天王寺の僧侶たちも出る）。虜囚の身となって刑死を待つ盛久の達観と清水観音の霊験で刑死を免れた喜びを描く《盛久》（世阿弥自筆能本が伝わる）。父子の再会を筋立てに、物狂能の構成に準じ、主人公の歌占の神職が、一度絶命して地獄に行き、三日後によみがえったが、そのために頭がまっ白になったという不気味な設定で、弓の弦《つる》に歌をしるした短冊をつり客に引かせて諸事を占う歌占の実際と《地獄の曲舞》（山本某作詞・南阿弥作曲。かつて《百万》にあった曲舞の再活用）を見せる《歌占》など、優れて劇性に富むこれらの作品は元雅の非凡の才を物語っている（西野春雄：一九七三）。

父世阿弥が完成させた歌舞能と、祖父観阿弥が開拓した劇能の融合を志向し、人間の心の内を描き、詩的に発展させている元雅は、世阿弥とは違う劇世界を開拓し展開させたに違いない。また、元雅の能には、音や声と深くかかわる言葉や表現が、劇の導入となり、頂点へ導き、結末を迎えるという構想や方法も顕著で、劇の展開に「音」や「声」が重要なはたらきをなしている（西野春雄：二〇〇五）。新たな劇世界を創り出していた矢先の元雅の早世は、実に惜しまれてならない。

観世大夫就任披露の祇園塔勧進猿楽

元雅の一周忌も過ぎぬ翌永享五年四月、元重の観世大夫就任披露の三日間の祇園塔勧進猿楽が、将軍義教後援のもと、糺河原で盛大に催された。『看聞日記』の永享五年四月二十一日条によれば、その日は晴。糺河原での観世の勧進猿楽に、室町殿を筆頭に、関白・前摂政・日野・三条・門跡・大乗院等、然るべき諸大名が見物し、猿楽は結構な出来だった。数日前から準備、祇園塔の勧進で、三日間の由。諸人が桟敷入りのため、外出用の服装を整えた様相は言葉も及ばないと記している。

祇園塔勧進のための三日間に及ぶ盛大な勧進猿楽だが、実質は義教主導による元重の観世大夫継承披露能であった。しかも、応永六年（一三九九）五月、義満が来臨して一条竹ヶ鼻で行われた世阿弥（三十七歳）による三日間の勧進猿楽を踏まえたものである。それは、『満済准后日記』二月二十七日条に、永円寺勧進造営のため鹿苑院義満が北山牛御堂の東で催した勧進能の桟敷の絵図を見出し、今度の勧進能に役立つと喜んでいることが見えるからである。四月十八日条によれば、勧進猿楽の「稽古」のため醍醐寺清滝宮祭礼猿楽で予行もしている〔松岡心平：二〇二一〕。

第一日は日没のため七番で終わり（第二日は不明だが）、第三日は九番上演されたことも知られる。この夜、満済は明日の参賀のため京門跡（醍醐寺三宝院の京都別院法身院）に宿泊した。翌二十八日条によれば「御代初度ノ勧進申楽」すなわち将軍義教による初めての勧進猿楽で、室町殿（義教）以下、関白・前摂政・門跡、諸大名等の歴々が見物した盛儀であった。能の番数は記すものの演目の記載はない。どんな曲が演じられたか分からないが、元重の得意演目かつ義教好みの曲を揃えたことだろう。

一座破滅

このように三郎元重が我が世の春を謳歌する一方で、世阿弥は、その前の三月に著した最後の伝書『却来華《きゃくらいか》』の冒頭に次のように記した。

当道の芸跡の条々、亡父の庭訓を承けしより以来《このかた》、今老後に及んで、息男元雅に至るまで、道の奥義残りなく相伝終りて、世阿は一身の一大事のみを待ちつる処に、思はざる外、元雅早世するによて、当流の道絶えて、一座すでに破滅しぬ。さるほどに、嫡孫はいまだ幼少也。やる方なき二跡の

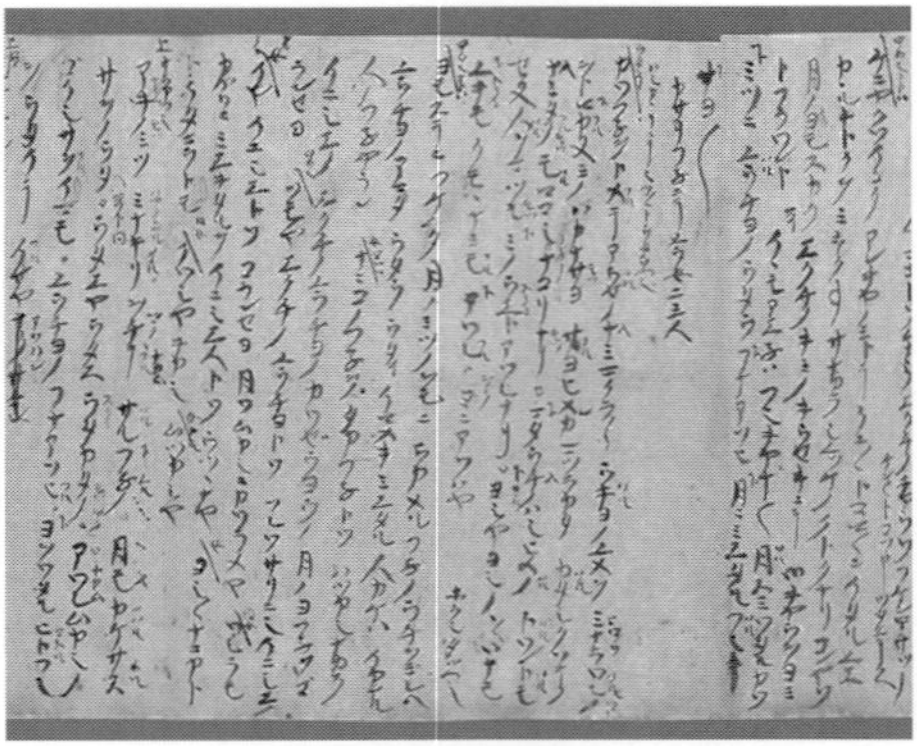
《江口》世阿弥自筆能本（部分）

芸道（観阿弥と世阿弥の芸跡）、あまりに〱老心の妄執、一大事の障りともなる斗《ばかり》也。たとひ他人なりとも、其人あらば、此一跡をも預け置くべけれども、しかるべき芸人もなし。…

「芸跡」とは観阿弥から世阿弥へ、そして元雅へと伝えて来た芸道上の遺産、芸術遺産である。その棟梁の元雅を失い、嫡孫は未だ幼少。「一座すでに破滅しぬ」とは事実上の解体を暗示している。一方、世阿弥の座（本家）から独立（分家）した観世三郎元重は、将軍義教の庇護の下、天下の名望を得たのである。嫡孫の育成を頼もうにも、元能はすでに出家し、芸道を離れている。『却来華』では、

先に続けて次のように綴った。注を加えて紹介する。

爰《ここ》に金春大夫、芸風の性位（本質的な不変の芸位）も正しく、道をも守るべき人なれども、いまだ向上の太祖（至極の大物）とは見えず。芸力の功積り、年来の時節至りなば、定めて異中の異曲の人（抜群の達人）とやなるべき。それまでは又、世阿が世命（寿命）あるまじければ、おそらくは、当道に誰あつて、印可の証見（悟得し奥義に達したことを認可した証明）をもあらはすべきや。但し元雅

は、「金春ならでは当道の家名を後世に遺すべき人体あらず」と思ひけるやらん、一大事の秘伝の一巻を、金春に一見を許しけるとや。

女婿の金春大夫氏信（禅竹）の素質・才能を認めつつも、未だ奥義相伝に値する器量の人には見えない、しかし、元雅はその器量を認め、秘伝の一巻（『花鏡』であろう）を金春に一見を許したと記している。世阿弥も氏信の将来を嘱望していたことは、応永三十年三月に金春大夫氏信（二十四歳）に『六義』を相伝し、正長元年六月『拾玉得花』を相伝、応永三十一年九月《江口》を、正長二年二月《弱法師》を、日付はないが《柏崎》などの能本を相伝していることからも推測できる（伝書も自筆能本も現存。《弱法師》は自筆本の臨写本）。

第六章　佐渡配流

1　世阿弥はなぜ佐渡へ流されたか

限られた資料と原因の推測

永享六年（一四三四）五月、世阿弥は七十を越える老残の身で、佐渡へ流された。配流の地で綴った最晩年の謡い物集『金島書』の冒頭に「永享六年五月四日都を出で」とあるだけで、配流の理由は記されておらず、『金島書』と、佐渡から発信と推定されている金春大夫宛て書状以外に、その事実を伝える当時の資料も残っていない。配流中の動静も同書と手紙によって知られるだけであるが、「永享九年二月　沙弥善芳」とある奥書の年記が世阿弥の生存を示す最終資料である。

なぜ世阿弥は佐渡へ流されたのだろうか。いったい如何なる罪で処罰されたのだろうか。その理由は、いまだに解明されていない。江戸時代の観世流小鼓方五世観世勝右衛門元信（一六〇六〜六六）が承応二年（一六五三）に著した『四座役者目録』の世阿弥の項に「世阿ノ聟禅竹ヲ、我子ヨリ崇敬シラル、ニヨリ、公方ノ御意ニ違、佐渡ノ国へ配流セラレ…」とあり、この説を、京都の生糸問屋八文字屋の二代目で福王流の鈴木一有に師事した謡愛好者渤海《ふかみ》茂兵衛（一七七三〜一八〇四）が敷衍・潤色して宝暦十年（一七六〇）に刊行した『秦曲正名閟言《しんきょくせいめいひげん》』が、世阿弥が女婿の金春禅竹を偏愛したため元雅が恨み、弟と越智へ避けて居住し、世阿弥を讒訴する者がいて佐渡へ流されたという説を伝えているが、何ら確証もない。

近代以降も、研究者によって様々な推測が示されてきた。いわく、観世大夫職を養子の元重でなく嫡子元雅に継がせたために、甥の元重を愛顧した義教の不興を買った、いわく、秘伝書を元重（音阿弥）に相伝しなかった、いわく、義教の嫡男義勝の誕生を祝う裏松日野義資邸に参賀した（詳しくは後述）、南朝と通じる謀反人越智維通（?〜一四三九）へ連座した、などであるが、いったい如何なる理由が提示されたか、可能性の高い説があるか、確認のため主な意見をほぼ発表順に挙げてみよう（表参照）。

諸説の検討

これらのうち、嫡子元雅が義教と敵対する南朝勢力に通じて巻き添えになったという推測は、元雅が永享四年に伊勢で客死し、それより二年前の永享二年に元能が出家し芸道を捨てており、元重を脅かすほどの芸達者は世阿弥の周辺にはいないので、大夫職継承問題や秘事秘伝書の相伝拒否など観世家の事情は、配流の理由にはなるまい。

また、世阿弥は南朝の隠密だったという政治犯説も、これを証明する資料もなく憶説に過ぎない。世阿弥が南朝と深い繋がりがあったと考える根拠はなく、観阿弥の母が楠木正成の妹であったとする「上島家系図」が表章によって昭和の創作にかかる偽系図であったことが明らかになった現在（表

佐渡配流の理由をめぐる諸説

	出　典	内　容
A	西尾実「世阿弥元清」（岩波講座『日本文学』一九三二）	配流の原因についてなんら直接の史料はないが，将軍義教から圧迫されていたことが遠因であり，さらに元雅の死によって観世大夫の継嗣を失ったのを機に，義教は元重をしてこれを継がしめようとし，世阿弥は元重否定の心理にあったところから，世阿弥遠流の運命が決定したものであろう。
B	小林静雄「世阿弥——その佐渡配流をめぐって」（『謡曲界』一九三六・四）	世阿弥が子（元重）を愛せず，金春を愛した故であろう。元重に対して好感を持ち得なかった世阿弥は秘事口伝を元重に伝えることなく，専ら禅竹に伝えたことが将軍義教の怒りに触れ，佐渡配流の憂き目を見たものであろう。
C	野々村戒三「世阿弥父子の失脚」（『文学』一九三六・四）	元重の観世大夫継承は将軍義教の上意なので，世阿弥が元重に対して，芸能の秘伝相伝を拒否したことが，将軍の忌諱にふれたからであろう。
D	野上豊一郎『世阿弥元清』（創元社，一九三八）	もし想像が許されるならば，世阿弥は将軍に何等かの難題を持ち出され，その意に従わなかった為に遠流の刑に処せられたのではないか。世阿弥の家には観阿弥以来の秘伝書が書き留められ堆積していた筈で，それ等秘伝の一見を三郎元重が将軍の袖に隠れて申し出たと仮定しても，必ずしも不自然はないだろう。その申し出を世阿弥が拒絶したとすれば，義教の気質として厳科に処したであろうことは極めて在り得べきことと考えられる。
E	能勢朝次『能楽源流考』（岩波書店，一九三八）	世阿弥の配流の原因は不明だが，元重一派の暗躍によるという推測も，やや行き過ぎだ。永享に入り，元重は既に世阿弥父子を実質的に圧倒する勢力を有し，元雅死後は観世大夫となっているので，殆ど影の薄い老年の世阿弥を，永享六年に及んで何で讒訴し流罪たらしめるような必要があるか。恐らく何か他に原因があったろう。又，後世伝えるような元雅・世阿の不和があったとしても，永享六年には元雅はすでに死亡しているから，それが世阿弥流罪の原因になるとは考えられない。
F	阪口玄章『世阿弥』（日本文学者評伝，青梧堂，一九四二）	流罪の理由や事情は不明。観世一座の実権を握っていた元重に芸能の秘伝の伝授を拒否したことが将軍の忌諱に触れたためとか，世阿弥が婿の禅竹を愛し，甥の元重を愛しなかった点に問題が起こったとか，いろいろ推測されているが，判然としたことは分からない。
G	北川忠彦『世阿弥』（中公新書，一九七二）	元重の大夫就任に伴い，世阿弥のもとにあった芸道上の秘事伝書について，義教からそれを新大夫に譲るよう命令されたのを拒否したからであろうという説が，最も的を射ているのではあるまいか。世阿弥としては，この時点においては，甥の元重よりも座こそ違え女婿金春禅竹の方が芸の上でも近い存在だった。
H	表章『世阿弥 禅竹』解説（岩波書店，一九七四）	永享五年，元重が観世大夫となったが，その大夫継承をめぐって義教の怒りに触れたためか。『別冊太陽 能』「能の歴史」（平凡社，一九七八）で「世阿弥が一旦は元重を養子にしながら実子の元雅に観世大夫を譲ったらしいことが，元重の分派活動，義教の反感の遠因だったかも知れない」。

I	田中裕『世阿弥芸術論集』(新潮社，一九七六)	理由はやはりわからないが，おそらく元重に対してその後も変わらない世阿弥の狷介さが，ついにこの偏執狂的な将軍の勘気にふれたのであろう。
J	堂本正樹『世阿弥』(劇書房，一九八六)	「理不尽こそこの時代の法」と指摘し，世阿弥の佐渡配流は，一種の「交通事故」と解するのが正しいのではあるまいか。世阿弥の流罪のみ，ドラマチックに解釈しない方がよい(交通事故とは理由もなくある日突然という意味らしい)。
K	磯部欣三(本名・本間寅雄)『世阿弥配流』(恒文社，一九九二)	世阿弥の音曲伝書『五音』の亡父曲《太子曲舞》に記された「若君永享六(年)二月九日御タンジヤウノ時ヨリ，歌イカエタルコト葉，所々アリ」という注記に着目。世阿弥が若君(義教の嫡男義勝)の誕生の祝いに言葉を変えていること，義勝の生母日野重子の兄裏松中納言日野義資が義教によって籠居中にもかかわらず，公家，門跡，武家など七十余人が日野邸へ祝賀したことに激怒した義教が，参賀人を流罪，死罪，所領没収した事件を詳細に検討し，誕生を祝う衆中に世阿弥がいたことは確かだ。
L	今谷明「世阿弥佐渡配流の背景について」(『芸能史研究』一四一，一九九八)	配流地の佐渡が謀反・殺害等の罪人に限られており，伝書の相伝，観世の内紛程度で佐渡配流はあり得ない。『秦曲正名閟言』の「越智氏ノ事ニ托シテ元清ヲ讒スル者ノ或リ，故ヲ以テ佐州ニ流サル、コト数年」という記事に注目。「大和永享の乱が後南朝の蜂起や関東公方持氏の謀反と連動する事態を懸念する義教によって，まず元雅が伊勢で暗殺され，ついで世阿弥が佐渡配流の処置を蒙った」と推量し，謀反人越智維通へ連座した。
M	天野文雄「義教と日野義資の確執に求め，幕府中枢の参賀事件に連座」(日本経済新聞，二〇〇六・六・十二夕刊)	『五音』《太子ノ曲舞》の詞章の一部を祝言用に世阿弥が訂正した点に着目，義教と日野義資の確執に求め，義資亭参賀をめぐる政争に連座したとし，K 磯部説に賛同。「世阿弥配流の理由を再考する」で詳述している(後述)。
N	今泉淑夫『世阿弥』(人物叢書，吉川弘文館，二〇〇九)	諸説のように世阿弥の側に原因を求めるのではなく，義教の側に理由を求め，義教による「突鼻《とっぴ》」(将軍や上級権力によってなされる譴責を指す)の事例を分析し，義教の資質と専断志向の特質に求めた。常軌を逸する専断権力の行使と解し，贔屓する元重の上に，表舞台から身を引いてなお鬱然たる存在の世阿弥が許せず，京から追放した。
O	竹本幹夫「世阿弥の生涯 足利義教時代」(『別冊太陽 世阿弥』平凡社，二〇一〇)	義教が寵愛する元重の観世大夫継承に際し，元重に何も託さないという世阿弥の立場が，配流という事態を招来したのではないか。流罪が，元重の大夫継承披露からちょうど一年後の配流であり，この二つになんらかの因果関係が働いていたことであろう。
P	大橋良介『〈芸道〉の生成——世阿弥と利休』(講談社選書メチエ，二〇一一)	世阿弥と義教の観世座継承をめぐる意見の対立が，義教の不興を買ったことを世阿弥流刑の原因だと推測する研究者は多い。しかしその対立が本当だったとしても，それは原因ではなく誘因に過ぎない。誘因の背景には，両者の感性と批評眼の違いがあった。それは「芸道と権力との矛盾的共生の中核に穿たれた溝」で，享楽的外面的大衆的な美しさに惹かれた義教が，世阿弥のストイックな求道的な美意識を疎ましく思い，流罪にした。

章：二〇一〇〕、世阿弥と南朝との関わりは能楽研究では、ほとんど信じられていない。

Ｌ今谷説は、中世、佐渡に流罪となるのは政治的敗者となった貴人が多く、世阿弥にも政治的背景を想定し、将軍義教は多くの公卿や家臣を追放・遠島に処した暴君であったから、義教との間に何らかの軋轢が生じたと考え、義教と敵対し南朝勢力と通じる謀反人越智維通への連座をあげたが、世阿弥父子の南朝との関わりが否定された現在では、無理があろう。

Ｐ大橋説は、流罪の誘因の背景として、義教の政治権力と世阿弥の芸道との「矛盾的共生」の中核に穿《うが》たれた溝だったとする分析は新しいが、直接の原因には触れていない。また晩年の世阿弥の心境を吐露した謡い物として『金島書』を重視する着眼はいいが、詩句の解釈に誤りが少なくないのが惜しまれる。

《太子曲舞》の注記

さて、私見であるが、Ｋ磯部欣三（一九二六～二〇〇六）説の根拠となった『五音』の「太子曲舞《たいしのくせまい》　亡父曲」に施された世阿弥の注記を重視すべきと考える。そして、当時の世阿弥の状況を冷静に捉えたＥ能勢説と、義教の「突鼻」を解明したＮ今泉説を踏まえつつ、日野義資邸参賀事件に連座したと見るＫ磯部説とそれを発展させたＬ天野説が最も可能性が高いように思われる。以下、これらに拠りながら検討してみよう。

磯部は、永享六年二月九日、義教と正室日野重子の間に長子義勝が誕生し、多くの公卿や武家・僧侶が室町殿（義教）のもとに祝賀に訪れ、そのあと、重子の兄である裏松中納言日野義資の所にも祝いの挨拶に回ったが、当時、義資は義教が妻にした宗子と重子の姉妹の兄でありながら、義教との関係は良好ではなく、義教の勘気を蒙って籠居中の身であったことを指摘し、これに激怒した義教が参賀者を調べさせ、公家・門跡・僧侶・武家などおよそ七十余人（中山定親の日記『薩戒記』）を流罪・死罪・所領没収した事件に注目した。伏見宮貞成はこの暴挙を『看聞日記』永享六年二月十六日条に「公家・武家・僧俗、行向人六十余人也」「凡、天魔ノ所行カ」と驚き、「無益ノ事也。不便《ふびん》々々」と記しているので、「俗」つまり世阿弥のような一般の人間も巻き込まれ、処罰の対象となったのではないかと推測した。

その根拠は、世阿弥の音曲伝書『五音』下に収められている上宮太子（聖徳太子）の誕生説話に取材した観阿弥作曲《太子曲舞》に、世阿弥自身「若君永享六二月九日御タンジヤウノ時ヨリ、歌イカエタルコト葉所々アリ」と注記したことである。「僧」を「童男《とうなん》」に変更するなど変更箇所については後述するが、磯部は「若君誕生の祝いに作り変えているから、日野邸参賀はともかく、誕生を祝う衆中に、世阿弥がいたことはたしかだ」とし、「世阿弥の配流が二月に決まったなら、まだ日本海はシケる時期だから、五月早々の春凪を待って船出させたことになり、時期的には一致する。堂本氏の「交通事故説」を補強する材料とはなろう」と論及した。

《太子曲舞》の詞章の改訂

《太子曲舞》は『聖徳太子伝暦』に基づいて「大跋提河《だいばだいが》の池の水、清《す》まで濁れる如くにて、十二月と申すには、南殿の御厩にて、御産平安、皇子御誕生なる」と太子が十二カ月胎内にいたことを綴っている。『看聞日記』同年二月九日条にも「今暁室町殿若公誕生之由。自方々告申。…御母儀裏松中納言兄弟本御台妹也。…抑若公十二ケ月にて有誕生」とあるように義勝も十二カ月で誕生したので、義勝の誕生を受け《太子曲舞》を祝言用に少し改訂したのである。能では、謡の文句が当座に憚りある場合、原文の一部を翳《かざ》して（変えて）謡う習慣がある。ちなみに詞章の改訂を確かめると、次の五箇所である。

1 金色《コンジキ》ノ僧来リ給イテ ↓ 金色ノ童男《トウナン》来リ給イテ
2 僧重テノタマハク ↓ 童男重テノタマハク
3 コノ僧大キニ喜ンデ ↓ 后《キサキ》ノ玉殿ニ、光御ナルト御覧ジテ
4 暁月軒ニカタブキ ↓ 暁月軒ニカ、ヤキ
5 松風夢ヲヤブリテ ↓ 松風夢ヲヲサメテ

「僧」を「童男」に改め（「童男」は世阿弥の造語らしく《須磨源氏》に見えるのが早い）、「傾き」を「輝き」に、「破り」を「おさめて」と改めるなど不吉な語の変更に主眼を置いた改訂と認められ、改訂文句の形で謡ったのは一時期だけであったようである〔表章・加藤周一：一九七四〕。

天野文雄も「世阿弥は参賀事件に連座した」と見る。参賀事件では、所領没収などの処罰が十日ほど後に下され、逐電した者も少なくなかった。世阿弥の配流は義勝誕生から約三カ月後で、参賀者への一斉処罰と時期がずれているため、これまで関連は顧慮されなかったが、義資が何者かに殺害されたのは世阿弥配流後の六月九日で、この数日後に高倉永藤が「義資殺害は義教の命による、と衆人の中で語った」かどで所領没収のうえ硫黄島に流罪に処せられた〔天野文雄：二〇〇九〕。

改訂は思召しに拠る

義教の時代は万人恐怖の時代といわれ、流罪を決めた室町殿が、その後に流人を殺害させるという事例も見える。些細な過失によって処罰される者も増えて

いった。『看聞日記』永享六年（一四三四）五月十六日条に、義教の怒りにふれて逐電せざるをえなかった門主たちの名前が列挙されている。『薩戒記』の永享六年六月十二日条は、義教に処罰された貴人八十六人の名と罪名を記しているが、世阿弥の名はみえない。しかし、貴族だけを記載したとすれば、『満済准后日記』も含め世阿弥配流の記述がなくても不思議ではない。

今泉は磯部説に対し、「義資亭への参賀に注目したのは旧説と異なるが、それを直接の原因とするには世阿弥が参賀したことを示す確証がない。それまでも世阿弥と義資との関係は見られず、その身分からみても世阿弥がこの時に参賀したと考えるのには無理がある」と否定した。しかし、猿楽者が貴人の前で謡を謡ったことは世阿弥伝書にしばしば見え、たとえば、少年藤若が義満の御前で《東国下りノ曲舞》（琳阿弥作詞）を謡っているので身分云々は当たるまい。参賀したか否かはともかく、義勝の誕生を祝って、聖徳太子の誕生説話に取材した《太子曲舞》の詞章の一部を、わざわざ祝言用に改訂している事実が重要なのである。

第四章で、《実盛》は世阿弥が将軍家の命令で作ったことを伝える『聞書色々』に言及したが、同書に合写された『五音』下の異本の《太子曲舞》の注記に、「若君永享六二月九日御たんじやうの御時、思召より哥いかへたること葉所々あり」とあるから、字句の改変は（上つ方の）思し召しによるものだった。これに関連し、同じく『五音』の《六代ノ歌《うたひ》》の注記「是ハアル御方様ヨリ本ゼツアルコトヲ序破急ニ書テ進上セヨトノ御意ヲモテシルシタル歌ナリ」が注意される。「アル御方様」のように、たとえば義勝の母日野重子か兄裏松（日野）義資が浮上してくる。

世阿弥が実際に参賀したかは不明であるが、義教が、自分が赦してもいない裏松義資の許へ参賀するなど言語同断と激怒して下した、常軌を逸する厳しい処罰に照らすなら、参賀したかどうかはともかく、《太子曲舞》の詞章を「思し召し」によって世阿弥が祝言用に改めたことが義教の耳に入り、参賀事件に巻き込まれたのではあるまいか。能勢朝次は『金島書』の解説で「全く残忍苛酷な将軍義教の一時の怒にまかせた迫害と見るべきものであらう」と推測したが（『世阿弥十六部集評釈下』岩波書店、一九四四）、この事件が配流の原因のように思えてくる。さすがの義教も、元観世大夫であり、《太子曲舞》の詞章の一部を祝言用に改めた程度で死罪にすることはできず、佐渡への遠流としたのではないだろうか。

芸能者たちの受難

先述のように日野（裏松）義資が殺され、大勢の公家・武家・僧侶が流罪に処せられ、没収され、籠居・逐電した政治的動揺の激しい時代である。世阿弥が配流された永享六年五月から約一カ月後の『看聞日記』同年六月十三日条に「昨日、藤宰相入道（高倉永藤）が室町殿において召し捕られ流罪にさせられたという。何の罪科か委細は聞いていないが、何とも耳目を驚かすことだ」と義教の暴挙に驚いている。続けて琵琶法師の城竹《じょうちく》検校が参上し、物騒な世の中なので田舎へ罷り下ると告げたことを記している。城竹は、しばしば伏見宮邸に参上し、平家の祇園精舎から仏御前まで語って「音声殊勝也」と讃えられ、聴衆が感涙を催したと言う。世阿弥と同じく芸能者として、物騒な世の中に身の危険を感じたのであろう。城竹はこの日だけでなく、前月以降、伏見宮邸に参上し、物騒と告げていた。永享八年には平家語りの珍一検校が不興を蒙り、九年二月には、義教の寵愛を受けている観世元重でさえ「突鼻」（放逐）された。前年に義教が伏見宮に赴いた折に猿楽を演じなかったためというのが理由であるが、公家などがとりなし、元重は再び義教に召された。

同年十月には、楽人の豊原久秋（生没年不明）らが笙の名器のことで事件を起こしたらしく、突鼻された。嘉吉元年（一四四一）二月十八日には、右方舞の舞人で「胡飲酒《こんじゅ》」の相伝者多《おおの》忠右（?〜一四四二）が捕らえられ、首を刎ねられた。後日、忠右の妻は自宅に放火し、自害している（堂本正樹：一九八六）。冷泉派の歌人正徹も義教に疎まれ、永享初年ごろ、備中小田にあった「庵領」を没収されている（『草根集』『松下集』）。このような情勢は、芸能者や歌人にとっても、罪なくして処罰されかねない戦々兢々たる日々であったことは間違いあるまい。

佐渡からの書状

六月八日付金春大夫あての書状が奈良市生駒の宝山寺の金春家旧伝文書に残っている。永享七年の発信と思われ、留守の妻寿椿が身を寄せた女婿の金春大夫に対し、妻の扶助と配流の身への援助を感謝するなど、世阿弥と金春大夫との親密な間柄を物語ると共に、鬼能についての質問に答えるなど、配流後もなお能への情熱を失っていないことも伝えている。読み易さを考慮し、清濁と振仮名を施し、注を加えて全文を紹介する。

ナヲ〳〵、ルス（留守）ト申《まうし》、旅ト申、／カタ〴〵御フチ（扶持）申《まうす》／バカリナク候

御ふミ（文）クワシク拝見申候。兼又《かねてまた》、此間《このあひだ》／寿椿ヲ御フチ候ツル事ヲコソ申テ候へバ、／コレマデノ御心ザシ、当国ノ人目じち（実）、ぜひ（是非）／なく候。御料足十貫文、ウケ取リ申候。又、／フシギ（不思議）ニモマカリノボリテ候ワバ、御目ニ／カヽリ、クワシク申承《うけたまはり》候べく候。又、状／ニ鬼の能ノ事ウケ給《たまはり》候。是ハ、コナタノリウ（流）／ニワシ（知）ラヌ事ニテ候。ケリヤウ

（仮令）、三躰ノ外ハ／サイドウ（砕動）マデノ分ニテ候。力動ナンドワ／タリウ（他流）ノ事ニテ候。タヾ、親ニテ候《さふらひ》シモノ（者）ノ、トキ〴〵／鬼ヲシ候シニ、音声《おんじやう》ノイキヲイ（勢）マデニテ候／シ間、ソレヲワレラ（我等）モマナブニテ候。ソレモ、身ガ／シュッケ（出家）ノノチ（後）ニコソ仕《つかまつり》テ候へ。返〳〵モ、コノ能ノ／ミチ（道）ヲサマリ候テ、老後ニネンライ（年来）ノコウ（功）／ヲモテ（以）鬼ヲセサセ給候ワン事、御心タル／べク候。マタ、コノホド申候《まうしさふらひ》ツル事共、／タイガイ（大概）シルシテマイラセ候。ヨク〳〵／御ラン候べく候。フシギノゐ中（田舎）ニテ候／間、レウシ（料紙）ナンドダニモ候ワデ、レウジ（聊爾）ナルヤウニ／カヲボシメサレ候ラン。サリナガラ、ミチノ心ハ／メウホウショキヤウ（妙法諸経）ノ御法《みのり》ヲダニワラフ／デ（藁筆）ニテモカクト申候へバ、道ノ妙文ワ／金帋（紙）トヲボシメサレ候べく候。ナヲ〳〵ホウ（法）ヲヨク〳〵／守《まもら》セ給《たまふ》べく候也。／恐々謹言

六月八日　　至　翁（花押）

金春大夫殿参

〆

金春大夫殿　まいる　　世　阿

まず手紙を具《つぶさ》に拝見したこと、残して来た妻寿椿へ御扶持下さる事をお礼申しあげたところ、私の所にまで御芳志を賜り、お蔭でこの佐渡での人目・外聞も、支障なく保たれていると礼を述べる。

料足は銭のこと、一貫は千文。「又不思議ニモ罷リ上リ候ワバ（万が一帰還できるなら）、御目ニカ、リ、クワシク中承候べく候（話したり聞いたりしたいと思います）」とあり、この地で果てる覚悟をしつつ、帰還を望んでいたのかもしれない。

ついで鬼能についての質問に答え、当流では砕動風の鬼能（形は鬼だが心は人）までで、粗暴な力動風の鬼能（形も心も鬼）は他流の事だと禁じている。亡父観阿弥も音曲面で鬼らしい威勢を表現するだけだった。私もそれを守り、しかも出家の後（六十歳以後）に演じた（第二章で述べたように、世阿弥は若い時分に鬼能《蟷螂の能》を演じており事実と反する）。あなたも、能の道を修め、老後に修業の成果を生かして鬼能を演じられると良いと助言している。恐らく氏信は、大和猿楽が得意としてきた鬼能の流行（観世元重や十二五郎などの得意曲）に、どのように対応すべきかを質問したのであろう。世阿弥は晩年に《野守》などの鬼能を書いたが、能の習道階梯《カリキュラム》の見地からも、荒々しい鬼能を忌避したものと推量する。

ところで、世阿弥はどのような思いで都のこと、あるいは家族のことを想っていただろうか。老境の身で都を追われたことを無念に思っていたのだろうか。名望や未来を失ったことを悲嘆していただろうか。しかし、ここに見た金春大夫への書状に、怒りや悲しみは表れていない。七十四歳までは佐渡の地にあり、「不思議にも罷り上る」日を待っていたと思われるが、『金島書』を著した以後の消息はまったく不明である。だが、その詩句を詳しく検討していくと、さらに様々なことがうかがわれるように思う。

2 『金島書』と在島の日々

『金島書』

世阿弥が佐渡でまとめた『金島書』は、有題の小謡七篇と無題の跋文的役割の曲舞一篇から成る謡い物集である。「永享六年五月四日都を出《い》で、次の日若州小浜と云ふ泊まりに着きぬ」で始まるが、世阿弥が見た佐渡の光景とともに、世阿弥が何を想い、何に心打たれたか、去来した心の内は『金島書』を読み進めていくと、見えてくる。

永享六年（一四三四）五月四日都を出発し、佐渡へ渡る若狭の小浜に到着するまでを、若狭の入江の叙景と流謫の身の感慨を謡った《若州《じゃくしゅう》》。そして小浜から佐渡の大田の浦までの二十五日ほどの船路を、白山や能登半島などの雄大な光景を謡い、佐渡の海、大田の浦（佐渡南岸の港）に着く《海路《かいろ》》。大田の浦から配所への道中と、新保《しんぼ》万福寺の配所の情景と感懐を歌い、故郷で耳馴れた「笠取山」や「長谷観音」などの名を懐かしみ、山路をたどって着いた万福寺での閑寂なさまを描く。本尊の薬師仏に礼拝し、「庭の遣り水の、月にも澄むは心なり」と謡い、「げにや罪なくて、配所の月を見ることは、古人の望みなるものを、身にも心のあるやらん」と、罪なくて配所の月を見ることとなった我が身に感慨を抱いた《配処《はいしょ》》へと続く。

続いて、万福寺の西方にある八幡社に参詣し、かまびすしく啼いている時鳥《ほととぎす》が八幡社では一向に啼かないのは、ここを配所とした京極為兼（一二五四〜一三三二）が「鳴けば聞く聞けば都の恋しきにこの里すぎよ山ほととぎす」と詠んだためだと聞いて、「折を得たりや時の鳥、都鳥にも聞くものなれば、声も懐かしほととぎす、ただ啼けや啼け老の身、我も故郷を泣くものを」と、都を恋うる望郷の念を激しく吐露する《時鳥《ほととぎす》》。やがて、かつて佐渡に流された順徳院（一一九七～一二四二）の配所の泉を訪れ、崩御された院の不遇を偲び、院への共感と哀惜の情を綴り、院の極楽往生を確信する《泉》。

さらに、戦乱を避け配所が新保から泉に移り、翌永享七年の春に同地の十社の神に参詣し、神徳を讃美し、「国豊かにて久年《きゅうねん》を、楽しむ民の時代《ときよ》」と当代の治世を讃える《十社《じっしゃ》》、そして、日本の天地開闢《かいびゃく》から淡路島と佐渡が島は「神の父母」であると説き起こし、主峰金北山を焦点に佐渡の歴史と現在の佐渡の風光を謡い、「その名を問へば佐渡といふ、金《こがね》の島ぞ妙なる」と佐渡を讃美する《北《ほく》山《さん》》。流罪の地であるにもかかわらず、世阿弥は清澄な心で言祝《ことほ》いでいる。

最後が跋文的な役割を持つ無題の曲舞《薪の神事《じんじ》》（思想大系本による仮題）である。故郷大和の興福寺の薪猿楽に勤仕し、その歌声は「天地を動かし鬼神を感ぜ」しめる「天下の御祈禱」と歌い、当代の治世を讃える。そして、「永享八年二月日　沙弥善芳」と署名し、跋文がわりの歌「これを見ん残す金《こがね》の島千鳥跡も朽ちせぬ世々のしるしに」を添えて筆を擱《お》いている。

世阿弥がシテの長大な道行き

左遷され潯陽《しんよう》の江に謫居した白居易（七七二～八四六）が歌った『琵琶行』を始め、佐渡に流され同地で亡くなった順徳院の御歌など、和漢の名歌詩句、古歌故事を引いて綴った八篇から成る『金島書』を読み進めて行くと、流人となった世阿弥自身をシテとして、処々の光景と世阿弥の心象を叙した長大な道行きの謡い物であることに気付く。《時鳥》を分析した落合博志は、同曲の虚構性を指摘し、『金島書』が必ずしも世阿弥が折々に触れた体験を綴ったというものではなく、ある意図のもとにまとめられた一連の作品であることを明らかにした〔落合博志：一九八九〕。大事な指摘である。

また『金島書』には『琵琶行』をはじめ随所に「配流」を題材とした古人を想起する修辞が多用されている。石井倫子は、かつて足利義満の勘気を蒙り東国を流浪した連歌師琳阿弥が平盛久の鎌倉護送を題材にした曲舞《東国下り》を書き、少年世阿弥が義満の前で謡い、赦されたという逸話への思いがあったとし、《東国下り》が『金島書』の副旋律であると指摘した。さらに《泉》の「配所の月」の逸話が『平家物語』巻二「大臣流罪」で、流罪の処分を受け入れた琵琶の名手藤原師長（一一三八～九二）が心境の説明に引かれていて、白居易や潯陽江の逸話に思いを馳せる師長の姿が描かれているが、『金島書』の世阿弥の姿と「不思議なほどにオーバーラップする」と述べている〔石井倫子：二〇〇四〕。

若き日に訪れた若狭

では、『金島書』に沿って世阿弥の道行をたどってみることにしよう。五月四日都を出発し、翌日、若州小浜の湊に着いたところで、「ここは先年も見たりし処なれども、今は老耄なれば定かならず」と綴り、橘の香りに昔を偲び「昔こそ、身の若狭路と見えしものを、今は老いの後背山《のちせやま》」と歌う。若い頃に小浜を訪れたが、老耄の今は定かでないと言う。ここは旅興行で訪れたとも解されるが、落合博志によれば、義満の丹後・若狭下向に随行した可能性も考えられる〔落合博志：一九九四〕。義満は明徳四年（一三九三）五月の丹後・若狭下向の折、若狭今富名（現小浜市）に一時滞在し、『若狭国今富名領主次第』は「御児、御僧達、其外諸大名共にて、中一日御逗留、数々御遊あり」と伝えている。このほかにも義満は至徳三年（一三八六）十月に丹後に下向し、応永二年（一三九五）五月の若狭・丹後遊歴の際も小浜に立ち寄ったことも想像され、その内のどの機会かに随行した可能性を考えてもよいのではないかと指摘する。当時世阿弥は二十歳余から三十歳余で、「昔こそ身の、若狭路と見えしものを」の詞章にも適合しよう。第三章で触れたことだが、康応元年（一三八九）三月、義満の西国下向に犬王が随行したように、義満の寵愛を受けた頃であり、巡遊に随行した可能性は十分にある。落合も触れているように、若狭の国の名に通う年若き頃と、七十を越えた老後の今、義教の命令で罪に処せられ配流となって再び目にする若狭の小浜。世阿弥の心中は如何ばかりであったろう。

海路の詠唱二首

世阿弥は和漢の古詩名歌を引いて風光や心境を表現しているが、世阿弥自身の詠唱と思われる歌も引いている。《海路》で、佐渡の島まではいかほどの海路やらんと水夫に尋ね、遙々の舟路という返事を受け、「下遠くとも君の御蔭に洩れてめや　八島の外《ほか》も同じ海山」と「上今ぞ知る聞くだに遠き佐渡の海に　老いの波路の船の行末」である。歌の冒頭の指定節付「下」と「上」は世阿弥が謡曲文で詩歌を詠吟する場面に用いる〈詠《えい》〉の類で、低音域で和歌をしみじみと吟唱する〈下《げ》ノ詠〉と高音域で和歌を高らかに吟唱する〈上《じょう》ノ詠〉であろう。「万里の波濤に赴く」運命を思う効果的な引用である。

《海路》の後半は「こせさはげにや　世の中は」で始まる。節指定の「こせさは」は表章が指摘するように「くせまい」の誤写で（表章・加藤周一：一九七四）、以下、曲舞の特徴である、七五調を基本としつつも字余り・字足らずの文章で大田の浦までの海路を描写する。右の「こせさは」に著しいが、『金島書』は原本が難読であったか、校訂に厳密さが欠けていたか、謡曲文の特性を考慮しない校訂のため（特に《海路》の節付指定）全般に誤写・誤校とみられる誤りが多い。それらは表章によって訂正されているが（『世阿弥 禅竹』）、それでも不明な字句がある。

配処の月

《配処》は、大田の浦から、佐渡における最初の配所である新保の万福寺（金井町の西方の地に近世初期まであった寺）までの道中と、配所の情景と感懐を歌う。「その夜は大田の浦に留《とど》まり…」（〈只こと葉〉）から「我之名号《がしみやうがう》の春の花、十悪の里までも匂ひをなし…」（〈下歌〉）と謡い、「しばし身を、奥津城処《おきつどころ》ここながら…」（〈上歌〉）へと続く。〈下歌〉は《花月》や《田村》の〈サシ〉の観音に関する文言を薬師如来の誓願に変え、「庭の遣《や》り水の、月にも澄むは心なり」と清澄な心の内を吐露する。そして「奥津城処ここなれや…」と我が墓所もここになるだろうと死を覚悟し、照る月影は雲居の都を照らす月に変わらないと述べる。

その結びで「げにや罪なくて、配処の月を見る事は、古人の望みなるものを」と、『徒然草』第五段の「顕基の中納言の言ひけん、配所の月、罪なくて見んことも、さも覚えぬべし」を引き、詩人の風流に和している。戦前の能楽研究を推進した能勢朝次は早くに「世阿弥は徒然草によったものであらう」と推測した（能勢朝次：一九四二）。『徒然草』百四段の分析を通して兼好に物語作家としての虚構の妙を見た能楽研究者の増田正造（一九三〇〜二〇二二）は、その映画的発想や手法を指摘して世阿弥との相似を論じたが（増田正造：一九七七）、正徹本『徒然草』の書写奥書「永享三年三月卯月」が世阿弥の佐渡配流の直前にあたり、『金島書』の成立と『徒然草』書写時期が近く、その近さを思料するなら、両者を結びつけた能勢朝次の着想が現実味を帯びてくるようである。

声も懐かし時鳥

淡々と運命を受け入れている世阿弥だが、八幡の鳴かぬ時鳥に寄せて感懐を歌う《時鳥》では激しく望郷の念を募らせている。「時鳥」から「都鳥」へ、そして「都」から都鳥に問いかけた故事を重ね、「時鳥よ、懐かしい声の時鳥よ。ひたすら啼くがよい。老いの身の己れも、故郷を恋うて泣いているのだから」と、七十歳を越えて、このような憂き目を見る辛さを激しく表わしている。望郷の思いが一気に溢れ出た。

《時鳥》は「只ことば」が長々と続き、終わり近くに「上歌う落花きよくふりて、郭公《くわっこう》はじめて鳴き、名月秋を送りては、松下《せうか》に雪を見ると、古き詩にも見えたれば」で始まる〈上歌〉となる。「落花きよくふりて…」は春夏秋冬の景を詠じた対句を引くが典拠不明で、「落花清く降りて」（能勢説）と「落花曲旧《ふ》りて」（表説）が提示されている。

話が飛ぶが、一九七五年五月放送のＮＨＫラジオドラマ『地獄の花』（作・松永伍一、演出・斎明寺以久子）に、観世寿夫《ひさお》（一九二五～七八）が佐渡に流された世阿弥の亡霊の役で出演し、《時鳥》の後半の〈上歌〉「落花清く降りて～われにも故郷を泣くものを」を謡ったことがある（『至花の風曲　観世寿夫の謡』に収録。ビクター音楽産業株式会社、一九七九）。観世栄夫《ひでお》（一九二七～二〇〇七）の解説に「兄貴は、必要に応じて、ずいぶんいろいろ文章に謡の節をつけ、大小の手などを考えたりしています。その作曲ぶりは大変にうまく、また手の込んだものが多いのですが、この曲は、じつに素直に仕上がっています。謡ものびやかな美しさがあります」とある。聴いてみると、確かに美しく、のびやかな謡で、望郷の念を吐露した世阿弥の心境に想いを馳せて節付けしたのだろうか。

泉

十善万乗の君（十善の徳を得て生まれ、万乗の兵力を持つ天子の尊称）であった順徳院の配所「泉」を訪れた時、再び都へ戻ることなくこの地で崩御された院の和歌を引き、院に対する哀惜の情を綴っている。《泉》が能《蟬丸》を念頭に置いて作られたという指摘もある（落合博志：一九八九）。「袖も同じ苔筵《こけむしろ》の、たれぞ錦の、御褥《おんしとね》ならんいたわしや」も、《蟬丸》の「敷く物とても藁筵《わらむしろ》、これぞ古への、錦の褥なるべし」を踏まえているようで、底本「たれぞ錦の」は「これぞ錦の」の誤写であろう。

また「十善万乗の聖体」「さてこそ言ふならく、奈落の底に入りぬれば、刹利《せつり》も首陀《しゅだ》も、変はらざりけるとなり」の詩句は廃絶曲《篁《たかむら》》にも見える。隠岐へ流された後鳥羽院（一一八〇～一二三九）が、同じく隠岐へ配流の身となった小野篁（八〇三～五二）の塚に詣で、篁の霊と言葉を交わす鬼能である（篁は赦されて都に帰っているので隠岐で死んだとするのはフィクション）。世阿弥時代の作品であったことを示す確証はない。しかし、世阿弥晩年の音曲伝書『五音』掲出の不明曲の〈下歌〉「まだ夜を籠めて煩悩の、離れ難き家を出で」が《篁》のワキの道行と同じであること、後場で本体を現した篁の霊が「逆臣《げきしん》の輩《ともがら》を悉く取りひしぎ蹴殺し、会稽を雪《すす》がせ申すべし」と歌う場面の詞章が、応永三十四年の上演記録がある《松山》（松山天狗）とほぼ同文であることに注目すると、前後関係は不明ながら《篁》が念頭にあったのではないだろうか。

十社、北山

《十社》では、秋も過ぎ冬も暮れ、永享七年の春になり、越後十社の神が祀られている十社の神に参詣し「敬神のため一曲を法楽」する。そして「和光同塵は、結縁の初め、八相成道は、利物の終わり」（仏が俗世に姿を変えて現れ、衆生を救うことは結縁の初めであり、釈迦が衆生を救うために示した八種の相は福利の究極の姿であろう）と、聖代の恵みと十の社の威光を讃える。「和光同塵は…利物の終わり」は『能本三十五番目録』に見える《松尾《まつのお》》《御裳濯川《みもすそがわ》》《龍田姫《たつたひめ》》などに引かれている詩句である。

《北山》は佐渡の生成縁起を主体とする曲舞謡《くせまいうたい》で、「只こと（只言葉と同じらしい）」「上う（クリ）」「さし事（サシ）」「曲舞（クセ）」からなり、〈クセ〉はアゲハ（地謡を受けてシテなどが高らかに歌い上げる）が二回ある二段グセである。主峰金北山に焦点をあてて佐渡の歴史と現在の佐渡の風光を歌いあげ、終わりは「山はをのづから高く、海《かい》はをのづから深し、語り尽くす、山雲海月《さんうんかいげつ》の心、あら面白や佐渡の海、満目青山《まんもくせいざん》、なををのづから、その名を問へば佐渡といふ、金《こがね》の島ぞ妙なる」と結ぶ。

山は自ずから高く聳え、海は自ずから深く湛えている。山の雲、海に照る月など、目に入る限りの天地自然の広大な美景を語り尽くす佐渡の海、金《こがね》の島、と讃えている。「語り尽くす、山雲海月の心」「満目青山」の詩句は、次章で述べる世阿弥の芸位論『九位《きゅうい》』「中三位」の「広精風《こうしょうふう》」の芸境の説明に引く詩句「語り尽くす、山雲海月の心。満目青山の広景を語り尽くす所」の引用である。なお、倫理学者の相良亨（一九二一～二〇〇〇）は、世阿弥が讃えた佐渡の自然の「をのづから」性に注目し、世阿弥の宇宙観に迫っている（『世阿弥の宇宙』ぺりかん社、一九九〇）。

赦されて都へ帰還できたか

罪人として佐渡に流された永享六年（一四三四）から二年余りの月日が流れ、時は永享八年の二月《きさらぎ》を迎えた。治まれる代の歌謡は民心が安らかで楽しんでいる心の表われであり、歌は、「天地を動かし鬼神（底本「鬼人」）を感ぜしむ」るものである。故郷、奈良では、毎年、勤仕した春日興福寺の薪猿楽が行われる時節だ。世阿弥は薪の神事に思いを馳せる。そして、跋文代わりに「これを見ん残す金《こがね》の島千鳥跡も朽ちせぬ世々のしるしに」の歌を添えた。この歌こそ、赦されて帰還できる運びとなったことを暗示していると考えられる。その根拠は何か。

天野文雄は、『金島書』が一貫して当代の治世を讃美していることを根拠に、同書がまとめられた永享八年二月から間もない頃に世阿弥は佐渡より帰還したと結論づけている〔天野文雄：二〇〇九〕。天野以前にも、吉田東伍、黒田正男、田中圭一などは、世阿弥は赦されて帰還できたと推測・指摘していたが〔吉田東伍：一九一五、黒田正男：一九六三、田中圭一：一九六九〕、落合説を踏まえ、天野説に立脚するとき、世阿弥の帰還を補強することになるだろう。鍵を握るのが「これを見ん」の歌で、その解釈が背景を明らかにする。

佐渡ケ島の異名「金《こがね》の島」を「島千鳥」に言い掛け、「島千鳥の跡」は文字を「鳥の跡」と言うことから世阿弥が書き残す『金島書』の詩篇をさす。「朽ちせぬ世々」とは、朽ちることなき太平の御代という意味であろう。先学は、世阿弥がいつ帰還できるか分からないという状況での詠歌と捉え「書き残す所のこの謡は、佐渡の流人の筆の跡として、後世までも朽ちないしるしとして、人々は見ることであらう」〔能勢朝次：一九四四〕とか、「黄金の島の佐渡で書き残したこの筆の跡は、朽ちることのない後世までの形見として、後代の人に見てもらえるであろうか」〔表章・加藤周一：一九七四〕と理解したが、しかし、それとは逆に、赦免され、都への帰還の見通しが立った時点で創作されたと推論すると、別の解釈が成り立つ。

初句「これを見ん」は「佐渡の島」へ〔佐渡の島の人々へ〕呼びかける心をひそませ、「島千鳥→鳥の跡→跡も朽ちせぬ→朽ちせぬ世→世々のしるし」と鎖のように続かせる。歌意は、「ご覧なさい、佐渡の人々よ。朽ちせぬ御代の形見として佐渡で作ったこれらの謡い物を」であろう。しかもその佐渡は、佐渡を讃美する《北山》に「そもそもかかる霊国、かりそめながら身を置くも、いつの他生の縁ならん」とあるように、「かりそめ」即ち一時的に身を置いた島なのである（「これを見ん」を「これを見てください」と解し、「かりそめ」に注目したのは磯部欣三）。

以上を勘案すると、『金島書』は、その折々に書かれたのではなく、赦されて都への帰還の目途が立った時点で、かつ奥書年記の「永享八年二月」以前に創作されたと考えてよいのではないか。世阿弥は、運命を淡々と受け入れ、身の不幸をも嘆かず、人をも恨まず、かえって佐渡を祝福し、神道を讃美して、祝言に謡いあげている。『看聞日記』永享七年六月十五日条の「公方背御意真俗少々御免。三宝院最後之所望ニ被執申云々」に注目すると、義教は、三宝院満済が死に臨んで伝えた希望を聞き容れ、御意に背いて罰した「真俗少々」（僧・俗）を赦免している。その義教は嘉吉元年（一四四一）六月二十四日、赤松満祐（一三七三〜一四四一）によって誘殺された。時に四十八歳。生前に赦免が決まった者もいたので、その中に世阿弥も含まれていたのではないか。確かな資料はないが、義教が嘉吉の変で暗殺された後、義教と対立した人物たちが政界に復帰し、流刑地から舞い戻っていることや、『金島書』が元雅の遺児が成長後に父の通称を襲って観世十郎と称し、大和を本拠に活動した越智観世家に伝わっていたことから、世阿弥もそのときに帰還したものと推測されるのである。

八月八日

世阿弥夫妻が帰依した奈良の補巌寺に残る『補巌寺納帳』に世阿弥の法名「至翁禅門」の名と、忌日と推定される「八月八日」の日付が記録されているだけで（香西精：一九六二）、正確な没年も分かっていない。世阿弥が活躍していた時代から約十年後に書かれた臨済宗の僧で五山文学の代表的存在であった景徐周麟（宜竹和尚。一四四〇～一五一八）が観世元重（音阿弥）の子観世信光に依頼されて筆を揮った『観世小次郎画像賛』に世阿弥に触れ「結崎〈観阿弥〉ニ好男有リ。所謂《イハユル》世阿弥 者《トイフモノ》也。鹿苑相公〈足利義満〉愛幸スル所也。世阿年八十一」とあるから（『五山文学全集』所収『翰林葫蘆集』）、観世家の伝承に従えば享年八十一となり、『補巌寺納帳』に記された忌日と合わせると、嘉吉三年（一四四三）八月八日、八十一歳をもって、その波瀾に富んだ生涯を終わったようである。役者、作者、劇詩人、音楽家、演出家、理論家、座の統率者を一身に備えた、この稀有な天才は、かつての花やかさとは対照的に、不遇のうちにその生涯を閉じたものと思われる。

禅竹と心敬の世阿弥評

不遇のうちに生涯を閉じた世阿弥であるが、後世、心を寄せる人々はこの稀代の能役者のことを決して忘れず、その功績と芸風を語っている。最も身近の娘聟金春禅竹は、世阿弥の没年をかりに嘉吉三年（一四四三）として十三年後の康正二年（一四五六）正月に著した『歌舞髄脳記』で、「世阿入道、智と作と成す所と、いづれも無上の位なりし也。曙の花に月の残れるがごとし」と綴った。智とは芸術論を著したこと、作とは優れた能を作ったこと、成す所とは能の演技・演出力と芸風のことをいうのであろう。そのいずれもが無上の位であったと讃嘆し、「曙の花に有明の月が残っている」ようだと譬え、ふさわしい和歌として、禅竹が傾倒した定家の歌を二首引いている。二首とも幽艶で幻想的な風趣である。

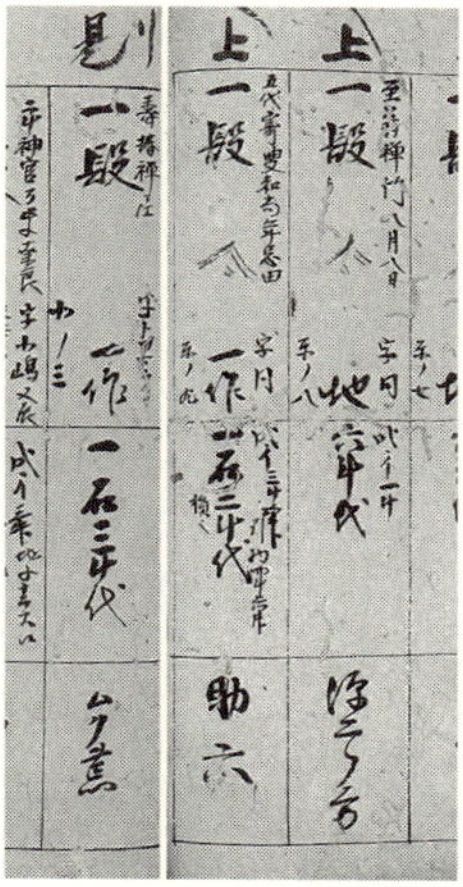

『補巌寺納帳』

歌人で連歌師の心敬僧都は応仁の乱を避けて関東流寓中の応仁二年（一四六八）、『ひとりごと』を草した。世阿弥の死から二十五年目にあたる。諸道に名匠が輩出した応永・永享ごろを想起し、田楽新座の増阿弥の芸を讃え、さらに「猿楽にも、世阿弥といへる者、世に無双不思議の事にて、色々さまざまの能どもを作り置き侍り」と記し、世阿弥の創作者としての傑出した創作力を高く評価している。生涯、「能の本を書く事、この道の命なり」を実践した世阿弥にとって、最大の讃辞であろう。

さて、本書ではここまで伝記的事実を中心に世阿弥の生涯をたどってきたが、成立年代の不確かなものが含まれる彼の芸術論（伝書）や能の作品については限定的な言及にとどめざるを得なかった。それらは世阿弥という人物を何にもまして雄弁に語るものである。そこで次の第七章では世阿弥の芸術論を、第八・九章では能の作品を体系的に論じ、その豊かな芸跡の世界へと分け入っていくことにしよう。

第七章　芸術論の展開

1　伝書は何のために書かれたか

「子孫の庭訓を残す」

世阿弥にとって、芸術論は、確かな技と豊かな表現力を備えた役者を育て、魅力的な作品を揃えて、演能を成功に導き、他座との競争に打ち勝つための戦略であった。ことに京の都という厳しい芸能市場で生き残るためには、目の肥えた観客の支持を受けなくてはならない。世阿弥の言葉を借りれば「天下《てんが》の許され」を得ることであり「天下の名望」を獲得することである（『風姿花伝』第一年来稽古条々 三十四五）。「天下」とは京の都であり、具体的には足利将軍の愛顧と、世間上下の評判を得ることであった。

『風姿花伝』第三問答条々の奥書に執筆の理由を次のように述べている。

およそ、家を守り、芸を重んずるによつて、亡父の申し置きし事どもを、心底にさしはさみて、大概を録する所、世のそしりを忘れて、道の廃れん事を思ふによりて、まつたく他人の才学《さいかく》に及ぼさんとにはあらず。ただ子孫の庭訓を残すのみなり。

風姿花伝条々　以上。

于レ時《ときに》応永七年庚辰卯月十三日

従五位下左衛門大夫《のたいふ》　秦元清書《はだのもときよかく》

（大意：そもそも、観世の家を守り、猿楽の芸を大切に思うがゆえに、亡き父観阿弥の遺言した教えの数々を、心のうちに刻んで、そのおおよそを記したのであるが、それは世間の非難を顧みず、猿楽の道が廃れてしまうことを憂えるあまりに、あえて筆を執ったもので、まったくもって他人に何かを教えようなどという意図はない。ただわが子孫のために教訓を残すばかりである。）

世阿弥の最初の能楽論『花伝（風姿花伝）』は主題を異にする七篇が集まって能全般にわたる芸術論を展開し、その言及範囲も広い。第七までを揃えた伝本はなく、第一年来稽古条々・第二物学条々・第三問答条々までが第一次完結で、その第三問答条々の奥書の応永七年（一四〇〇）は観阿弥が歿した至徳元年（一三八四）から十七年後である。父の十七回忌を意識したかは分からないが、貞治二年生まれとすると、世阿弥は三十八歳の絶頂期を迎えていた。その胸中には父から受けた薫陶の数々と精進の日々が思い出されたことだろう。観阿弥の遺した教えの数々（芸跡）を心に刻むと記す文言は、父の姿を追懐し、追善の意味を込めているのだろう。

そして「子孫の庭訓を残す」と綴った世阿弥には、後継者を得た喜びと共に、棟梁として能の道と家の継承と子孫に対する使命感と責任感が生まれたに違いない。「従五位下左衛門大夫」の官位・官職名は、南都興福寺の衆徒が有能な若い役者に授ける大夫号を補任されたことを背景にした私称らしく（なぜ左衛門大夫かは不明。ちなみに娘婿の金春禅竹〈一四〇五～七〇?〉は大夫時代に金春式部大夫と自署している）、世阿弥が秦氏を名乗るのは秦河勝を始祖と仰ぐ金春座との姻戚関係にあることを物語っているのだろう。

専門性と継続性

伝書の執筆は、何よりも、道のため、家のためであり、我が子孫の庭訓を残すためである。比較文学・中世文学者の小西甚一（一九一五～二〇〇七）の言葉を借りれば、「道」とは、専門を意味する語であった。ある分野について特別な修練を経た者だけが実践可能な世界であり、その世界で合格点に達した者は「みちの人」（『宇津保物語』吹上）とよばれた。このような専門性は、それ自身を保持するため、長い時代にわたり承け継がれてゆくことが要件とされた。その継承を可能にする実践の単位は家であり、家が継承されないところに道はありえない〔小西甚一：一九七五〕。

世阿弥は『花伝第七別紙口伝』の最後で「この別紙の口伝、当芸において家の大事、一代一人の相伝なり（この別紙の口伝は、我らが能芸において、家の重大事であり、私の生涯を通じ、ただ一人だけに相伝する秘書である）。たとへ、一子たりといふとも無器量の者には伝ふべからず」と綴り、連歌師心敬《しんけい》の『ささめごと』にも見える、当時の格言「人、人にあらず、知るをもて人とし、家、家にあらず、継ぐをもて家とす」（道の家とは血筋だけで繋がるものではなく、その道を伝えてこそ家と言えるのだ。その家に生まれただけでは道を継ぐ人とは言えない。道を知ってこそ、その道を継ぐ人というのである）を引いている。

「家」の継承性は道のため要請されたものであり、小西は「道」の具備すべき要件として、専門性と継承性に続けて、規範性、普遍性、権威性を挙げる。これらは「道」の思想である世阿弥芸術論を読む上でも大切な視点となろう。

世阿弥伝書一覧

世阿弥は八十余年の生涯に多くの伝書を書き残した。これまでに確認された伝書は二十一種二十四本を数えるが、以下、推測も含めほぼ成立年次に従って世阿弥芸術論の成立と展開と特質を概観してみよう。○印は世阿弥伝書が初めて公刊された吉田東伍校註『能楽古典世阿弥十六部集』（能楽会、一九〇九。終章参照）所収を示し、吉田による改変された書名には吉田本の書名も注記する。すべての伝書は、表章・加藤周一校注『世阿弥 禅竹』（岩波書店、一九七四。新装版、一九九五）に収められている。なお、24『世子六十以後申楽談儀』は世阿弥の子元能が父の芸談を聞書きし筆録した伝書で、厳密には世阿弥の著作とは言えないが、それに準ずる伝書で、観阿弥や世阿弥が活躍した時代の能の姿を生き生きと伝えている。

〔初期・義満時代〕

1 風姿花伝○「花伝書」〔総合的著述。第一から第四までの四巻に「奥義」を加えた五巻〕

第一年来稽古条々〔習道論〕

第二物学《ものまね》条々〔演技論（扮役論）〕

第三問答条々　奥書「于時応永七年庚辰卯月十三日　従五位下左衛門大夫秦元清書」〔演技論・芸位論〕

三八歳

第四神儀云〔奥書なし〕〔起原論〕

奥義云○「第五奥儀」奥書「于時応永第九之暦暮春二日馳筆畢　世阿有判」〔芸風論〕四〇歳

2 花伝第六花修《かしゅ》　世阿弥自筆本現存。表紙外題「花伝第六花修云」。奥書「花修已上。此条々心ざしの芸人より外は、一見をも許すべからず　世阿（花押）」〔作劇論〕

3 花伝第七別紙口伝・古本　（弟四郎相伝本）（世阿弥自筆本現存。奥書有無不明）〔能楽美論〕

【中期・義持時代】

4 花習内抜書《かしゅうのうちのぬきがき》　世阿弥自筆本現存。奥書「応永二十五年二月十七日」〔能楽美論〕五六歳

5 花伝第七別紙口伝・元次相伝本○「花伝書別紙口伝」奥書「応永二十五年六月一日」〔能楽美論〕五六歳

6 音曲口伝　（音曲声出《こわだし》口伝）奥書「応永二十六年六月」〔歌唱論〕五七歳

7 至花道○「至花道書」奥書「応永二十七年六月日　世阿書」〔能楽美論・習道論〕五八歳

8 二曲三体人形図○「二曲三体絵図」奥書「応永二十八年七月日」「人形」トモ。〔扮役論〕五九歳

9 三道○「能作書」奥書「右、此一帖、息男元能に秘伝する所也。応永三十年二月六日　世阿（花押）」〔作劇論〕六一歳

10 花鏡○「覚習条々（異端）」奥書「風姿花伝、年来稽古より別紙に至る迄は、此道を花に著はして智る秘伝也。是ハ、亡父の芸能の色々を、廿余年が間悉く書きたる習得の条々也。此花鏡一巻、世、私に、四十有余より老後に至るまで、時々浮かむ所の芸得、題目六ケ条、事書十二ケ条、連続して書となし、芸跡を残す所也。此一帖、息男元雅に秘伝する所也。応永三十一年六月一日世阿（判）」〔能楽美論・演技論・演出論〕六二歳

11 曲付次第《ふしづけしだい》○「曲附書」〔奥書なし〕。『音曲口伝』よりは後年か。〔作曲論〕

12 風曲集《ふうぎょくしゅう》○〔奥書なし〕。書名の下の注記「従仙洞被載外題《せんとうよりげだいをのせらる》」はこの外題（書名）が上皇（後小松院）の命名であることを示す。『曲付次第』よりは後年か。〔歌唱論〕

13　遊楽習道風見《ゆうがくしゅどうふうけん》○　「遊楽習道見風書」〔奥書なし〕。『至花道』と『九位』の中間らしい。〔習道論〕

14　五位　〔奥書なし〕。金春家伝来本『至花道』の巻末に付載。『九位』よりは前、応永三十二年頃か。〔芸位論〕

15　九位《きゅうい》○　「九位次第」〔奥書なし〕。『六義』よりは前か。〔芸位論〕

16　六義《りくぎ》　金春貫氏〔氏信のち禅竹〕写。九位の引用あり。奥書「応永三五年季三月九日　此一巻金春大夫《こんぱるだゆう》所望依為相伝所也《しょもうによりそうでんせしむるところなり》　世阿〔花押〕」〔芸位論〕六六歳

17　拾玉得花《しゅうぎょくとくか》　奥書「此一帖、当芸習道之秘伝也。茲に金春大夫、芸能に見所《けんじょ》有るに依り、相伝せしむる所、如此。正長元年六月一日　世阿〔花押〕。もしほ草かき置く露の玉を見ば磨くこと葉の花は尽きせじ」〔総合的著述〕六六歳

〔後期・義教時代〕

18　五音曲条々○　〔奥書なし〕。『五音』と同時期か。〔曲風論〕

19　五音　〔奥書なし〕。元雅生存中（永享四年七月以前）の成立か。〔曲風論〕

20　習道書《しゅどうしょ》○　奥書「永享二年三月日　為座中連人書」〔職責論〕七〇歳

21　夢跡一紙《むせきいっし》○　奥書「思ひきや身は埋もれ木の残る世に盛りの花の跡を見んとは　永享二々年九月日　至翁書」〔元雅追悼文〕七一歳

22　却来華《きゃくらいか》○　「七十以後口伝」奥書「永享五年春三月日　世阿〔花押〕」〔高等技法論〕七二歳

23　金島書《きんとうしょ》○　「金島集」　奥書「永享六年五月四日　沙弥善芳」。〔謡物集〕七四歳

24　世子六十以後申楽談儀○　奥書「永享二年十一月十一日　為残志、秦元能書之」。通称『申楽談儀』〔総合的著述〕七〇歳

附　金春大夫宛て書状　二通　世阿弥から娘婿の金春大夫氏信〔禅竹〕に宛てた書状。
「五月十四日付書状」　年次不明。永享四年頃か。包紙に「春御方へまいる／申させ給へ／きやより／世阿」

とあり「きや」は金春氏信の妻の名と推定されている（宝山寺蔵貴重資料画像解説。なお、この包紙は別の書状のものと推測されている）。

「六月八日付書状」　年次不明。佐渡からの発信で、配流から少し経た翌年、永享七年頃の書状かとされている。

世阿弥伝書を、その主な内容によって類別し整理すると、ほぼ次の通りである。

［主題別一覧］（＊＝四十前後の著述　＊＊＝六十前後の著述　＊＊＊＝七十前後の著述）

A　総合的著述　風姿花伝（全七篇）＊　拾玉得花＊＊＊　申楽談儀（芸談の聞書きの筆録）＊＊＊

B　能楽美論　花伝第三問答条々＊　花伝第七別紙口伝＊　至花道＊＊
　花習＊＊　花鏡＊＊

C　芸位論　九位＊＊　六義＊＊　五位＊＊

D　作劇論　花伝第六花修＊　三道＊＊

E　音曲論
　a　作曲論　曲付次第＊＊
　b　曲風論　五音＊＊　五音曲（五音曲条々）＊＊
　c　歌唱論　音曲口伝＊＊　風曲集＊＊

F　演技論
　a　扮役論　花伝第二物学《ものまね》条々＊　二曲三体人形図（人形）＊＊
　b　芸風論　奥義＊

c　高等技法論　花鏡（重出）＊＊　却来華＊＊＊
G　演出論　花伝第三問答条々（重出）＊　花鏡（重出）＊＊
H　学習論　花伝第一年来稽古条々＊　至花道（重出）＊＊　遊楽習道風見＊＊
I　職責論　習道書＊＊＊
J　起原論　花伝第四神儀＊
K　随想集　夢跡一紙＊＊＊　金島書（謡い物形式）＊＊＊
L　書状　金春大夫殿返報（五月十四日付。きやより）＊＊＊
金春大夫殿参（六月八日付。佐渡より）＊＊＊
（世阿弥生誕六百年記念『能』（ビクターレコード、監修・解説 横道萬里雄、一九六三）に準拠し、芸位論に『五位』を加え、書状も加えた）

伝書の内容については、論述するなかで適宜紹介していくこととしよう。

妻子と花伝執筆の背景　ここで、伝書の相伝者とも関連するので、世阿弥の妻子のことについて述べておこう。

世阿弥がいつごろ妻帯したか、確かなことは不明で、相手の素姓も分からない。『申楽談儀』に大和猿楽の諸座が「うち入り、うち入り有り」（「うずいろいろあり」と解する説もある）とあるように姻戚関係などで人的交流を結んでいるから、二十代に大和猿楽のいずれかの座の役者の娘を妻としたのであろう（後年、出家し帰依した大和味間の曹洞宗の補巌寺に、世阿弥夫妻が田一反を寄進したことを記した納帳に「寿椿禅尼」とあるのは妻の法号である）。

香西精「元雅行年考――新・三郎元重養嗣子説」によれば、なかなか嫡子に恵まれなかった世阿弥は、応永五年、弟四郎に男子が生まれたので、その子元重を自分の養嗣子にした〔香西精：一九七〇〕。その元重の三歳の年が応永七年である。一方、元重が生まれた後に元雅が生まれ、応永七年を元雅出生の年と仮定する香西説に従うなら、待望の男子を得た世阿弥が元雅のために著したとも考えられる。

しかし、花伝時代の相伝対象として弟四郎の位置に注目する伊藤正義は、奥書の「子孫の庭訓を残す」に注目し、かりにこの年、乳離れした元重に三郎の名を与え養嗣子にしたとすれば、長らく嗣子なく、家を保持することを懸念していた世阿弥にとって、ようやく愁眉を開くことができた余裕と、それ以上に義務感が生じたのではないかと推測した〔伊藤正義：一九七六〕。その可能性は高いだろう。前に触れたように応永七年は亡父観阿弥が歿して十七年後になる。追善の意味も込めて、家のため、子孫の庭訓のために著したのではあるまいか。なお、出生年は正確には分からないが、十郎元雅に前後して七郎元能も生まれ、またのちに金春大夫氏信（禅竹）に嫁すこととなる娘も生まれている。

書手・為手・見手

話を芸術論に戻そう。能役者は舞台が生命であり、つねに魅力ある舞台をめざす。多くの観客に喜ばれ、ことに優れた演能が鑑賞眼の高い観客の心に深くしみ入ることを最上の喜びとする。いかにして観客の心をつかむかが最大の課題だ。

だいたい芸能の本質は、演者（送り手）と観客（受け手）が同時に同じ場所で向き合うことにある。絵画・彫刻などの造形芸術なら、死後に理解者を待つこともありうるし、物語や小説のような言語芸術ならば、何度も何度も読むうちに鑑賞が深まる場合もあろう。だが、芸能のような体現芸術は同時性と一過性からのがれることはできない。そこに見所の重視、観客の尊重が生まれる。世阿弥ほど観客について論を展開している役者もいない。

ことに言葉と音楽、さらに肉体を素材とし、集約された演技の暗示に触発されて、観客が心の眼に演技を完成させる能、観客のイメージに訴える能は、見所をも共同の演出者にしなくてはならない。目利きと目利かずでは劇の効果は大きく開く。世阿弥は「書手《かきて》」「為手《して》」「見手《みて》」の三者が「相応」したとき、能は「成就」（成功）すると主張している。世阿弥の芸術論は、作能論も稽古・習道論も扮役・演技論も、演出論も観客論も、そして能楽美論も、この三者の相応をめざして書かれた。優れた演能を実現させるための具体的な技術論であり、戦術である。理論が先行したのではなく、まず能があり舞台があり観客がいた。競争者もいた。世阿弥の芸術論は観客の好みの変化に対応する。ことに貴人・上方様（将軍ほか武家貴族）の好みの変化に照応し、作品ならびに作風や芸風の変化と一体のものである。そして何よりも時代精神が大きくかかわっている。

むろん世阿弥自身の体験の集積と思索の深まりや工夫・参学（参禅）の跡を忘れてはならないが、それらをも含めて、世阿弥の芸術論は能役者（＝能作者）としての生涯の軌跡に対応し、同時にそれは、当代文化の最高指揮者とも言うべき足利将軍家の交代とも深くかかわりあう。観客の心は移ろいやすい。それが最高権力者の場合は及ぼす影響も大きい。たとえば、第五章で述べたように、世阿弥が五十一、二歳ごろの挿話のようであるが、義持の御前や晴れの能で《通盛》を演じたいと思っていたものの、上の下知で、《実盛》と《山姥》を演じざるを得なかった（『申楽談儀』）。

世阿弥の生涯は、幼少期より四十六歳までの義満時代の成長発展期、四十七歳より六十五歳頃までの義持治世の実り多い円熟達成期、六十六歳以後の義教時代の不遇逆境期の三期にわけられるが、いずれも将軍家との関わりと、他座の名手たちの芸風と世阿弥が置かれた環境も大きく反映している。

芸術論が生まれた背景

世阿弥の芸術論は同時代の歌論や連歌論と比較しても、思索の明晰さと緻密さ、深さにおいて、遙かにそれらを凌駕している。俊成・定家の伝統ある歌論なら、その流統を継承すればいい。ところが世阿弥の芸術論は、まったく突然変異的に生まれた。しかも、俊成・定家たちがひたすら言葉の内部で追究した詠歌の課題を、「言葉と音曲、さらに肉体を素材とする能という芸能に移し入れ、そのためいっそう複雑、多様な課題として受け入れながら、これを理論的に発展させ、見事な帰結を与えている」(田中裕：一九七六)。それを可能にしたのは、いったい何であろう。

それには、およそつぎのような背景が考えられる。①父観阿弥の業績に負うところの大きい猿楽能の成長と充実、②足利義満の後援による猿楽(特に観世座)の社会的地位の飛躍的向上、③父子二代と続いた天下の名声に基づく芸道意識(家意識)の高揚と自信、④尊勝院経弁・二条良基らとの交渉に象徴される幼少期よりの英才教育、⑤芸得を文字に残すことを可能ならしめた世阿弥の教養、⑥足利義持や管領細川満元をはじめとする鑑賞眼の高い観客の存在、⑦近江猿楽犬王や田楽新座の増阿弥など他座の役者の至芸、⑧補巌寺の竹窓智巌、岐陽方秀らに参学して習得した禅の教えと禅的教養、などである。このような好条件・好環境を背景として、「花の御所」が象徴する北山文化という花園に、最初の演劇論は開花したのである。

世阿弥が生涯にわたって著述した芸論の中心課題は「花」であった。能の魅力や感動の根源を比喩的に表現したのが「花」であるが、その花をいかにして咲かせるか、いかなる花を志向すべきか、花を体得するためにはどうすべきかなど、すべての伝書は、この課題に向けて執筆されたと言っても過言ではない。以下、「花は能の命」(『風姿花伝』第三問答条々)と主張する世阿弥の芸術論を、その出発点である『風姿花伝』を中心に、深まりを見せる『至花道』『花鏡』にも触れながら、花と幽玄と冷えたる美と禅の教え(特に岐陽方秀の「不二」思想)との関わりを中心に概観してみよう。

2 花とは何か——『風姿花伝』を読む

『花伝』七篇の構成

前に述べたように、『風姿花伝』第一年来稽古条々・第二物学条々・第三問答条々までが応永七年に成立した。当初の書名は『花伝』で、第四「神儀云」は第三までの諸篇の付篇であったらしく、それが奥義篇の成立後、第四の位置を占めた可能性が指摘されている。さらに奥義篇の後半が追加され、『花伝第六花修云』と『花伝第七別紙口伝』が加えられた。その後、応永二十年代の後半に世阿弥自身が改訂を行い、その際に「奥義」までの五篇の書名に「風姿」の語を冠して『風姿花伝』としたと考えられている(表章・加藤周一:一九七四)。本書もこの立場に立ち、第五までを「風姿花伝」とし第六と第七を独立させた。

また、問答条々と奥義の奥書に、本書は亡父観阿弥の教えを祖述したものとあるが、観阿弥の言説そのままではなく、世阿弥の体験を通して選択と解釈を加えた彼自身の芸術論とみるべきだろう。

年来稽古・物学・問答

冒頭に置かれた序は第一から第三までの三巻の序で、「それ申楽延年の事わざ、その源を尋ぬるに」と人々の寿命を延ばす風雅で優美な猿楽の源流を説き起こし、この芸に携わる者は本業以外の芸道をしてはいけない。ただし歌道は能を美しく表現する手立てなので大いに嗜むがよい。「好色・博奕《ばくえき》・大酒。三重戒、これ古人（観阿弥）の掟なり。稽古は強かれ、情識はなかれ」（稽古修業は徹底的に、慢心による狭量な諍《いさか》い心はあってはならない）と禁戒する。

第一年来稽古条々は、役者の年齢を、七歳・十二三より・十七八より・二十四五・三十四五・五十有余に分け、各時代にふさわしい稽古指導の方針を明らかにする。「童形《とうぎやう》（稚児姿）なれば、何としたるも幽玄な（ここは愛らしいの意）」十二、三よりと「二期の芸能の定まる初め」である二十四五で「時分の花（現象の花）」と「まことの花（本質の花）」について言及する。

第二物学条々は、習道楷梯のなかでも能の骨格をなす「物まね」（扮役と演技）のあり方を、女・老人・直面《ひためん》（面を掛けない）・物狂・法師・修羅・神・鬼・唐事《からごと》の九体に分けて説き、その「本意」（あるべき姿）を写すことを強調する。なかでも「ことさら大和の物なり。一大事なり」という鬼は大和猿楽の伝統であり、看板芸であるが、本意が強く恐ろしい鬼は難しい。なぜなら「恐ろしき心と面白きとは黒白の違い」があるからだ。いかにして鬼を面白く演じるか、世阿弥は「巌に花の咲かんがごとし」という課題を提示し、世阿弥自身の考えは『花伝第七別紙口伝』で述べている。

第三問答条々は、演能に際しての注意を与え、序破急の配当、「花」が能の命、花を咲かす工夫、勝負の立合の手立て、幽玄の位と長《たけ》たる位、所作と言葉、批評、「花は心、種はわざ」などを、問答体で説く。問答体の叙述法は普遍的な説明形式で、多くの歌論のように、たんに問いと答えを連続して進めるものや、良基の連歌論書『筑波問答』（応永五年。良基五十三歳）などのように連歌の初心者の問いに老翁が答えるという対話の設定もある。序で訓戒した「稽古は強かれ、情識はなかれ」についても詳説しているが、これについても項を改めて詳しく述べる。

三篇のなかでは概して素朴な仕立ての論にとどまっている第二物学条々が、序と跋を備える形態的特徴といい、「物まねを本とする」大和猿楽の伝統とも一致し、最も早い著作かもしれない。

第四神儀篇は、能の源流から現在に至る歴史を述べる。世阿弥は「遊楽《ゆうがく》の道は一切ものまねなりといへども、申楽は神楽なれば」（『申楽談儀』序）と強調し、遊楽としての能の呼称「猿楽」の文字を避け「申楽」の文字を用いるが、第三条で、能の源流「神楽」の「神」の字の扁《ヘン》を除けて旁《ツクリ》を残し「申楽」としたと記す。宮本圭造によれば、「申楽」の文字の解釈がかなり巧妙で、第一条に『古事記』『日本書紀』の文辞の投影が、第二条に『賢愚因縁経《けんぐいんねんきょう》』の記事の脚色がみられ、第四条の記事の一部が平安中期の漢詩文集『本朝文粋《ほんちょうもんずい》』所収「弁散楽」に拠るとみられることから、学識ある人物がまとめた猿楽起源説に世阿弥が少々加筆したのではないかと推考される。神道家の吉田兼熙《かねひろ》（応永九年歿）が二条良基の仲介により『申楽翁大事日本紀』を世阿弥に相伝したという伝承があり、書名に当時必ずしも一般的な表記ではなかった「申楽」を用いている点が、神儀篇の「申楽」表記説との繋がりを暗示しているようである（宮本圭造：二〇二〇）。

寿福増長、衆人愛敬

『奥義』は、実際には「風姿花伝」とも「第五」とも題しておらず、第三までに第四を付載した書の別巻的存在らしい。花が能の命であることを、その花の体得のためには近江猿楽や田楽にもわたる幅広い芸風の獲得が肝要と力説し、「衆人愛敬《しゅにんあいぎょう》」（大勢の人々に愛好され、喜ばれること）こそ「寿福増長」（長寿と幸福が増大する）の根源であると説き明かし、その工夫・公案（公案は禅の師家が仏理を思案させるため弟子に与える課題のこと。世阿弥はそれを工夫・思案の意に転用した）を展開する。冒頭より危機意識の横溢した文章で、『花伝』七篇のなかでも緊張感が感じられる一篇である。この背景に、近江猿楽の人気の高さや田楽新座増阿弥などの好敵手の活躍によって劣勢に立たされた危機意識がうかがわれ、その対策に心を砕く世阿弥の姿が看て取れる。観世本だけにある奥書に従えば応永九年（一四〇二）の成立であるが、表章によれば、この観世本だけにある奥書は後人の改竄捏造であり、『花伝』はそれまでに成立していた諸篇に奥書を加え『風姿花伝』として完結し、その時期を義満の没した応永十五年以後と推定している〔表章・加藤周一：一九七四〕。もっと遅い成立と推測とする説もある〔竹本幹夫：二〇〇九〕。

『花伝第六花修』は作能論を中心に作品論・演技論・演者論（ことに棟梁の為手）を展開する。「風体を色取り給ふべきなり」などといった近親者に対する親しみのある言い回しと、独立性の強い内容から、弟四郎への相伝と推測されている。

世阿弥の作劇論を知る好著で、のちに『三道』に体系化されていく。世阿弥が「能の本を書く事、この道の命なり」と力説した作劇論と実際の作品については、第八章と第九章で詳しく述べよう。

住する所なきを、まづ花と知るべし

『花伝第七別紙口伝』は、第三問答条々までと密接につながり、これら四書が『花伝』の本体とみなされている。「勝負の口伝」といい、また「花の口伝」と呼べるほどに、他座との競争に打ち勝つための秘伝（「咲く花の理」）を詳述する。「花を知る事」「似せぬ位あるべし」「能に十体（すべての演目）を得るべき事」「初心を忘るべからず」「秘すれば花」「因果の花」「幽玄の物まねに強き理を忘るべからず」「年々去来の花」「花と面白きとめづらしき」を同じ心とする三位一体の原理、「用足るための花」など花の種々相に論及する。世阿弥は冒頭で万事を「花」に譬えた理由をよくよく分別すべしと、「花を知る事」の大切さを詳述する。「そもそも、花

といふに、万木千草において、四季折節に咲くものなれば、その時を得てめづらしきゆゑに、もてあそぶなり。中楽も、人の心にめづらしきと知る所、すなはち面白き心なり。花と面白きとめづらしきと、これ三つは同じ心なり。いづれの花か散らで残るべき。散るゆゑによりて、咲く頃ころあれば、めづらしきなり」と述べる。「花」とは、役者および役者の演技演奏が観客の感動を呼び起こした状態である。観客を魅了し驚喜させたとき「花」が咲く。四季それぞれに咲き匂う花は美しい。その美しさが「花」の比喩であり、感覚的・官能的な華麗な情趣をうまくとらえている。美声・美貌・若々しい肢体・柔和な動きにも「花」は咲こう。しかし、これらは年齢とともに失せる「時分の花」（現象の花）だ。

花は散るゆえにいっそう愛惜され、散るからこそ再び咲く。このように生滅し変化するさまを「珍しさ」の根拠とみた。変化し移ろうゆえに新鮮な感動を与える。変化を生み出すにはあらゆる芸風（「十体」）を身につけ、さらに幼少時の様子、初心のころの芸、盛りのころの振舞、年老いての芸風といった、それぞれの年齢に自然に身につく芸風（「年々去来の花」）を一身に備えて演じ分けることが肝要なのである。つまり「花」は多様性の比喩でもあった。そのためにはおのれの「位」を知り、その能にふさわしい演じ方をすること、つまり「能を知る」ことが大切だと強調する。

花が咲くかどうかは、季節・晴雨・寒暖などの自然条件も関係しよう。舞台の広狭、観客の身分や多寡も問題となろう。社会情勢や時代思潮や流行が観客に与える影響も無視できない。芸の家を継ぐ堪能の為手には、身につけた「わざ」（物数・演目）を時と所に応じて適切に選択し、観客の心理をじゅうぶんに考慮して（「秘する花の口伝」）、新鮮な感動の世界を発現させる力量が問われるのである。

世阿弥は、「わざ」を克服し、技術の練磨と工夫の徹底によって役者は「心のままに」生涯咲き続ける花を追求し、これを「まことの花」（本質の花）と呼んだ。工夫の花と言いかえてもよい。一座の寿福（繁栄）は衆人の愛敬を得ることにつきるが、そのためには花の咲く原理を知らなくてはならない。その結論が、「花は心、種はわざ」の名言であり、「花と面白さとめずらしさは同じもの」という三位一体説である。「めずらしさ」は芸能の成功の重要な鍵であり、観客の感動を引き起こした状態、すなわち「花」が咲いた状態は、珍しさを契機として生まれる。新鮮な感動こそ大切なのである。「花」とは芸の新鮮さ、新鮮な感動である。

続けて「能も、住する所なきを、まづ花と知るべし。住せずして、余の風体に移れば、めづらしきなり」と強調し、「住せぬ精神」の大切さを主張する。「住する所なき」とは『金剛経』にいう、「応無所住而其心（まさに住する所無くして、その心を生ずべし）」を言い、禅で重んじた句で、当時、広く知られていたらしい〔香西精：一九七〇〕。

「住する」とは同じ所に停滞し、同じ演技の繰り返しで、変化しないことである。マンネリズムに陥らぬよう、新鮮さを保ち、そのための物数（演目）の必要を説き、「めづらしき感」を心得るのが花を知ることであると強調しているのである。

巌に花の咲かんがごとし

世阿弥は『風姿花伝』第二物学条々の鬼の段で、鬼を大和猿楽の伝統であり看板芸であると言い、強く恐ろしい「鬼」の演技の難しさについて述べ、「ただ鬼の面白からんたしなみ、巌《いわお》に花の咲かんがごとし」という比喩を提示しただけであったが、その答えを『花伝第七別紙口伝』で次のように詳述する。「巌に花が咲くようなものだ」とは、強く、恐ろしく、肝をつぶすほどに演じるのでなくては、少しも鬼らしくならない。そうした鬼の性質を巌に譬えた。一方、その上に咲く花とは、鬼以外の演目を残すことなく演じ、「あの役者は幽玄無上の上手だ」と思いこんでいるところへ、意外にも鬼能を演じると、非常に、珍しく感じられる。それが花になるという。だから、鬼能だけを演じるような役者は、巌ばかりで、花はあるはずがない。物まねを極めた「幽玄至極の上手」が、観客の意表をついて、たまに見せる鬼の物まねが「巌に花の咲く」ような珍しさを生む、という実に実用的な答えである。

鬼以外のレパートリーも幅広く持っている芸域の広さと、役者の力量が必要なのである。なお、世阿弥は晩年に鬼神の能《野守》を書いている。晩年に鬼能に対する考え方が変わったか。このことも含め、世阿弥の鬼能については第九章で述べることにする。

因果の理

だが、それだけの力量をもってしても能が成就せず、「立合勝負」（競演）にも負ける時がある。それは名将の軍略をもってしてもどうしても勝てない戦いと似ている。技法を錬成し、感覚を磨き上げ、観客・心理を追求する、そうした努力をもってしても動かしえぬ「因」が成功なり失敗なりの「果」を生む。これを世阿弥は、人間の力を超えた「男時《おどき》・女時《めどき》」（運のよい時と悪い時）といい、「力なき因果」と呼んだ。人力ではいかんともしがたい廻り合わせである。この不可抗力な理法を知悉《ちしつ》することこそ道の極意だという。

兵法の道に「勝負神といって勝利の神と敗北の神とがあるというが、能でも、敵に勝利の神がついている時はおそれ慎むがよい」と述べる。一見、消極的に思われがちであるが、決してそうではない。勝つ神と負くる神の二神の周期的な行動の軌跡、つまり因果の動きを冷静に観察してその周期を感得し、すなおに応ぜよと言っている。伊海孝充の言葉を借りると、「自分たちの競争相手の「男時・女時」をよく計り、演能の場に流れる空気の変化を読むことが、能の成功に必須と考えていた」のである（伊海孝充・西野春雄：二〇一三）。

『花伝第七別紙口伝』では「因果の花を知る事、極めなるべし」と言う。「一切みな因果なり。初心（二十四五の未熟な初心時代）よりの芸能（自身の演目）の数々は因なり。能を極め、名を得る事は果なり。しかれば、稽古する所の因おろそかなれば（稽古という因がいい加減であれば）、果を果たす（果を成し遂げる）事も難し。これをよくよく知るべし」と述べ、続けて「また時分にも恐るべし（また時の運に対しても懼れ慎まなければならない）。去年《こぞ》盛りあらば、今年は花なかるべき事を知るべし」と強調する。前年に芸の花を咲かせて人気を博したら、今年は芸の花が咲かず、人気も落ちるかもしれないことを認識すべしと注意する。競争相手や観客や演能の場のみならず、能役者の生涯も因果の理《ことわり》にゆだねられている。

稽古は強かれ、情識はなかれ

世阿弥は『風姿花伝』冒頭の序で「稽古は強かれ、情識はなかれ」と力説した。稽古は徹底的に、しっかり行い、慢心による我執や凝り固まった心をもってはいけないという意味である。世阿弥の言う「稽古」は、前にも触れたように、たんに自分の技を磨く日常の鍛錬（trainingやexercise）だけを指すのではなく、実際に舞台に立ち、謡い、舞い、演じて、己の身体と向き合い、研究する（study）時間も含まれている。その稽古を「強かれ」と注意しているのは、日常から芸と向き合う真摯な態度を要求しているからである。技が上達していくと、往々にして慢心し、己の考えに凝り固まってしまいがちだ。そのような事態にならないため忠告が「情識はなかれ」

なのである。

この「情識」は、もともと禅用語で、凝り固まった頑なな心のことであるが、禅の言葉と言えば、世阿弥は第一年来稽古条々の二十四五で「公案して思ふべし」と述べ、工夫を意味する禅林語（禅宗で用いられる言葉）の「公案」を動詞化して「工夫する」意味に用いるなど、以後、生涯にわたり禅語の使用が多くなる。晩年、禅宗の曹洞宗に帰依したことは第四章で触れた。伝書には多くの禅林語が使われ、「情識」もその一つなのであるが、耳学問として学んでいたらしく、原義から離れて独自の使い方をしているようである。

それは現存する『風姿花伝』の伝本の中に「諍識」を宛てる写本があり、世阿弥自身この言葉をその文字どおりに「諍《あらそ》う」の意味で理解していたと考えられるからである。『申楽談義』で世阿弥が演技について言及している霊験能《守屋》（廃絶曲）の結末近くに「さしもに猛《たけ》き守屋が強力《がうりき》、さも弱々と老木《おいき》の柳の、緑の梢も朽ち、榎木《えのき》の、諍識《じょうしき》も尽き果て、我慢《がまん》も倒れて、櫓《やぐら》より落つるを」とあり、「諍識」も「我慢（驕り・慢心の意）」も馴染みの言葉だったろう。このように、世阿弥は「情識」を、「かたくなな心」「凝り固まった心」としての意味だけではなく、「他と争う心」といった意味も重ねて使っていたとも推測されている（表章：二〇〇二）。

伊海孝充が指摘するように、世阿弥が禅林語「情識」に「諍識」の意味を重ねたのは突飛な考えではなかった。世阿弥の言う「情識」は、心に自然発生的に生じる奢《おご》りではなく、自分と他者とを比較し、優越感に浸った場合に生じる奢りである。兼好法師も自分の優れていることを誇り、他人と争う心を「慢心《まんじん》」と呼んでいるごとく、「情識」と「諍識」とはもともと近い意味を含んでいる。伊海孝充が言うように、世阿弥が「ジョウシキ」という言葉に「諍識」の意味を強く意識したのは、世阿弥の芸が、自分自身の思索にふける行為ではなく、常に他者を意識せざるをえないものだったからであろう。能は、観客に享受されることで成り立ち、その芸を競うライバルたちに囲まれていた。世阿弥にとって、己の芸を磨くことと他者と競うこととのバランスが重要な課題であったからこそ、『風姿花伝』の序に記したのであろう〔伊海孝充・西野春雄：二〇〇三〕。

この「稽古は強かれ、情識はなかれ」をはじめ、世阿弥は、「秘すれば花」「心より心に伝ふる花」「花は心、種はわざ」「上手は下手の手本、下手は上手の手本」「命には果てあり、能には果てあるべからず」「初心忘るべからず」など、語調も心地よく、心に響く言葉を多く残している。

さて、これまで述べてきた「花」の理論を要約して図示し、ひとまず『花伝』時代の論のまとめとしよう（次頁参照）。

この図について付言すれば、世阿弥は『花伝第七別紙口伝』の終わり近くで次のように結論する。「されば、この道を究め終はりて見れば、花とて別にはなきものなり。奥義を極めて、よろづにめづらしき理《ことわり》を我れと知るならでは、花はあるべからず」と断言し、次のように結論する。

ある経文に、「善と悪は二つのものではない。邪と正も高い立場から見れば同じものだ」とある。そのとおりで、本質的によいものだとか悪いものだとかいうことは、何を基準に定め得ようか。本来から善悪の差があるのではなく、要するに、その時々で役に立つのをよきものとし、役に立たないものを悪いものとするのである。能の芸の数々も、今の世の観客や場所によって、その時々の多種多様な好みに応じて適切な風体を選び出して演じるのは、役に立つ——観客の賞翫《しょうかん》にこたえる——ために持ち出す花と言えよう。しかるに、この所でこの風体を喜ぶかと思うと別の所では別の風体をもてはやす。つまり「人々心々《にんにんこころごころ》の花」で、人それぞれの心で花が異なるわけだが、そのいずれもが花であり、どれが真実の花であるなどと差別はできない。ただただ、その時々に人々に賞讃され、役に立つのが花であると心得るがよい。

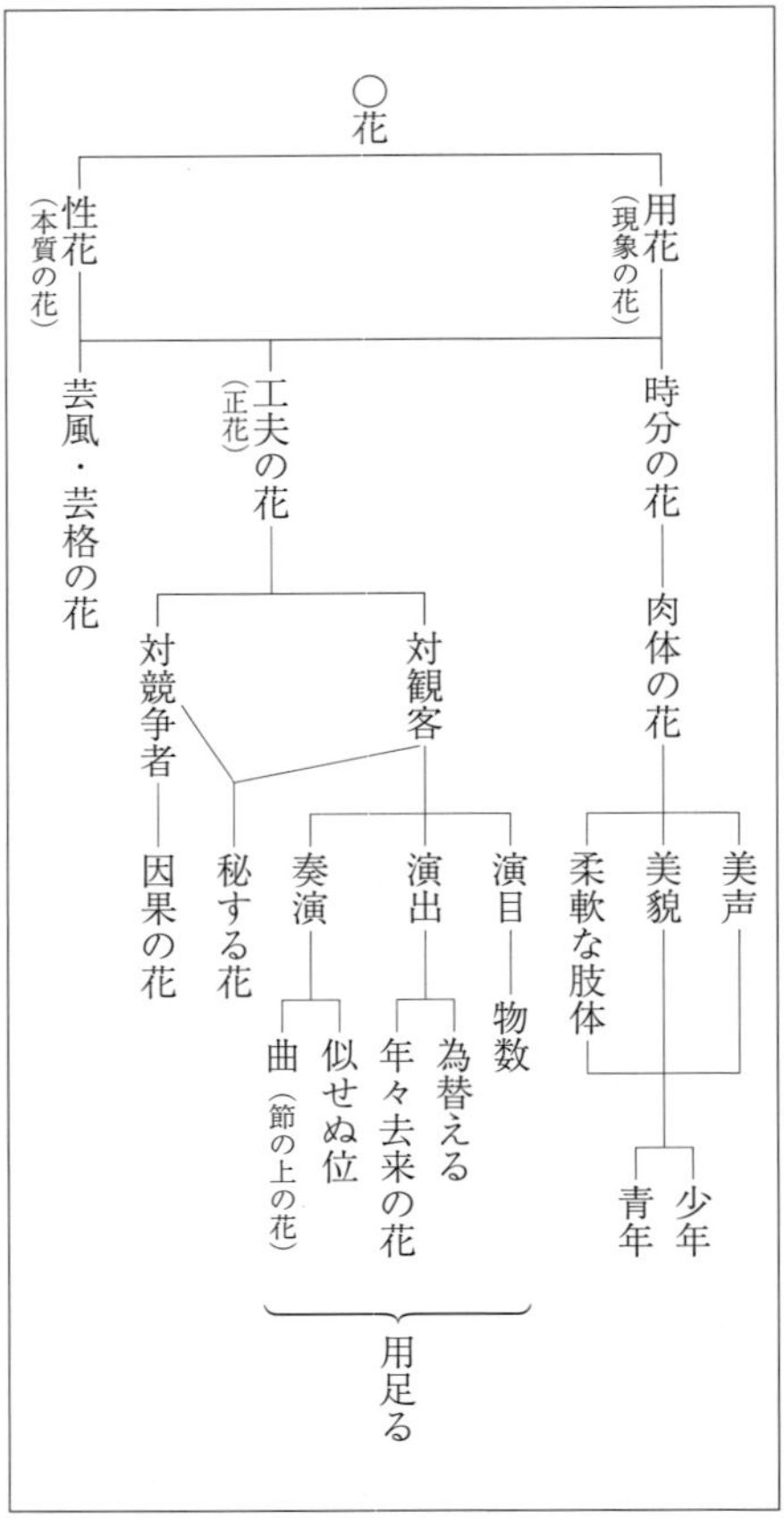

花の理（ことわり）

悟得の境地から見れば、善も悪も差別なく、邪も正も一つである。このように人々心々の花があり、「時に用ゆる」のが花であると世阿弥は結論した。そのためにはその時のもっとも普遍的な好み、まさに「時の花」をとらえればよい。そして観阿弥や世阿弥が名人と仰がれた古今の能役者の芸風と支持者の好みなどから経験的にとらえ、最も効果的な花として尊重したのが「幽玄」の風趣であった。「童形《とうぎょう》なれば何としたるも幽玄なり」（『風姿花伝』第一年来稽古条々）、「何と見るも、花やかなる為手、これ幽玄なり」（『風姿花伝』第三問答条々）とあるように、『花伝』時代の幽玄は当時の稚児賞翫の風そのままに少年の可憐さや貴族女性の優美さを典型とする花やかな美しさであった。柔和なる身体、薄化粧をし、児眉《ちごまゆ》を描いた優美な面貌と美麗な童装束、これが児姿である。後掲の『至花道』時代の『二曲三体人形図』の童舞（児姿幽風）そのものである。「優艶」な姿が「幽玄」なのである。二条良基の連歌論書『筑波問答』にも、「かまへてかまへて好きの人々は、まづ幽玄の境に入りて後、ともかくもし給ふべき也」とある。

これは当時の標準的な幽玄であり、感覚的・官能的でさえある。『花伝』七篇を通じて世阿弥は、幽玄を強調しているが、そのあり方、現象を述べるだけで本質はとりたてて触れることはしない。どのように演じおおせるかが問題であったのだ。

姿も演技も幽玄を目標とした。それゆえ和歌や王朝のみやびの世界に取材して幽玄な役柄を主人公とする、そういった作品曲柄を作ることが根本問題となる。詞章も歌語を駆使し語句の持つ響きや情調が多響的に織りなす流麗な世界を追求した。試みに「幽玄」の語を世阿弥伝書から拾うと、約百十個所に及び、これに「幽風」「幽曲」などの複合表現を加えると、もっと数は増してくる。「幽玄」の本質への言及は、『花鏡』の「幽玄の堺へ入る事」が詳しく、これに続く『至花道』時代にその深まりと発展が認められ、これは将軍義持の鑑賞眼の高さと照応する。

まさに「人々心々の花」である。その時のあらゆる好尚に応じて舞台に出し、観客の要求を満たし、ただその時に賞讃されるものが花なのである。右の「花の理」の最下段に「用足る」とした意図も、そこにある。

なお、最近刊行された重田みち『風姿花伝研究』（臨川書店、二〇二四）は、世阿弥自身による『風姿花伝』の本文の書き換えの解明に努めた労作で、芸論の変化に論及している。今後の研究に注目したい。

3 「無」の発見と習道論の展開——『花鏡』『至花道』時代

離見の見

このように、『花伝』で能の命としてその本質が究明された「花」であるが、それは実際の舞台においてはどのように実現されるものなのだろうか。ここでは『花伝』に続く『花鏡』『至花道』の時代の著述を中心に、世阿弥の思索の展開を読み解いていこう。

『花伝』を乗りこえようとした世阿弥が最初にまとめた伝書は『花習』であるが、これはほぼ伝存せず、今日までは『花習』を増補したものと考えられる『花鏡』が伝わっている。『花鏡』は習道論・能楽美論・芸風論を主体とした質の高い総合的な著述であるが、『花伝』にひき続いて二十年間にわたって断続しつつ数回の増補改訂を加えて書き改められたものと推測されている（表章・加藤周一：一九七四〉。

どの条も興味深い論が展開されており、『花伝』からの弛みない研鑽と思索の深まりを看て取ることができる。たとえば、『花伝』においてすでに世阿弥は観客の好尚に応えることを重視していたが、それを実践するためには自らの芸を客観的に見る必要がある。そのための心得として世阿弥は「離見の見」を説く。

それは、『花鏡』の「舞ハ声ヲ根ト為ス」すなわち舞は音声を根本とすという条で、舞に「目前心後」という極めて重大な心得があると強調し、「目は前につけ、心は後に置け」という意味だと説明する。そして、次のように詳述する。

観客側から見る演者の舞い姿は、演者自身の目を離れたよそからの見方である。それに対し、演者自身の目で見る自己の姿は、主観的な我見であって、客観的な離見による見方ではない。離見という客観的な見方で見るという事は、すなわち観客と同じ心で見る事であり、そうすれば自分の舞い姿を見極めることができる。自己の姿を見極め得れば、自分の舞い姿の左右前後をすっかり見ることになるわけだ。しかし、厳密に言えば、見所同心の見《けん》で見るだけでは、前方や左右までは見られるが、自己の後ろ姿だけはまだ見極め得ないことになろうか。後ろ姿を見極められなければ、舞い姿に俗な所があっても自覚できないことになる。

従って、主観を離れた客観的な離見の見方によって、観客と同じ眼で自己の姿を見、さらに肉眼では見ることのできないところまで心眼で見極めて、五体のすべてが調和した優美な舞い姿を保たねばならぬ。これがすなわち、「心を後ろに置く」ということなのだ。（新編日本古典文学全集『連歌論 能楽論 俳論』「花鏡」表章訳、小学館、二〇〇一）

他人のまなざしを我がものとして自分の姿を見る技術を体得し、「眼《まなこ》、眼を見ず」（肉眼は肉眼自身を見ることはできない）という箴言を肝に銘じ、心眼を開いて前後左右をくまなく見届ける工夫をこらすべきである、と強調しているのである。

「離見」は、自分の眼で主観的にとらえる見方の「我見」と対比される。演者自身の内にあるものでありながら、意識的に「見」を離すことで成立する。役者自身が「離見の見」を獲得し、自身の姿を客観的に見るために、観客と同じ心（「見所同心」）を持つようにすべきなのである。そうすることで、眼の届く前と左右だけでなく、後ろからも自分の舞姿を見ることができる。観客と同じところに視点を置くこと（そうした意識を持つこと）で、自分自身から距離をとり、客観的な視座を手に入れるのである。しかし、世阿弥は「見所同心」の見方を手に入れても、自己の後ろ姿だけは見極められないのではないかと疑問を呈し、「離見の見」で見るだけではなく、さらに肉眼でとらえることのできない姿を「心の眼」でとらえることが必要であると説く。

ここで重要になるのが、「目は前に向け、心を後ろに置け」という意味の「目前心後《もくぜんしんご》」という言葉である。この「心を後ろに置く」ことを意識することによって、「離見の見」の見方では及ばない、後ろをカバーできる、ということを最後に強調しているのである。

禅的発想、無の論理

応永二十年代、花やかな美を超えた「冷えたる芸風」が義持に愛された田楽の増阿弥の進出は、世阿弥に義満時代の芸風に安住することを許さなかった。さらに道を求めてやまぬ世阿弥の姿勢と思索の深まりが、禅的発想を呼びこんだ。「無の論理」の発見がそれである。香西精の言葉を借りると「意識の世界で解決できない体験の事実を、芸論に組織するために、禅は適切な思惟の型を貸してくれた。それは無の論理である。彼の芸論が、有心の芸論から、有心・無心をつつんだ高次の芸論に飛躍したのである」〔香西精：一九七二〕。

たとえば、音曲上の芸位について論じた『風曲集』で、「文《あや》があって聞き所の多い有文《うもん》音感を超越した段階に位置する無文《むもん》音感、すなわち格別に文《あや》はないようでいながら無限の面白さが感じられる最高の音曲的感動こそ、有文音感をも包摂する至高の芸境である」といい、「有文音感は、有無を超越した高級の無の境地を体得するまでには到っていない境地である」という。ここでいう「有文」とは面白い曲を連ね、句を美しく彩った表現をさし、「無文」とは曲のあやもなく、ただどことなく美しく豊かな表現をさす。このことについて、観世寿夫は「演戯者からみた世阿弥の習道論」の説明で、「ほんとうの「無文」は、あらゆる面白さ、つまり「有文」をことごとくきわめたうえで、無になりかえった「無文」であり、それゆえ「無文」の中には「有文」も同時に含められているのだと述べている。したがってこれは、技術を超えた心の演戯ともいうべきもので、いわば演者の人生体験から生まれる人間性の深まりとあいまってはじめて可能なことかとも考えられる」と述べている〔観世寿夫：一九六九〕。

これは音曲ばかりでなく、能においても、「心《しん》より出で来《く》る能」を「冷えたる能」とも、また「無心の能」「無文の能」とも呼び、最高の能としていることと通底する（『花鏡』批判之事）。このような「無の発見」に義持時代以降の芸術論は集約できる。さらに禅宗への深い帰依と、能役者として自覚を持ち稽古修業に励む子供たちの成長も、伝書の執筆意欲を促したことであろう。

義持時代を代表する『至花道』の跋文において、世阿弥は「花を摘める幽曲ならずば、上方様の御意にかなふ事あるべからず」と記している。「花を摘める幽曲」とは主として舞歌二曲を根底とする歌舞幽玄をさす。この舞歌の重視が、習道体系の確立をうながし、一方に音曲論の執筆へと向かわせた。ここでは習道論について取り上げてみよう（なお、音曲論についてはここでは深く踏み込まないが、世阿弥が「能の本」を「うたひの本」ともいうように、能に占める音曲の重要性を思うとき、『花伝』時代はあまりにも音曲論が少なすぎた。この時代以後、『風曲集』『曲付次第』『五音曲条々』『五音』などの音曲について論じた伝書が生まれている）。

その者（名手）になるためには　『花鏡』の知習道之事（習道を知る事）において、世阿弥は上手と呼ばれる芸位に到達し、師匠として、印可を与えられる境地の「その物」（名手）になるべき要件として、「下地」（素質・才能）と「好き」（芸が好きで、能の道に没入し精進する心）と「師」（この道を正しく指導する良き師）の三つを挙げる。すなわち、

①「下地のかなふべき器量」（大成することが可能なよい素質）

②「心に好きありて、此道に一行三昧になるべき心」（心の底からこの道が好きで、よそには目もくれず修行三昧になる気構え）

③「此道を教ふべき師」（この道を教え導くよき師）

である。この三条件が揃わなくては、名手にはなれないという。「下地」と「好き」の必要性は歌道でも同じであるが、それに「師」を加えたところに「嗣資相承《ししそうしょう》」（師匠から受け継ぐこと）を重視する禅の影響が見られる。佳き師に逢えることができるかが鍵であり、如何に大切か。子供たちにとって、世阿弥ほど優れた師匠はいなかったろう。

花に至る道

「よい素質」があり「修業三昧になる気構え」をもった有望な若者がいたとしても、修業の課程が正しくないと邪道におちこむ危険性がある。実際にそういう例もあったかもしれない。惜しくも才能を朽ちさせた不幸な若者もいただろう。世阿弥はその体験と思索の中から独特な習道体系を確立した。それが『至花道』であり、まさに「花に至る道」の要諦を徹底して説いている。

すなわち、物まねのあり方を年来稽古の立場において整理し、習道体系を確立した「二曲三体の事」、師匠を習い似せるだけの無主風《むしゅふう》を脱し、芸術に自己の生命を宿した有主風《うしゅふう》に至るべきことを説く「無主風の事」、上手が闌《た》けたる位に到達して見せる、非を是《ぜ》に化かす奇妙の異風、およびそれを初心の者がまねてはならぬと戒める「闌位《らんい》の事」、書道における皮《ひ》・肉《にく》・骨《こつ》の筆体・書風を芸能にあてはめ、下地（骨）と舞歌の達風（肉）と姿の幽玄（皮）の三つを具備した為手たるべきことを説く「皮肉骨の事」に進む。続いて、花と匂い、月と影（光）を譬えに、能における体《たい》（基本となる芸）と用《ゆう》（風情やかかり）の関係を説き、用を似せる稽古を戒める「体用の事」の五カ条、および前述した近年の観客（将軍義持を頂点とする武家貴族）の鑑賞眼の鋭くなったことを警告した跋文から成る。

舞歌と演技、二曲三体論

『至花道』の論述はいずれも高度な芸論であるが、全体を貫くのは、「舞歌幽玄」を基礎に置き、舞歌の二曲から老体・女体・軍体の三体へ移るべきことを強調する二曲三体の稽古の体系であろう。これは習道論に物まね論を統合させたものである。『花伝』時代の物まね論では、九つの類型が並列されていただけであるが、『至花道』では基本の三体に集約し、その他の諸体（放下《ほうか》・砕動風《さいどうふう》・力動風《りきどうふう》・天女舞）をその用風《ゆうふう》（応用風）として体系づけている。しかも、少年時代はまず舞と歌に徹底し、そのあと老体、次に女体、次に軍体へと移り、軍体より派生した放下（物狂）・砕動風鬼（心は人であるが形が鬼）へと芸域を拡大していくのであるが、世阿弥は、鬼能は砕動風までは許容するけれども、力動風鬼（心も形も鬼）だけは最も粗暴専一な風体として、原則的に許さなかった。これは幽玄美尊重の結果であるが、鬼能（力動風）に対するかたくなな世阿弥の態度には、《砧》《恋重荷》《錦木》《玉水》《雲林院》（後述するが、現行同名曲とは別曲で、世阿弥本が伝わる）、古作の田楽能を改作した《舟橋》など砕動風の鬼能に傑作を残した世阿弥の自信と、新しい風雅な鬼能とも言える修羅能を創始した自負も作用しているだろう。と同時に、小男であったという肉体的条件も考慮すべきかもしれない。たおやかな女能には似合うものの、どっしりした鬼能は似合っているとは言えない。

この二曲三体論を絵図で示したのが『二曲三体人形図』で、世阿弥時代の能の姿を視覚的に示す唯一の資料である。「児姿《こし》遊舞　二曲之本風」（童舞）「老体・老舞　三体之初《はじめ》」「女体・女舞」「軍体」「砕動鬼」「力動風鬼」「天女」「砕動之足踏《ソクトウ》」の順に説明しているが、冒頭の二曲とは歌と舞で、能の

老　舞

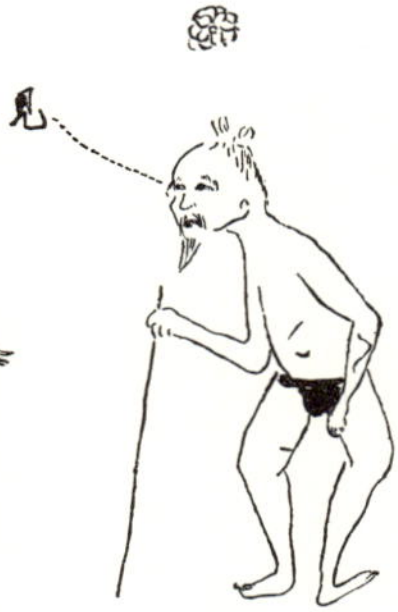

老　体

童　舞

軍　体

女　舞

女　体

天女舞

力動風

砕動風

『二曲三体人形図』

基本であり基礎技術である。その「児姿遊舞」を「児姿幽風」とも「児姿玉得の花風」（『遊楽習道風見』）とも述べているように、児姿を幽玄の原点と見、ついで「女舞」に「幽玄嬋娟由懸出所《ゆうげんせんげんたるよしかかりのしゅっしょ》」と記し、優雅な女舞こそ幽玄美の精髄としている。人物の上に添えられた梅の花びらとその数は幽玄な風趣の度合を示しているが、「天女舞」だけは梅ではなく桜の花びらで、大和猿楽とは別系統の近江猿楽の芸風を暗示するらしい。世阿弥は『申楽談儀』で、犬王の天女舞を「飛鳥の風にしたがふごとく」と讃えている。花びらの数から見てももっとも幽玄美に富む舞姿で、こうした「天女の舞」の摂取からも、世阿弥の幽玄美への憧憬を見ることができる。

初心忘るべからず

ところで、世阿弥の言葉の中でも最もよく知られているのが『花鏡』の「初心忘るべからず」であろう。現代では「物事を始めたときの気持を忘れるな」という意味で使われ、「初心」とは初志・初念を表すことが多いが、世阿弥の「初心」は芸の未熟な状態をさす。早くに、『風姿花伝』第一年来稽古条々の「二十四五」の項で、「初心と申すはこの頃のことなり」と言い、大人として歩み始めた青年役者、もしくはその者の芸のことをさし、もうすでに芸の道に入って修業を積んでいる段階での未熟さのことを「初心」と言っている。

さらに『花鏡』では、その意味を広げ、「初心忘るべからず」に続けて、「是非の初心忘るべからず」、「時々《じじ》の初心忘るべからず」、「老後の初心忘るべからず」の三カ条を記している。一条目は従来の考えの強調であるが、二条目の「時々の初心」について、世阿弥は次のように説明している。

初心の年齢から年盛りを経て、老後に至るまで、年代ごとに取得してきた芸が、「時々の初心」である。その時々に修得した芸を、その年代限りで忘れてしまい、修得しては捨てることを繰り返していては、今の年齢で修得した芸しか持たないことになってしまう。一方、それまでに修得した芸を忘れず持っていれば、その芸はあらゆる演技に行きわたり、能数（レパートリー）は尽きることはないだろう。このような「時々の初心」を忘れてはいけないということである。

約言すれば、「初心」は芸能者として未熟な年齢の者だけにあるのではなく、各年齢にふさわしい芸を修得した者にもあり、幾度も積み重ねられるものなのである。それゆえ、世阿弥は老後にも「初心」があると述べている。『風姿花伝』を著したとき世阿弥は四十歳ぐらいであった。まだ若かったころは、第一年来稽古条々で、五十歳は「何もしないという以外は手立てがない」と述べていたが、六十歳に達していた『花鏡』では、高齢に至っても、困難を克服しようとすることも「初心」であると言い、老後にもすべきことがあると強調している。この「初心」は自身が「老後の初心」に至った年齢になって記した考えなのである。世阿弥は、老後に至ってもなおめざし得る芸を発見した。「初心」は、このように世阿弥の成長と一体の論なのである。

能役者が修める芸には終わりがないことを説く「命には終りあり、能には果てあるべからず」という言葉も、この章の中に見られる。「老後の初心」は老境に至っても向上心を失ってはならないという気概に満ちている。伊海孝充の言葉を借りれば、「一生涯積み重ねてきた「初心」を忘れないために稽古をつらぬくこと、そしてそれを子孫に伝えていくことが、世阿弥の「初心」論なのであり、一人の役者を一本の木にたとえるならば、初心は芽吹きではなく、その木が成長するに従って刻んできた年輪だといえる」〔伊海孝充・西野春雄：二〇一三〕のである。

ところで、この「初心忘るべからず」という言葉も、世阿弥が禅から影響を受けたものであることが近年の研究で明らかになった。「初心」自体は「連歌の初心講」などのように中世において珍しくはないが、「初心忘るべからず」という表現が当時の文献に見出し難い。しかし、この「初心忘るべからず」に近い表現が、重田みちによって、中国禅の法眼宗の僧である永明延寿《えいめいえんじゅ》（九〇四〜七五）の編集に係り、北宋の建隆元年（九六〇）に完成した『宗鏡録《すぎょうろく》』に見えることが明らかになったのである〔重田みち：一九九九〕。

同書は日本で注釈書も生まれたが、大部であるため、応永九年（一四〇二）、岐陽方秀が明の僧一庵にその大義作成を依頼したことが岐陽の『不二遺稿』所収の書簡控によって知られる。『宗鏡録』は五山版が開版された南北朝から室町初期にかけて、岐陽を含め、禅僧を中心とした識者の間で、しばしば話題に上った書であると想像されている。

幽玄美の体系的考察『九位』

『花伝』時代、観客を喜ばせる効果的な手段として、役柄・曲柄から出発した幽玄美の概念も、『花鏡』ではじめてその審美性を規定する。「幽玄の堺に入る事」の条で「ただ美しく柔和なる体、幽玄の本体なり」という説明がそれであり、当時の歌論でも同じ概念で用いられている。

だが、「住する所なき」思念は、「花よりもなほ上のこと」「闌《た》けたる幽玄」をめざす。「しほれたる」美しさ、「さびさびとしたる」「冷えたる」美を至高のものとする。舞歌の重視から謡や舞の技法に根ざす高次な幽玄美へと昇華され、さらにそれ自体が芸術的な価値として追求されて、芸風の幽玄・芸格の幽玄へと深まっていったのである。

その能の美としての幽玄を体系的に考察したのが『九位』である。能の芸位・芸境を上中下に分け、さらにそれを三つに分けて全部で九段階とし、芸位ごとにその名目とその境地を象徴する禅林の詩句を公案風に提示し、それに注釈を加えているものだ。その名目は次のとおりである。

[上三花]
妙花風《みょうかふう》　新羅《しんら》、夜半《やはん》、日頭《じっとう》明らかなり（新羅の国では深夜に太陽が明るく輝いている）
　＊言語を越えた、心で感得するほかない芸の妙所
寵深花風《ちょうしんかふう》　雪、千山《せんざん》を蓋《おほ》ひて、孤峰《こほう》、如何《いかん》が白からざる（雪が山々を蓋い尽くしている中で、一峰だけ白くならないのはなぜか）
　＊極めて深い花で尋常の芸境を越えてひとり自在に遊ぶ蘭けたる芸位
閑花風《かんかふう》　銀椀《ぎんわん》裏に雪を積む（銀製の椀の中に雪を盛る）
　＊表面的な芸の美しさ・おもしろさを洗い去った閑かな花。安き芸位
[中三位]
正花風《しょうかふう》　霞《かすみ》明らかに、日落ちて、万山紅《ばんさんくれない》なり（霞〈夕焼け〉は明るくたなびき、陽《ひ》は傾いて、見遙かす山々が紅に染まっている）
　＊正当な修業の結果「花」を咲かすことのできる状態の芸位
広精風《こうしょうふう》　語り尽くす、山雲海月《さんうんかいげつ》の心（樵夫《きこり》と漁夫が互いに山の雲、海上の月の趣を語り尽くす）
　＊できる限り様々の芸を習得すること、広く精しく身につける段階の芸位
浅文風《せんもんふう》　道の道たる、常の道にあらず（世間に普通「道」といわれているものは、万物生成の原理である恒

常不変の「道」ではない）
＊初心の人が、舞歌の二曲の修業に力を注いでいる状態の芸位

［下三位］

強細風《ごうさいふう》　金鎚《きんつい》、影動きて、宝剣、光寒《すさま》じ（金鎚の影動いて、宝剣の光が寒々と凄まじい）
＊強くこまやかな芸。たけだけしい役でもいちおう見られる芸位

強麁風《ごうそふう》　虎生まれて三日《さんにち》、牛を食《くら》ふ気あり（虎は生後三日にして、すでに牛を喰う気概を示す）
＊強くあらい芸で、鬼の役などをこなす程度

麁鉛風《そえんふう》　五木鼠《ごもくそ》（五つの技能を持った木鼠《むささび》）（木鼠は梧鼠《ごそ》の誤りで、むささび）
＊あらくなまった芸で、問題外

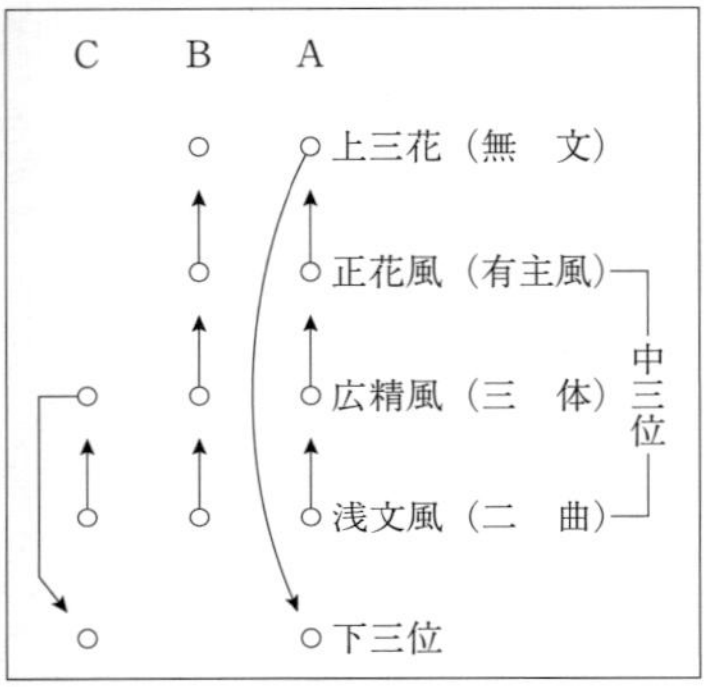

世阿弥による習道の順序
（観世寿夫による）

このうち理想の境地が「上三花」であるが、いずれも幽玄美の深まり、ないし有文・無文を止揚した高次の幽玄美として把握できる。

中初・上中・下後とは　ついで、「中初・上中・下後」という、つまり中三位から入って、上三花に到達した後に下三位に却来するという独特の習道論を展開する。上図のAは理想的なありかた、Bは正統な稽古の行きかた、Cは技術だけの演技に堕ちたことを示す〔観世寿夫：一九六九〕。この論は『花鏡』『至花道』『遊楽習道風見』などで

説いてきた習道論・能楽美論・芸位論の精髄を集約し、体系化した論であるが、ことに『至花道』の闌位説を含みこみ、禅の却来の思想とみごとに結びついた論である。

結論をいえば、「まさしく異相なる風（本風にはずれた演技）と見えながら、面白くて、是非・善悪もなからん位（批判を超越した境地）」（『遊楽習道風見』）、これこそ演技でも作能でも世阿弥の志向した世界であったろう。

「住する」ことを徹頭徹尾否定した世阿弥は、作能にその理念を表現した。晩年に本説（典拠）もないことを一曲の能に創り成す、いわゆる「作り能」に挑んでいるのもその一つだろう。主題・着想・戯曲構造・演出・節付など、いずれも類型を打ち破り独創性を出そうとした意図がくみとれる（「作り能」については第九章で詳述する）。ここから世阿弥の芸論は理論だけが先行したのではないことが理解される。観客を意識して創作した作品こそ世阿弥が公式に我々観客に答えた芸論の具体的な姿なのである。

この道を教え導く良き師

能の道に励む若き役者にとって、この道を教え導く良き師匠に出会うことができるか否かは大事な鍵である。このことを示してくれる一例が、世阿弥が娘婿の若き金春大夫氏信（禅竹）へ宛てた「五月十四日付、きやよりの書状」（宝山寺蔵）であろう。この手紙がいつごろの発信か分からないが、おそらく、世阿弥が氏信に『拾玉得花』を相伝した正長元年（一四二八）六月、世阿弥六十五歳、氏信二十四歳、の数年後と推量されている（表章・加藤周一：一九七四）。「春御方へまいる申させ給へきやより世阿」とある包紙は別の手紙のものらしく、「きや」は禅竹の妻（世阿弥の娘）の名と推定されている（宝山寺蔵貴重資料画像解説）。

世阿弥は、一座の大夫として能の主役を演じている氏信の成長を喜ぶとともに、自分が参禅した曹洞宗補巌寺の二世竹窓智巌の教えを引いて、なおいっそう精進すべきことを強調している。師匠としての世阿弥の姿がしのばれる手紙である。仮名交じりであるが、（　）に包んで漢字を宛て、濁点・句読点を付して紹介する。

おろかなる心よと見る心より／外にハなにの玉を見ましや

御状くハしく拝見仕候。北国へ御下向のよし／うけ給候。めでたく候。さりながら、遠く御くだり候へバ、／身のためたより（便）なくこそ候へ。兼又《かねてまた》、能の事／うけ給候。先日申候しごとく、して（為手）御も（持）ち候事ハ、／はや、と（疾）くよりいんか（印可）申て候。是よりうへハ御／心にて候べく候。三村殿あふみ（近江）にての御能／を一見申されて候。能が大《おほき》ニ御なり候よし申／され候。目きゝにていられ候間、うたがいあるまじく候／間、御心安く候。さりながら、千聞も一見にハ／しかず候間、御能を見申候て、落居をバ申／候べく候、はや〳〵御能ニあんど（安堵）の分ハ／んか申候。仏法にも、しうし（宗旨）のさんがく（参学）と／申ハ、とくほう（得法）以後のさんがくとこそ、／ふがん（補巌）寺二代ハおほせ候しか。さるほどニ、御能ハ／はやとくほうの見所《けんじょ》は、うたがいなく候。手の／事ハ、たゞ大ニ、たぶ〳〵と、二曲三躰の見聞／を御心ニ候べく候。なを〳〵いかにも〳〵／とくほうの後をね（練）りかへし〳〵、こう（功）を／つませ給候べく候。返ゝ、しうしの／さんがくを御心にゆだん（油断）なくも（持）たせ給／候べく候。万事御能を見申候て／申べく候。たんば（丹波）にての御能よりハ／大ニ御なり候よし、御心にもおぼえさせ給て候よし／うけ給候つる。又、三村殿も一見申されて候。／又、さる人の、かワち（河内）にてのくヮんじん（勧進）を見物／申されて候も、ほうび申され候。いかさま〳〵さ／うたがひなく、御能ハ大ニなりたるかと／おぼえ候。とくほうの事ハもとよりの御事／にて候間、かれこれ成じゅ（就）かとおぼえて候。／さりながら、千聞も一見にハしかず候べく候。／御能を見申候て、ぢゝやう（治定）の御返事申候／べく候。

恐々謹言

五月十四日　　世　阿（花押）

金春大夫殿返報

文意は、金春大夫が一座の大夫として、能のシテを勤めるほどに成長し、金春大夫の能を見物した三村殿から「能が大きくなった」ことを聞き、今は「印可」「得法」の芸位からさらに上位と思われる「成就」直前の芸境にあることを認めつつ、「千聞も一見に如かず」と綴る。伝聞でなく、この目で見た上で「落居」すなわち最終的判断をして、治定の（確定的な）返事をしようと伝えている。また、世阿弥が出家帰依した曹洞宗補巌寺二世の竹窓智巌の教えである「宗旨の参学は得法以後の参学である（正法を伝える師家たらんとする者の参学は、悟りを開いて印可を得た後の参学こそが重大だ。参学は禅の修行の意）」を引いて、なおいっそうの精進を期待している。「手の事」は氏信からの質問の一つで型や所作の事であろう。「二曲三体の見聞」とは舞歌二曲と老女軍三体の見・聞両面の基本的な演技をさす。

近江（近江猿楽の本拠であるが金春座も古くから縁があったらしい）や丹波（矢田座の本拠だった所）で演

能し、河内（後代まで金春座の活躍した所）で勧進能も勤めていることも分かる。世阿弥に氏信の評判を伝えた三村殿は、能の愛好者で鑑賞眼が高い武将細川満元などの被官層の一人と推測されている〔天野文雄：二〇〇九〕。

4　却来の思想

却来すること

世阿弥は最晩年に「却来の思想」に行き着いた。「却来」とは禅の言葉を転用し、「一度最高の芸位に達した者が、あえて低い芸位に立ち戻る」といった意味で用いている。高級な芸を見慣れた観客に対して、あえて「非風」（正統ではない芸、やってはいけない芸）をすると「めずらし」という感動につながる効用をもつ芸の位である。

高いレベルの芸だけで感動を誘うことができるなら、そのレベルの芸を繰り返せばよい。観客の感動が停滞していないのに「却来」してしまったら、それはたんなるやってはいけない芸、正統から外れる芸にすぎないということである。世阿弥が最晩年に著した書『却来華』は「道の奥義を極め尽くした」元雅に口伝した教えであるが、早世のため明確には伝えていなかった「秘曲」で「四十以後、一期に一度なす曲風」であり、それが「却来風」の演技であるという。元雅はそれを口伝としてだけ聞いていたのだが、歿する直前には却来風をよく心得ていたらしく、「しなくてもよいことならば、しない」と言ったという。世阿弥はこれを聞き、「無用のことをせぬと知る心、すなはち能の得法（悟りをひらいた意）なり」と深く感じている。「無用のことはせぬ」という元雅の言葉は、ある意味

「却来」という特殊な芸位の本質を射抜いていると同時に、秘伝というものの扱いを私たちに教えてくれる。凡人は、秘伝を教わればその重要さに溺れ、とかくそれを使いたくなりがちだ。しかし大切なのは、秘伝を見せること、それをひけらかすことではなく、その秘伝の本質を理解し、それを表出するにふさわしい場を見定め、適切に表現することである。

相反するものの応和

「能はアクセルとブレーキですね」。天賦の技と努力の上に研究熱心で、常に演出意図の透徹した能を演じ、古典の正統的な継承と現代への再生をめざした八世観世銕之亟《てつのじょう》（一九三一〜二〇〇〇）は、筆者にこのように語ったことがある。アクセルを掛けながらブレーキを踏む。対立するものの応和であり、相対立するものを止揚することである。

まさに至言で、表現は違うが、世阿弥の主張するところでもある。たとえば、『花伝第七別紙口伝』の「能によろづ用心を持つべき事」で、「怒《いか》れる能の風体には、柔らかなる心を忘るるべからず。…また幽玄の物まねに、強き理《ことわり》を忘るべからず。これ、一切、舞・はたらき、物まね、あらゆることに住せぬ理なり」と述べている。対立する概念の応和であり、止揚にほかならない。

これは、世阿弥の能の作品構造にも指摘できる。たとえば、桜花爛漫たる都の春に重ねて、行く春を惜しむ老桜の精（シテ）が西行（ワキ）の夢中に姿を見せる《西行桜》には、優しさと力強さ、老いと若さ、閑寂と華麗、といった相対立する要素が共存している。それらが見事に止揚され、体現されたとき、我々は、能こそが表現しうる至福のときを過ごしたと実感するのである。

世阿弥は観客の心を揺るがす魅力あふれる能の創作をめざす。そのために、行き届いた作劇術を建設し、至高の詩劇を達成した。次章と次々章では、その具体的な姿を見ていこう。

第八章　作劇術の建設

1　総合芸術としての能

能の本を書くこと、
この道の命なり

観阿弥や世阿弥たちが活躍した当時、能本（能の台本）の多くは役者自身が書き、演じる、自作・自演が普通であった。音楽劇でもある能の役者は、脚本家であり、シンガーソングライターであり、アクターでもあった。一座の成功と繁栄の鍵は、観客を魅了する新鮮で面白いレパートリーを多数用意しているか、それを演じこなすスターがいるか、にかかっていた。ことに各座の優劣を競う立合《たちあい》では、何よりも自作の能を持つことが肝要で、世阿弥は『風姿花伝』第三問答条々の「申楽の勝負の立合の手立て」で「まづ能数（レパートリー）を持ちて、敵人《じん》の能に変はりたる風体（スタイル）を、違《ちが》へてすべし。…いかなる上手も、能を持たざらん為手《して》は、一騎当千《いっきとうぜん》の兵《つはもの》なりとも、軍陣にて兵具のなからん、これ同じ」と述べている。

「勝負の立合」や「敵人の能」という言葉が暗示するように、世阿弥たちは常に戦いの真只中で鎬《しのぎ》を削っていた。『風姿花伝』の序にある「この道に至らんと思はん者は、非道（能以外の諸芸道）を行ずべからず」という言葉はその競争の熾烈さを物語るものである。

この競争の中ではすぐれた作劇こそが成功に直結した。能の作り方の要締を述べた『花伝第六花修』の冒頭（口絵参照）は、「能の本を書く事、この道の命なり」という鮮烈な言葉で始まる。能の台本を創作することは、能という芸道において命だというのである。

完全なる歌舞劇の創造

世阿弥の作劇の目標は、物まねを主体とする大和猿楽の伝統に、舞歌二曲を摂取し、完全な歌舞劇を創造すること、そして磨きあげた玉のような詩劇を完成することにあった。少年のころから将軍義満に寵愛され、武家貴族の王朝趣味に針路を合わせ、「天下《てんが》の名望」を獲得した先人たちの幽玄な芸風に不易の美を見出した世阿弥として、当然の到着点といえる。鑑賞眼がひときわ高い将軍義持の時代に及んでは、さらに「玉を磨き、花を摘める幽曲ならずは、上方様の御意に叶ふことあるべからず」（『至花道』）と述べており、ますますこうした傾向を強めていった。むろん、一座の繁栄には、何よりも貴人の意に叶うことが要請される。当時は、武将が将軍接遇のために能を催すなど、貴人接待用の猿楽が多かった（一例が第三章で述べた島津元久による将軍饗応能）。都での名声を得るためには、そうした場にふさわしい振舞を心がけなければならない。

他方で世阿弥は、能が大衆から愛され、深い教養がなくとも面白いと感じさせることが芸能者として大切だと繰り返し説いている。世阿弥がめざしたもの、それは都鄙上下の大勢の人々に愛される「衆人愛敬《しゅにんあいぎょう》」であり、みんなを幸福にさせ命を延ばす「寿福増長《じゅふくぞうちょう》」「遐齢延年《かれいえんねん》」である（『風姿花伝』奥義）。能は中世の時代精神や芸術思潮・美意識を反映させ、時代の要求を全面的に受け入れた総合芸術だったのである。

では、世阿弥は具体的にどのような方法論を持って観客の心をつかもうとしたのか。本章ではその作劇術のエッセンスを解き明かしていきたい。

2　諧調美の世界――言葉と音楽

歌道の嗜み

総合芸術である能は、詩と音楽が身体表現（舞・所作）と有機的に結びついて成り立っている。よってその台本は、単なる散文でも、ただ詩的な文章でもない。それは詩として謡われ、囃子と拮抗しつつ囃子に乗り得る言語でなければならない。文意はもちろん、韻律の美しさと心地よい響きが大事なのである。

そのために重視されたのが歌道の嗜みだった。『風姿花伝』の序でも「歌道は風月延年《ふげつえんねん》の飾りなれば、もつともこれを用ふべし」と、歌道の重要性を説いている。歌道には伝統的な和歌（敷島の道）はもちろん二条良基が主導した新しい座の文芸の連歌（筑波の道）も含む。「風月延年の飾り」とは花鳥風月といった自然の美を愛でる目を開かせ、芸術的な感覚を養い、寿命を延ばす効用のある教養という意味であろう。

能はリズムのある詩劇

観阿弥・世阿弥時代から、能の詞章は、いわゆる旋律的に歌われる「フシ」の部分と、節付けされていない「コトバ」の部分に大別される。コトバは候体の散文に多く、役と役とで交わされる会話や問答などで用いられ、男女、老若など、役柄の違いによって、抑揚や緩急の付け方が工夫されている。

フシを拍律（拍子）の面からみてゆくと、歌詞の各音節が「八拍子《やつびょうし》」という八拍を一フレーズとする拍節の、第何拍にあたるかかが意識されているかいないかの違いによって、「拍子合《ひょうしあい》」と「拍子不合《ひょうしあわず》」に大別され、拍子合は、平《ひら》ノリ（七五調を基調とし伸縮に富み、拍子合の部分のほとんどを占める）、中《ちゅう》ノリ（八八調で戦い等の場面に用い、世阿弥は早節《はやふし》と呼ぶ）、大《おお》ノリ（四四調で舞踊的場面や鬼神の登場等に用い、世阿弥は切拍子《きりびょうし》と呼ぶ）に分けられ、内容に応じて巧みに使い分けられている。

能本は七五調十二音を基調としながらも、八音、六音、五音等を一句とするなど、さまざまな韻律が混淆し、それらがすべて八拍子に配されて歌われていく美しさは、まさに韻律の宝庫と呼んでいい。能の詞章は、大きな意味で、リズムのある詩、諧調ある文章であり、掛詞・縁語・序詞・付合（寄合）・押韻（頭韻・脚韻、連韻・重韻、数韻）、対語・対句、反復、比喩、引用等の修辞・詩法も、つまり、この諧調を保持するために工夫されたものであった。

しかも、こうした作詞法は、世阿弥の少年時代に、連歌師琳阿弥たちによってすでに開拓されていた。琳阿弥たちは創成期における能の詞章制作に大きな役割を果たしていたのである（竹本幹夫：一九七六）。今、琳阿弥が作詞し義満側近の遁世者で「節の上手」と言われた南阿弥が作曲し、藤若時代の世阿弥が義満の御前で披露した曲舞《東国下り》の一部分をあげてみよう。

この曲舞は長門本『平家物語』巻二十「盛久護送」と典拠を同じくする、同内容の説話に取材した作品で、盛久護送という事件そのものよりも、道行文（軍記物・能・浄瑠璃などで、道々の光景や旅情などを、七五調を主としてつづった流麗な文章）の形式を借りて、序詞・縁語・掛詞・押韻・対比など伝統的な修辞技法を駆使した情景描写によって、盛久の心象風景を描写していく。冒頭の〈クリ〉から少し引いてみる。

〈クリ〉抑もこの盛久と申すは、平家譜代の侍、武略の達者なりしかば、鎌倉殿まで知ろしめしたるつはものなり。

〈サシ〉これにて計らひ難しとて、関東に下し遣はさる、花の都を出《イ》でしより、音《ネ》に鳴き初《ソ》めし賀茂川や、末白河をうち渡り、粟田口にも着きしかば、今は誰《タレ》をか松坂や、四《シ》の宮河原四つの辻。

〈クセ〉関の山路のむらしぐれ、いとど袂や濡らすらん、知るも知らぬも逢坂の、嵐の風の音寒き、松本の宿《シュク》に打出《ウチデ》の浜、湖水に月の影落ちて、氷に波や立ちぬらん、越《エツ》を辞せし范蠡《ハンレイ》が、扁舟《ヘンシウ》に棹を移すなる、五湖《ゴコオ》の煙の波の上、かくやと思ひしられたり。…

序である〈クリ〉を受け〈サシ〉へと展開する部分は拍子不合《あわず》で、さらさらと流れるように謡い、「関の山路の…」から始まる〈クセ〉は拍子に合う謡となり、七五調を基準としながらも字足らずや字余りをアクセントにして、拍律上の変化をみせてゆく。「知るも知らぬも」は逢坂の関を詠んだ『後撰和歌集』の蟬丸の歌で（後述）「嵐」の序になり、「逢坂の嵐」は『古今和歌集』巻第十八雑歌「逢坂の嵐の風は寒けれど行方知らねば侘びつつぞ寝ぬる」（九八八。詠み人しらず）などで知られている。そして「嵐の風の音寒き」は「松」の序であり、「嵐」「風」「松」と縁語を連ねてゆき、伝統的な歌枕「逢坂」「打出の浜」に掛詞を用いて繋げてゆく。しかも、琵琶湖の月・氷・波は和歌によく詠まれた素材で、「湖水に」から「湖水→月影→落つ」は次の「水→波→立つ」と対比させ、なかなか機知に富み、この琵琶湖の風景を伏線として、春秋戦国時代、呉越の戦いで越王を補佐した智臣范蠡が身を退き、小舟に棹をさして五湖の風光を楽しんだ故事を導き出している〔竹本幹夫：一九七六〕。このようにさまざまな詩歌の言葉や故事を摂取・引用しながら展開される《東国下り》に、秀句好きの義満も魅了されたのであろう。

音象詩の世界

詩人萩原朔太郎（一八八六〜一九四二）は、右記の《東国下り》でも引用された蟬丸の「これやこの行くも帰るも別れては知るも知らぬも逢坂の関」について、『恋愛名歌集』（第一書房、一九三一）で次のように批評したことがある。

この歌を詠吟すると、如何《いか》にも逢坂の関所あたりを、東西の旅客が右往左往して慌しげに行き交う様子が浮んで来る。その表象効果は勿論音律に存するので、「これやこの」という急《せ》きこんだ調子に始まり、続いて「行くも」「帰るも」「知るも」「知らぬも」とMo音を幾度も重ねて脚韻し、さらにKoreya Kono yukumo Kaerumo wakaretewaと、子音のKをいくつも響かして畳んで居る。こういう歌は明白に「音象詩」と言うべきであり、内容をさながら韻律に融かして表現したので、韻文の修辞として上乗の名歌と言わねばならぬ。（六代歌集、『後撰和歌集』より　岩波文庫）

ここでいう「音象詩」は世阿弥がめざした能の世界と通底する。音楽性を内在させることから生まれる諧調美も能の魅力の一つなのである。世阿弥や元雅の作品を鑑賞するとき、世阿弥たちはそのことをよく理解していたと考えられる。

風情の序破急を心掛けよ

能においてはそれぞれのフシにリズムがあるように、曲全体を通しても抑揚や緩急がある。世阿弥にとって能を書く上の要諦は、すべての物ごとに序破急の法則があるので、それに従って書き進めることだった。序破急の法則とは、舞楽でいう楽曲の構成法則で、序は曲の導入部で無拍子、破は展開・中心部で緩やかな拍子、急は結末部で急速な拍子のこと言い、申楽も同じで、序（導入）、破（展開）、急（結末）と進ませ、「能の風情をもって定むべし」（『風姿花伝』第三問答条々）と述べている。ここでの風情は、詞章・音曲・舞・所作を含めた曲のありかたをさす。

能の楽式や構成も序破急の法則に沿うべきであるが、その法則をはじめ作劇上の留意点について、世阿弥の言葉を番号を付して紹介すると、①「能を書くに、序破急を書くとて、筆ばかりに（文章の上だけ）書くはわろきなり。風情（しぐさ）の序破急を書くべし」（『申楽談儀』）と戒める。そして、②「本説《ほんぜつ》（典拠）正しく、めづらしきが、幽玄にて、面白き所あらんを、よき能とは申すべし」（『風姿花伝』第三問答条々）と、何よりも本説の正しさを強調する。③「音曲にてはたらく能あるべし。これ一大事なり。真実面白しと感をなすは、これなり。聞く所は耳近に、面白き言葉にて、節のかかり（情趣）よくて、文字移りの美しく続きたらんが、ことさら風情（見せ所となる演技）を持ちたる詰め（山場）をたしなみて書くべし。この数々、相応する所にて、諸人一同に感をなすなり」（『花伝第六花修』）と主張する。

そして、作詞を作曲と一体と考える立場から、④「音曲の至道《しいたう》には、和歌の言葉を取り合はせて書《しょ》付《ふ》すべきなり」（『曲付次第』）と述べる。音曲の奥義は、和歌の言葉を取り併せて書くべきという主張であり、能の表現の根幹に和歌を据えている。世阿弥が目指した美は和歌の世界と緊密につながっていたからである。そして「長明云く、それ行く河の流れは絶えずして。しかももとの水にはあらず」と鴨長明の『方丈記』の冒頭を引き、能の「声は水、曲は流れ」と音曲の流れを流水に譬え、自然な流れを主張している。

さらに、⑤「音曲よりはたらきを生ぜさせんがため、書く所をば、風情（所作）を本に書くべし。風情を本に書きて、さてその言葉を謡ふ時には、風情をのづから生ずべし。しかれば書く所をば、風情を先立てて、しかも謡の節かかりよきやうにたしなむべし」（同上）、⑥「書きてゆくに、言葉に花を咲かせんと思ふ心に緊縛《けばく》せられて（捉われて）、句長になるなり。さやうの心を思ひ切りて書くべし」（『申楽談儀』）と注意する。

また、⑦「文章の法は、言葉をつづめて理《り》のあらはるるを本と」（同上）し、能本の特色である縮約表現を第一とすること主張し、⑧「ただ能には、耳近なる古文・古歌、和歌言葉もよきなり。あまりに深きは、当座には（舞台の上演では）聞こえず（理解されない）。草子（物語）にては面白し」（同上）と、能が声や音など当座性によって成り立つ芸能であることを強調している。連歌と同じく当座の感興が大切なのである。もちろん、素材の選び方、場景の設定、劇の構成、詩歌の選択、人物の描写、さらに言葉のアクセントや旋律の流れ、リズムの効果的な使用など、作曲上の留意点も克明に説き、元能に相伝した作劇論『三道』や作曲論『風曲集』などの伝書でも具体的かつ体系的に詳述している。

特に『三道』では、能作の要諦として、「ここにまた、開聞《かいもん》・開眼《かいげん》とて、能一番の内、破・急の間に、これあり（開聞・開眼は能一曲中で破・急の両段にある）」と強調している。世阿弥の説明に従うと、開聞とは、謡の文学的な面白さと音楽的な妙味とが一体となった感動を生むことであり、文辞と旋律・拍律が一つとなって観客の耳に感銘を与えることである。一方、開眼とは、舞ったり美しい所作をしたりする演技の中で、観客が見て感動する、能一曲の視覚的感動を催す場面である。それゆえ、開聞は作者の手柄、開眼は演じ手である役者のわざが生み出すものと述べ、「両条一作の達人においては、是非あるべからず」すなわち開眼を達成する演技力と開聞を設定する創作力を兼備し、一人で実現できるような達人の場合は、何も問題はないと言い添え、最後に「また聞眼一開の妙所あるべし。尋ぬべし。口伝」すなわち開聞と開眼とが同時に存在する絶妙な場面もある、とさらなる探求を促している。

世阿弥がこのように整った形式を必要としたのは、能を歌舞的に均衡のとれた形にするためだった。ただし、世阿弥の場合、楽式や類型はあくまで手段であって目的ではなく、その裏に類型回避の意識がはたらいていることを見逃してはならない。これは特に世阿弥が開発し発展させた風雅な修羅能に顕著である。《実盛》《頼政》《忠度》における敵味方の両方の立場からの描写（異なる場面が急激に切り替えるカット・バック的手法）、舞事を入れた《敦盛》、複式（二場型）とせず単式（一場型）として妻の夢枕に清経の霊を登場させる《清経》など、一番一番に工夫がなされている。

3　夢幻能の完成——脚色法

夢幻能と現在能

世阿弥の偉大な仕事は夢幻能形式を完成させたことだろう。能を脚色法から分類すると、「夢幻能」と「現在能」に大別されるが、夢幻能は、ゆかりの土地を訪れた旅人など（ワキ）の前に、古人の霊や神霊（シテ）が現実の人間の姿（化身）で顕れ、その土地の物語や身の上を語って、一旦姿を消し（中入）、後に古人の在りし日の姿や神霊（本体）の姿で登場し、自分の過去を仕方話で語って回向を願い、あるいは、奇瑞を示し、舞を舞う能をいう。普通、前場と後場の二場から成り、これを複式という。夢幻能の名称は、大著『謡曲大観』全七冊（明治書院、一九三〇～三一）を著した国文学者佐成謙太郎（一八九〇～一九六六）の命名で、結末が「夢も破れて覚めにけり、夢は破れ明けにけり」（《井筒》）とか「和泉式部が臥所《ふしど》よとて、方丈の室に入ると見えし、夢は覚めにけり、見し夢は覚めて失せにけり」（《東北《とうぼく》》）などと表現されるように、全体がワキの見た夢や幻想だと考えられることから名付けられたが、必ずしも夢や幻に限定する必要はない。

世阿弥は主人公の回想を主軸とし、死の時点からその人物の生きてきた時間を凝縮してみせた。過去の出来事を回想することによって、主人公の内面が動かされ、その思いがさらに過去を呼び起こす。過去と現在が自由に交錯しつつ、そこに波打つ心の動きそのものが劇となる夢幻能の手法を駆使し、シテ一人の演技に回想を凝縮する詩劇を完成したのである。終生、世阿弥の伝書を読み通し、現代に生きる能を問い続け、牽引した観世寿夫の言葉を借りると、「この手法は、語り物の持つ呪術性——

語るとは騙るにつうじるといわれるが——を巧みに利用することで、現実的な時間や空間を超越させ、曲の本意を的確に観る人びとの脳裏に印象づけることを可能に」したのである〔観世寿夫：一九八〇〕。

たとえば、『伊勢物語』中世の古注釈に拠った《井筒》。秋、大和の在原寺を訪れた旅僧（ワキ）が在原業平《ありわらのなりひら》と紀有常《きのありつね》の娘の跡を弔っていると、里の女（前ジテ）が現れ、昔を語る。——高安の愛人に通う業平を妻は恨まず、夜道を通う夫の身を案じ歌を詠み、その心が夫の高安通いを止める。回想はさらに過去へと遡り、幼なじみの男女が成人し、互いに歌を交換し、やがて結ばれた——。そう語って女は姿を消す。その夜、僧の夢に業平の形見の衣装を身につけて顕れた女の霊（後シテ）は、月下に恋の追憶を舞い、のぞき込んだ井筒の水鏡に映った姿は、業平の面影。懐かしく思いながらも、夜明けとともに姿を消す。

あるいは『大和物語』に取材した《檜垣》。肥後の国岩戸山に居住する僧（ワキ）が、毎日、仏に供える水を汲んでくる百歳近い老女（前ジテ）を不審に思い、名を尋ねると、『後撰和歌集』の檜垣の嫗《おうな》の歌「みつはくむ…」の由来を語り、白川のほとりでの弔いを乞い、姿を消す（中入）。僧が檜垣のある庵を訪ねると、老女は、昔、美女の誉れ高かった白拍子で、今は老衰を嘆く檜垣の嫗の霊（後ジテ）であった。弔いを感謝し、死後もなお猛火の釣瓶にすがって因果の水を汲むさまを描く。

このように『伊勢物語』の井筒の女や『大和物語』の檜垣の嫗が現れ、優雅な歌舞に託して心の内を歌い、舞う。

こうした王朝美への憧れは『平家物語』に取材した修羅能にも結実した。須磨の浦の若木の桜を背景に、文武二道に優れた平忠度の歌道への執心を描く《忠度》、宇治に布陣した老武者源三位《げんざんみ》頼政の奮戦と無念の死を描く《頼政》などのように、『平家物語』を彩る源平の武将や女性たちが登場し、風雅、誉れ、愛執、恩愛を、美しく、悲しく語る。現在、演じられている修羅能は十六曲であるが、ほとんど世阿弥の作品である。名曲とされるものが多く、修羅能は世阿弥が開拓し完成させたジャンルと言える。なお、曲中に一役としてヲカシ（アイ。狂言役者）が登場する能は、世阿弥自筆能本の《江口》や《松浦》に見られるように、アイが立ってシャベる内容を指定しており、能の構想の一部として世阿弥たち能作者が創作していたことも分かる。

夢幻能と現在能の両方にまたがる能

一方、死者による過去語りや回想ではなく、現世の人間世界を扱い、現実の時間に即して物語が進行するのが「現在能」で、これは能楽研究者の横道萬里雄による命名である。時間の流れのままに、対立する人物の葛藤を軸として展開する劇といってよく、夢幻能のように時間が過去へ回帰することはない。時間軸の点では普通一般の劇と何ら変わらない。愛する者との別れから物狂いとなり、我が子を、あるいは恋人や夫を探し求める旅を続ける物狂能も現在能の形態をとる。世阿弥は、『風姿花伝』第二物学条々「物狂」で、物狂いを「この道の第一の面白尽くの芸能なり」（面白さの限りを尽くした能）と強調しているほど、目にも耳にも面白く、心打つジャンルで、世阿弥はこの物狂能でも多くの名曲を残したが、そこには能のもつ遊狂精神がよく現れている。

さらにまた、現在能と夢幻能の両方にまたがる作品も書いている。これを横道萬里雄は「両掛り能」と命名した（横道萬里雄・西野春雄・羽田昶：一九八七）。前場が現在能、後場が夢幻能（幽霊能）という構成の能である。女御に恋をした菊守りの老人が、一途の思いをもてあそばれたと知って入水し、悪鬼となって女御を責める世阿弥作《恋重荷》や、裁判のため永々在京している夫を恋い慕いつつ死んでいった九州芦屋の何某の妻、帰国した夫の前に顕れた妻の霊は地獄での呵責に頬も落ち痩せ衰え、夫の不実と忘れ得ぬ思慕を訴える世阿弥晩年の傑作《砧》などがこれに該当する。また、息子元雅作で、青墓の宿《しゅく》で自決した源の朝長《ともなが》を弔う宿の長（女主人）の優しさを描き、弔いのうちに朝長の霊が姿を顕して昔を語る《朝長》もこれに当たる。戦功の犠牲となった息子を殺害された老母の怒りと悲しみを鋭く突きつけ、後場に殺された若い漁師の霊が現れて恨みを述べる《藤戸》（元雅作か）など、すぐれて劇的な作品も少なくない。現在能と夢幻能のそれぞれの長所を生かした新しい手法だ。

夢幻能の成立をめぐって

ところで、夢幻能はどのように生まれたのだろうか。観阿弥時代にはまだ夢幻能は成立していなかったと思われるが（観阿弥作とされている《求塚》は夢幻能として伝わるが、これは観阿弥作曲の謡物を基にした中入りのない原曲を、世阿弥か元雅が二場形式の能に改作したものと推測されている）、現実の場に神や鬼や霊の本体が出現する作品はあり、そのような形態から複式能・脇能・夢幻能が形成されたと推定されている。芳賀矢一「複式能と時代思想」（『能楽』一九〇七・一）、成瀬一三「複式能の仮現」（『能楽研究』私家版、一九三八）、社本武「修羅能の構成」（『日本文学』一九五七・二）、田代慶一郎『夢幻能』（朝日新聞社、一九九四）など、示唆に富む論考が発表されてきた。

こうした諸家によるさまざまな考察を総合すると、次のように整理できる。①勅使などが古人や神仙を尋ね、神霊が出現する形式の寺院芸能「延年風流《ふりゅう》」の影響で脇能が生まれた、②憑物《つきもの》の形で過去の人物を描く形態が先行し、やがて過去の人物そのものを登場させるようになった（前場の化身と後場の霊体は、憑かれる者と憑く者を分離させたところに生じたという説もある）、③現世で合戦に従事した者の亡霊が死後の苦しみを訴える説話類が修羅能（後述）の成立を準備した、④罪障懺悔《さんげ》のために過去を語り演じる形態が徐々に宗教色を薄め、夢幻能の特徴である過去再現の構想が完成した、⑤諸国遍歴の僧の前に化身が出現し、過去の罪業を語り、僧が供養すると夢の中に再び現れるという『今昔物語集』巻十四の第七話のような夢幻説話から発展した、などである。

ともあれ、対立する人物の葛藤を軸に展開する劇（現在能は多少なりともこうした手法をとる）に対し、夢幻能は舞台上にワキなどの誘導役はいてもシテ一人に焦点を絞った劇であり、過去を回想する主人公の語りを通じて、主人公の内面をも描き、心のたゆたいそのものが劇となっているのである。

思えば、神霊や幽霊の登場、ないし意思の伝達には、①夢告、②憑依、③化現、④示現、などがあるが、①を拡大して舞台空間をワキの夢の中とすれば、霊の出現は容易になる。世阿弥は能の中に夢の通い路を発見した。夢のチャンネルを通して、森羅万象、宇宙すべてが舞台の上に姿を顕すことができたのである。

世阿弥以後、夢幻能形式は定着し、多くの能が生まれたが、世阿弥の後継者金春禅竹の《野宮》《定家》《姨捨》《芭蕉》《小塩》《松虫》や夢の形をとらない単式の《楊貴妃》《杜若》などの名作を除けば、形だけ学び、旧套《きゅうとう》になずんだ安易な模倣作ばかりとなった。

平家の物語を作劇する

このような世阿弥の脚色法にとって格好の素材を提供したのが平家の物語であった。南北朝から室町初期にかけて、当時の貴族や武士や民衆に広く愛され、人々が楽しんで聴聞した『平家物語』は、人々の心をゆさぶった語り物である。和漢混淆文のここちよいリズム、哀調を帯びた語り口、刀の打ち合う音さえ聞こえてきそうな臨場感、義仲・義経たち英雄の活躍はもとより、主従の義のもとに戦い、父子の絆のもとに、あるいは武名のために戦った武士たちの壮烈な最期は、聴衆の心をとらえて離さない。耳で聞く合戦絵巻であり鎮魂の賦である。能にとって、これほどの好素材はない。平家の物語はまず素材を供給し、言葉を提供した。さらに曲節をも与えている。世阿弥は平家の節に言及しており、平曲にも精通していたようである（『申楽談議』別本聞書）。

世阿弥は『風姿花伝』第二物学条々で、「修羅は物まねの一風体であるが、うまく演じたとしても、面白さはめったに出ないから、むやみに演じてはならない。ただし源平の名高い武将の物語を、風流韻事を借りて、風雅な自然美に関連させて作り、能として出来がよければ、なによりもまた面白くなる。こうした能には、とくに花やかな場面があってほしい」と述べ、修羅の罪業を描いた暗い修羅能から飛躍して、風雅な修羅をめざした。たしかに世阿弥たちが書いた能には、《敦盛》の笛、《箙》の梅、《忠度》の花（桜）と和歌、《清経》の横笛など、「花鳥風月に作り寄せ」すなわち詩歌管絃の素材となる風雅な自然美に関係付けた作品が多い。

さらに『三道』では、「軍体の能姿、仮令（例えば）、源平の名将の人体の本説ならば（源平合戦の名高き勇将が活躍するような典拠）、ことにことに平家の物語のままに書くべし」と述べている。「平家の物語のままに書くべし」というのは、能に脚色するにしても、平家の物語で知られた人物の形象を恣意的に変改してはならないということであり、詞章の順序まで物語どおりに運べというのではない。世阿弥の主張は、舞台劇としての時間と空間を十分に生かし、滞らぬ演技の流れを心がけよというのである。

修羅能は、源平の武人たちを主人公に、戦いの再現や、勝者も敗者も落ちていく修羅道の苦しみを描くのが本来の行き方であるが、世阿弥は夢幻能の手法を駆使して、風雅・愛恋・武名・気概を主題に、詩趣あふれる詩劇に発展させていった。須磨の浦を舞台に「木陰を旅の宿とせば、花こそ主《あるじ》なりけれ」と結ぶ、武勇と風雅の《忠度》をはじめとして、戦乱の世、死を共にと誓いあいながら、自ら命を絶った左中将清経のやむにやまれぬ心と、愛の違約を恨む妻の心情を描く《清経》など、世阿弥は修羅能にも数々の傑作を書いている。その一つが、当時、都に届けられたニュースに構想を借りて作劇した《実盛》であるが、第三章で述べたので、ここでは繰り返さない。

北野天満宮の怪鳥事件と《鵺》

ここでは実作の一例として、当時起こった怪異の事件を能の構想に生かし、巧みに脚色した世阿弥晩年の傑作《鵺《ぬえ》》を取り上げてみよう。『平家物語』巻四「鵼」に拠りつつ、「仏法王法の障りとならむ」とするも頼政に射殺され、「うつほ舟」に入れられて流された変化《へんげ》のもの鵺の悲哀と救われぬ心の闇を描いた能である。この創作に当たり背景になったと思われるのが北野社怪鳥出現事件である。

劇作家で演劇評論家の堂本正樹（一九三三〜二〇一九）は、芸能も好まれた伏見宮貞成《さだふさ》親王の『看聞日記』応永二十三年（一四一六）五月二十五日条に着目し、《鵺》の成立の背景にこの事件があったことを指摘した（堂本正樹：一九八六）。当該部分を書き下して記せば次のごとくである。

廿五日。晴。聞ク、北野ノ社ニ今夜恠鳥《ケチョウ》有リト。鳴ク声、大竹ヲヒシグガ如シト云々。社頭モ鳴動ス。二マタノ杉ニ居テ鳴ク。参詣通人、肝ヲ消スト云々。宮仕ノ一人、弓ヲ以テ射落シ了ンヌ。其形、頭ハ猫、身ハ鶏也。尾ハ蛇《クチナワ》ノ如シ。眼、大ニ光アリ。希代ノ恠鳥也。室町殿（足利義持）へ注進申ス。之ヲ射タリシ宮仕ニ御感有リ。練貫一重、太刀一振下サル。鳥ハ河ニ流ス可キノ由仰セ被《ラ》ルト云々。

世阿弥はこの事件に発想を得て、当時、巷間で語られていた『平家物語』巻四「鵼の事」に取材し、①頼政が鵺を退治して恩賞を蒙った話、②「ほととぎす」の歌、③鵺の死骸をうつほ舟で流した話、を素材として《鵺》を作劇した。しかも、その詞章は平家の文章を巧みに縮約して引いている。

だが、それだけではない。平家に拠りつつも、能として新たに独自の世界を構築している。世阿弥がめざした新しい世界とは何か。それは「敗者へのまなざし」であろう。能の場合、必ず登場人物と場所と時間（＝季節）などが不可欠で、《鵺》は場所が摂津の国芦屋の里、淀川の川岸、堂のある洲崎。時刻はある日の夕暮から夜更けにかけて。後場は同じ場所で同じ日の夜半だが、不思議にも季節ははっきりしていない。物語の筋としては卯月だが《鵺》では季節を明確にしていない。不気味さを出すため、はっきりさせていないのだろう。

前ジテとして登場する怪しい舟人（化身）の出立（扮装）は、水衣着流怪士出立《みずごろもきながしあやかしいでたち》である。怪士の面をつける役は、普通、後場において本体を現した姿（怪物や幽霊の本体）であり、これが最初から出てくることで非常に不気味な感じを抱かせる。そして後場で登場する鵺の幽霊は、小飛出《ことびで》の面をつけて出るが、飛出の面は世阿弥の『申楽談儀』に見えるので、当時存在したことは間違いなく、鬼系統の異形のものを表現するのにふさわしい面である。

この鵺の話そのものが能にしやすい逸話である。人物も揃い場所も整い、頼政が鵺を見事に仕留めて恩賞に太刀をもらう。その時、ほととぎすが鳴き、即座に歌のやりとりがあった劇的な展開を世阿弥は見逃さなかった。特に歌の応答の場面は、頼政自身の所作がそのまま舞台の演技として想起され、この歌をうまく生かせば能として成り立つ。しかも世阿弥は、『平家物語』本文の結び「かの変化《へんげ》のものをうつほ舟に乗せて」流したという表現に着目し、この一節から想を得て創作したと思われる。前ジテはその「うつほ舟」に乗って登場する。そしてこの「うつほ舟」が象徴的に使われていて、それは暗黒の闇の世界に閉じ込められた鵺という孤独なものの存在であり「心の闇を弔ひ給へ」と登場したのである。世阿弥の視点は、射落とされ敗れ去り、うつほ舟に入れられて流されていった敗者へ注がれている。

鵺の霊は、浮かばれるためには何をすればよいか。それは、命を失ったその時の有様を語ることだ。罪障懺悔《さんげ》に、過去の物語を語ることによって、ねんごろに跡を弔ってもらえるのである。その物語を世阿弥は『平家物語』に拠り、しかも、それらを一箇所に使うのではなく、前場と後場の二つに分け、前場に〈クリ〉〈サシ〉〈クセ〉を配し、とくに〈クセ〉では七五調を基本としつつ字足らず・字余りの句を絶妙に効かせ、まず観客の聴覚に訴える。続く中入直前の〈ロンギ〉で、自分の跡を弔ってほしい、と言いながら消えて行く（ここでも「うつほ舟」の語が使われている）。

後場で、旅僧の前に鵺の霊が飛出の面をつけて本体を現し、再び昔を語るが、世阿弥は『平家物語』の「主上御感のあまりに」からあとを中心に所作を伴う場面を設定して、たたみかけるように文章を綴っていく。後ジテとワキとの〈掛合〉（役と役、または役と地謡が交互に歌う小段）から結びまでをあげよう。

〈掛合〉ワキ　不思議やな目前に来《キタ》るを見れば、面《オモテ》は猿足手は虎、聞きしにかはらぬ変化《ヘンゲ》の姿、あら恐ろしの有様やな
〈クリ〉シテ　さても我れ悪心外道《ゲドオ》の変化となつて、仏法王法の障りとならんと王城近く翩翻《ヘンマン》して
〈サシ〉シテ　東《トオ》三条の林頭《リントオ》に暫く飛行《ヒギョオ》し、丑三つばかりの夜な夜なに、御殿の上に飛びさがれば
〈中ノリ地〉地　すなはち御脳頻りにて、玉体を悩まして、怯え魂《タマイ》消らせ給ふ事も、我がなす業《ワザ》よと怒りをなししに、思ひもよらざりし頼政が、矢先に当たればへんしん（偏心?）失せて、落々《ラクラク》磊々《ライライ》と地に倒れて、たちまちに滅せし事、思へば頼政が、矢先よりは、君の天罰を当たりけるよと、今こそ思ひ知られたれ、その時主上《シュショオ》御感あつて、師子王といふ御剣を、頼政に下されけるを、宇治の大臣《ダイジン》賜りて、階《キザハシ》を下《オ》り給ふに、折節郭公《カッコオ》訪れければ、大臣とりあへず
〈上ノ詠〉シテ　ほととぎす、名をも雲井に上ぐるかなと
〈中ノリ地〉シテ　仰せられければ　地　頼政右の膝をついて、左の袖を広げ、月を少し目にかけて、弓張月の、入るにまかせてと、つかまつり御剣を賜り、御前を罷り帰れば、頼政は名を上げて、我は名を流す空舟《ウツオブネ》に、押し入れられて淀川の、淀みつ流れつ行末の、鵜殿も同じ芦の屋の、うらわのうきすに流れ留まつて、朽ちながら空舟の、月日も見えず暗きより、暗き道にぞ入りにける、遙かに照らせ山の端《ハ》の、遙かに照らせ、山の端の月とともに、海月《カイゲツ》も入りにけり、海月とともに入りにけり

サクサクとした拍律と躍動的な文体は韻律も美しく、リズムも面白く、動きもキビキビして観客の

眼を惹きつける。そして、そのリズム感に加え、言葉の響きにも注目したい。「思ひも、寄《ヨ》らざりし、頼政《ヨリ》が」のヨの音であり、「落々、磊々」のラの音である。さらに〈上《じょう》ノ詠《えい》〉（高音域で和歌を高らかに吟唱する小段）で歌いあげ、〈中《ちゅう》ノリ地〉（二字一拍のリズム様式で、闘争などを示す小段）以下、頼政得意の場面からキビキビと運んで結んで行く。ここでもさまざまな所作ができ、しかも、演じ手は射落とされた鵺であるのに、自分を射落とした頼政を演じる。ここで主体が逆転しているのだが、これは能の持つ「語り物」としての性格による。そして「淀川」のヨの音、「鵜殿」のウの音、「浮き洲」のウの音と頭韻をきかせながら、動きを生み出す詞章を綴っていくのである。

なお、落下する場面の描写「落々磊々と地に倒れて」はガラガラと崩れ落ちるさまの形容で、美濃の人で臨済宗の月菴《げったん》宗光（一三二六～八九）の『月菴和尚法語』にある偈「生死去来《しやうじこらい》、棚頭傀儡《ほうとうのくわいらい》、一《いっ》線断時《せんたゆるとき》、落々磊々《らくらくらいらい》」（一旦死が訪れると、あたかも棚車〈祭礼の山車〉の上のあやつり人形が、糸が切れればガラガラと崩れ落ちるように、一切が無に帰してしまう意）の引用で、世阿弥は『花鏡』万能綰一心事（万能ヲ一心ニ綰ツナグ事）や『拾玉得花』にも引いている。世阿弥が晩年、禅宗に帰依し、親しく参学したことは第四章でも触れたが、禅の教えの影響は芸術論ばかりでなく能の詞章の上からもうかがわれる。特に「善悪不二」「邪正一如」を説く《山姥》に顕著で、禅宗に深く帰依した足利義持の高い鑑賞眼に応える配慮でもあったろう。

頼政鵺退治譚を修羅能の構想に仕立て、勝者ではなく敗者の鵺に語らせた点が非凡で、敗者の悲哀を漂わせる。前場では、暗黒の世界に閉じ込められた孤独な魂、憂いに暇《いとま》ない鵺の魂は、潮に流され空舟に乗って現れる。後場では、心の闇の救いを訴え、射殺された昔を語り、再び闇の世界に戻っていく。「心の闇」は《実盛》にも見えるが、海に映る月影こそ舟に乗った鵺の象徴であろう。世阿弥が開拓した修羅能の構想に拠りつつ、頼政に射殺された鵺の、疎外された者の悲しみを、救われぬ敗者の魂を描く《鵺》は、作者世阿弥の敗者への優しいまなざしを感じさせ、妄執に沈む鵺の境涯の象徴たる空舟を重ね合わせたラストシーンはすぐれて詩的で、変化に富む韻律も美しく、世阿弥晩年の到達した詩境を示すものだろう。堂本は「巷の噂から、古典を透かして、人間の魂に及ぶ世阿弥の創作術。ヌエとは、もしかしたら時代に生きる芸術家そのものだったかも知れない」と結んでいる。

4　世阿弥の能を概観する

作品の成立時期と作風の変化

言うまでもなく能は観客を離れては存在しない。世阿弥が求めた能の美も、描こうとした主題も、当時の観客の、特に公武に君臨した足利将軍の好尚や、芸術思潮、時代精神を見事に映している。足利将軍の御代始め等の慶事から、加賀の篠原で実盛の幽霊が出た、あるいは都の北野神社の社頭で化鳥が啼いたといった怪異事件や応永の外寇にも取材し、いずれも優れた作品を書いている。同時に、八十余年に及ぶ生涯を通じ、作風の変化もみられる。「応永年内の作能の数々、末代にも、さのみ甲乙あらじと覚えたり」（応永年内に作った観世座の数々の能は、将来においても、それほど毀誉褒貶がなく、高い評価を獲得するだろう）と結んだ『三道』（応永三十年成立。世阿弥六十一歳）に掲げた自信作や、古今の作品の流れや具体例をあげ作者を記した『申楽談儀』（永享二年成立。世阿弥六十八歳）に見える作品群、音曲伝書ながら作詞者・作曲者の考定資料でもある『五音』（永享四年以前成立か）の掲載曲、晩年の世阿弥が金春大夫氏信に与えた能本の目録と推測される『能本三十五番目録』、世阿弥自筆能本（応永二十二年書写の《難波梅》から応永三十五年書写の《布留》までの九巻と江戸初期の臨模本《弱法師》一巻）および久次筆能本《知章》、応永三十四年薪猿楽に付随して行われた別当坊猿楽番組ほかの演能記録など世阿弥時代の資料に限定し、作品分析の結果から世阿弥の手になることが確実な作品だけでも、改作を含め五十番ほどある。推定される作品も加えると、その数は増え、作品の曲趣も広がる。

世阿弥の能について、世阿弥伝書と後世の作者付《さくしゃづけ》に拠る考定に対し、信頼できる世阿弥伝書に限定して厳密に考察し、それまでの研究に一線を画したのが、表章「世阿弥作能考」（『観世』一九六〇・九）である。次に、それらを踏まえ、世阿弥が『三道』で述べている「種（主人公の選択）」、「作（構成脚色）」、「書（作詞作曲）」の三方面から総合的に分析し、世阿弥の作品を概観し、その作劇法の特色や作風の変化の跡をたどってみよう。

世阿弥作の能一覧

世阿弥の作品を曲趣別にわけて整理すると、次の二十二の作品群にわかれ、ほとんどが現在もなお演じられており、いかに世阿弥の能が卓越しているかを物語る。世阿弥の作品は確実度の高いものから低いものまであるので、ここでは、世阿弥作と確定できる曲、世阿弥作である蓋然性のある曲、世阿弥による古作の改修・補綴曲、の三グループにわけて考える。×印は廃絶演目、太字は世阿弥自筆能本の現存する演目である（奥書年次順に二二五頁にも再掲。なお《知章》は世阿弥自筆ではない）。

謡い物や散佚演目を除けば、確定できる曲が三十五番、蓋然性のある曲が十七番、改作補綴等が十

完　曲

	世阿弥作と確定できる	世阿弥作の蓋然性がある	世阿弥による改作補綴等
A　脇能物（神霊が出現し御代を讃え祝福する演目）			
1男神物	高砂　弓八幡　養老	志賀　×鼓滝	
2女神物	×鵜羽　×箱崎　右近	呉服	×布留
3老神物	老松　放生川　×阿古屋松	×伏見　白楽天	
4異神物	難波	富士山	
B　二番目物（修羅物）（修羅道におちた武人の霊が登場する演目）			
5公達物	敦盛　清経　忠度		通盛
6勇士物	八島		田村（異説あり）
7老武者物	実盛　頼政		
C　三番目物（美女・老女の霊や老桜の精などが登場し，優美な舞を舞う演目）			
8本鬘物	井筒		江口　松風
9老女物	檜垣		関寺小町
10老精物	西行桜（異説あり）		
D　四番目物（他の分類に属さないすべての演目）			
11執心女物	砧	松浦	求塚　浮舟（作曲のみ）
12執心男物	恋重荷　錦木	×玉水	×雲林院（古作） 舟橋　通小町
13狂女物	花筐　班女　桜川	水無月祓 ×多度津左衛門	柏崎　百万
14男物狂物	高野物狂　土車	×住吉物狂 ×逢坂物狂	芦刈　×丹後物狂
15芸尽物		東岸居士	自然居士
16唐物		唐船（世阿弥周辺の人物か）邯鄲（同）	
17直垂舞物《ひたたれまいもの》			春栄
18特殊物	蟻通（老体の神物）	木賊（フセヤ）	×融通鞍馬
E　四・五番目物（四番目物と五番目物の中間的性格の演目）			
19鬼女物	山姥		
F　五番目物（菩薩・貴人の霊・鬼神などが登場する演目）			
20女菩薩物《にょぼさつもの》	当麻		
21貴人物《きにんもの》	須磨源氏　融		
22鬼物	泰山府君　鵺　野守	×篁（世阿弥ないし周辺の人間か）	鵜飼

謡い物

×足引山（祝言小謡）　雪山（同上）　×敷島曲舞（祝言小謡）
×伏見の曲舞（伏見のクセ）　×哀傷曲舞（鍾馗のクセ）　×四季祝言（節句小謡）
蘇武曲舞（蘇武のクセ）　西行の謡（西行桜の一部。本来は釈教用の小謡らしい）
善光寺曲舞（柏崎のクセ）　百万曲舞（百万のクセ）　弱法師曲舞（弱法師のクセ）
飛火《とぶひ》（采女のクセ）　初瀬六代（将軍義持夫妻の意向で作った特殊な小謡）

金島書の謡い物

若州《じゃくしゅう》　海路《かいろ》　配処《はいしょ》　時鳥《ほととぎす》　泉《いずみ》　十社《じっしゃ》　北山《ほくさん》　薪《たきぎ》の神事《じんじ》（元無題）

散佚演目

石河《いしかわ》の女郎《じょろう》　シロトリ　千手（同名現行曲とは別作）　千方《ちかた》　盲打《めくらうち》　吉野西行

九番、都合七十一番が世阿弥関係の能ということができる。しかし、これらは世阿弥伝書や当時の上演記録や資料に限ったものであり、たまたま記録された作品にすぎない。「この三道は応永三十年に書かれし程に、それより後、本になるべき能、いくらもあるべし」（『申楽談儀』）と語るその口吻には、応永三十年（一四二三）以後にも多くの能が作られたことが推測できる。

事実、たとえば、第四章で触れたように、まとまった最古の演能記録である応永三十四年二月の別当坊猿楽記録に、観世十郎元雅、三郎元重、十二次郎によって、《佐保姫・曽我乕・盛久・酒天童子・仏原・エビラノ梅・猩々・自然居士・業平・忠信・小町少将・歌占・逆鉾・松山・綾鼓》の十五番が演じられたが、このうちの大部分が初出曲なのである。それらのなかには元雅（あるいは元能）の作品はもちろん世阿弥の作品も含まれているだろう。

また『申楽談儀』や『五音』で初めて言及されている曲もある。たとえば『申楽談儀』によると、晩年の世阿

世阿弥自筆能本ほか

	曲　名	曲　籍	奥　書	所　蔵	備考
①	難波梅	異神物	応永二十年後七月十一日　世書	観世宗家	「後七月」があったのは翌年なので世阿弥の誤記らしい。世阿弥作。弟四郎へ相伝か
②	盛久	直垂舞物	応永三十年八月十二日　世書	宝山寺	元雅作。②～⑤⑨⑩⑪は金春大夫へ相伝
③	多度津左衛門	狂女物	応永三十一年正月十八日　世書	宝山寺	高野物狂とも。自筆本のみ伝わる
④	江口	本鬘物	応永三十一年九月二十日　世書	宝山寺	外題「江口能 金春殿」。観阿弥の謡物を基に世阿弥改作
⑤	雲林院	執心男物	応永三十三年十一月七日　世書	宝山寺	古作を基に世阿弥改作
⑥	松浦	執心女物	応永三十四年十月日　世書	観世宗家	松浦佐用姫とも。世阿弥作　⑥～⑧は四郎か元重に相伝
⑦	阿古屋松	老神物	応永三十四年十一月日　世書	観世宗家	世阿弥改作
⑧	布留	女神物	応永三十五年二月日　世書	観世宗家	観阿弥作の謡物を基に世阿弥改作
⑨	柏崎	狂女物	世書（年月日不記）	宝山寺	古作を基に世阿弥改作
⑩	弱法師	特殊物	正長二年二月十六日　世書	宝山寺	正徳元年の臨写本。元雅作。天王寺の僧も登場，俊徳丸は妻を伴って出る
⑪	知章	修羅物	応永三十四年二月十五日　久次	宝山寺	久次は世阿弥の弟の四郎か

弥が「能・音曲（能の詞章も謡も）」とも「わが一流の本風（基本曲）たるべ」く「遺物《ゆいもつ》のために（遺産とするために）」書いたという十番は、観世大夫を継いだ元雅に贈った能と推測されているが、《砧》《西行（西行桜か実方か。後述）》《阿古屋松》《石河の女郎》（散逸曲）などが含まれるらしいものの十番の曲目は明確にはわからない。しかし「遺物十番」が存在したことは確かである。

さらに散佚演目の《千手》（現行同名曲とは別曲）《盲打》のほかにも、世阿弥作かどうか不明ながら《シロトリ》（能本目録）などの不明曲もあり、世阿弥は鬼能に名を得た十二五郎康次（永享四年〈一四三二〉、八十二歳歿）のために「得手向きの能」を書いているので（『申楽談儀』）、十二座を始め他座の役者の求めに応じて作能することもあったろう。後世の作者付であるが、観世系の『能本作者註文』（大永四年〈一五二四〉奥書。吉田東伍の命名）や金春系の『自家伝抄作者付』（永正十三年〈一五一六〉奥書）にはそれぞれ約一五五番を世阿弥作としている。名曲はすべて世阿弥作というような、現代では否定される曲も多いが、多数の作者不明の曲もあり、世阿弥作と確定できないものの、それらの中に紛れ込んでいる能もあるだろう。

創作・模作・改作・翻案

ちなみに、世阿弥が言う「創作」は必ずしも書き下ろし＝オリジナルに限らない。先行作品を模倣した模作、原作の趣向を移し換えた翻案、構想や構成を改変した改作も含み、場面や詞章などの借用も、あるいは原作に部分的に手を加えた改訂や、面白く作りかえる潤色や、音曲上の編曲＝アレンジも含んでいた。

世阿弥が心掛けたのは時代の好みを反映させることだった。「その当世々々によりて、少々言葉を変へ、曲を改めて、年々去来の花種をなせり（その時々にふさわしい花を咲かせるための作品とした）」

（『三道』）と述べている。伊海孝充の言葉を借りると「世阿弥が作品にとって「今」の時間が重要だと考えたのは、芸能・演劇が一回性の芸術であることをよく心得ていたから」である。「作品が何度もその一回性を生きるためには、作品自体が変わる必要があった。世阿弥にとっては、その変化をうながすことも立派な「創作」だった」のである〔伊海孝充・西野春雄：二〇一三〕。

これらの具体例は世阿弥の作劇論『三道』や『中楽談儀』から知られ、①昔の《嵯峨物狂》が《百万》に改作され、劇中歌の曲舞を、山本某作詞・南阿弥作曲の《地獄の曲舞》（地獄の有様を描く）から、世阿弥が自身で作詞・作曲した現在の《百万の曲舞》（我が子の行方を尋ねて、奈良の都から京都の嵯峨清涼寺までの旅路を綴る）に変えた、②《静》（吉野静ではなく二人静か）《自然居士》《舟橋》は古作の改作、③《丹後物狂》は《笛物狂》の、《松風》は田楽能《汐汲》の、《恋重荷》は《綾の太鼓》の翻案で、④《鵜飼》と《柏崎》は榎並左衛門五郎の原作に世阿弥が手を加え、その《柏崎》には世阿弥作《土車》のクセを挿入した、⑤《四位少将》（通小町の古名）は叡山の唱導師が書いて、それを金春権守が多武峰で初演し、さらに観阿弥が書き直した、などである。

その多武峰での猿楽には独特のルールがあり、多武峰様猿楽《とうのみねようさるがく》といわれた。①大和四座の立合いによる四人による翁、②演目により実際の馬に乗り甲冑を着けて演じる、③必ず新作を上演することである。したがって金春権守が初演したのもルールの③に拠ったもので、多武峰は、いわば新作の封切りの場であった。それだけ新作が待望され、各座には書き手がいたのであろう。観阿弥や世阿弥は田楽能や先輩諸座の演目でも、面白い作品は積極的に摂取し、改作・翻案して時代の好尚に応えていったのである。しかし、世阿弥のような優れた書き手がどの座にもいたとは思われず、作詞を素人の唱導師に依頼し、能役者は節付や型付を施すこともあったろう。

よき能とは

舞歌の重視は必然的に能の素材に制限を加える。世阿弥は「よき能」を定義して、「本説正しく、めづらしき風体にて、詰め所ありて、懸り幽玄ならんを、第一とすべし」（『花伝第六花修』）と説き、この方向に沿って能を作っていく。すなわち「典拠」がしっかりしていて、かつそれに忠実で、「風趣や様式」に「新鮮味」（めづらしさ）があり、「ここぞという見せ場」があって、しかも「風情の優美」な能が第一だというのである。題材も、俗に過ぎる人物は避けられ、貴人の鑑賞に価するよう、本説出典の明かな物語や古典の注釈に絞られる。構想も、二人以上の人物を対立させて筋を運んでいくよりも、主人公一人の物語による展開のほうが舞歌の妙味を発揮しやすく、おのずとシテ一焦点主義の傾向をたどり、回想形式を主軸とする夢幻能の様式を確立した。死後の時点からその主人公の生きてきた時間を凝縮して描く「夢幻能」の手法を完成させたのである。

主要な素材と統一イメイジ

さきに示した作品群一覧を通観するとき、当時の人々、なかでも公武に君臨した足利将軍家、武将、公卿、神官、僧侶たちの、典雅な王朝美への憧憬を象徴するかのように、『平家物語』をも含めて王朝世界と和歌の世界（和歌説話や古注釈）とが世阿弥にとって主要な素材であることに気づく。舞歌にふさわしい人物を主人公とし、古今の名歌佳句を巧みにちりばめ、それらが互いに響き合い、快い流れを現出させているのである。

比較文学・中世文学研究者小西甚一は世阿弥の能の表現の特色を次の四項にまとめているが、それらは世阿弥の作劇法を考える場合にも、はなはだ示唆に富む〔小西甚一：一九七五〕。

①連歌表現との共通性（句趣の優艶さ、イメイジ配合の微妙さ、断続に媒介された意味の流れ、縮約表現など、いずれも良基時代の連歌作品と共通する）

②優艶の尊重（当時における幽玄は優艶の意味で、王朝的な「雅」の理念に根ざす。幽玄の尊重と言い換えてもよい）

③顕著さの排除（宗祇の連歌の、平淡な句を基調としつつ、多様な変化によって調和のとれた興趣を生み出していく構成と本質的に共通点をもつ）

④統一イメイジの存在（劇には一曲を通して全体をつらぬく統一性が要請される。世阿弥や世阿弥グループの能にはイメイジの統一がある）

④の「統一イメイジ」は、アメリカの詩人エズラ・パウンド（一八八五〜一九七二）が、アーネスト・フェノロサ（一八五三〜一九〇八）の未亡人から託された英訳遺稿を整理し、分析批評によって発見した統一イメイジ（Unity of Image）論に触発された小西の提言である〔小西甚一：一九六二〕。たとえば、《高砂》の松、《養老》の泉、《忠度》の花、《清経》の黒髪と月、《井筒》の板井と月、《檜垣》の水、《班女》の扇、《砧》の砧と月、《融》の月、《野守》の鏡などを指摘した。これらは観阿弥や古作はもとより、宮増・信光・禅鳳・長俊らの作品には希薄で、世阿弥・元雅・禅竹系の作品に顕著なので、作者考定に活用できるが、「イメイジ」という語は別の意味に受けとられるおそれがある。そこで、横道萬里雄は、能一番を通して流れ続ける主題的景物・統括的事象を「統象」と呼び、主題的統象と背景的統象に分けて考えることができる、とした〔横道萬里雄・西野春雄・羽田昶：一九八七〕。

さらに、比較文学研究者の竹内晶子は、定義が曖昧な「統一イメイジ」への反省を切り口として、「世阿弥の特徴」「主題を象徴」「イメイジ」「統一する」などといった要素をすべて取り去り、ただ謡曲のレベルで、一曲を通じて繰り返し現れるという条件を満たす語を「反復語」と呼び、詩作品における反復現象に着目した言語学者ロマン・ヤコブソン（一八九六〜一九八二）の指摘を援用して、反復語の諸形態、反復語がもたらす効果など詳しく論じた（竹内晶子：二〇〇二）。

世阿弥の能には、確かに、反復されて効果を生む鍵語《キーワード》が指摘できる。たとえば、春の八島に源義経の霊が現れ、壇ノ浦での戦いを描く《八島》の「生死《しょうじ》の海」「生死《いきしに》の海山」である。これは海と陸で展開された源平の戦場を、戦いに明け暮れた「この世（閻浮）」をさしている。戦い続けた義経は、死後もなお修羅の迷妄からのがれ得ず、「生死の海」に沈んでいるのである。

最後に、世阿弥の能を考える上で必読の座談会を紹介しておこう。雑誌『観世』が世阿弥生誕六百年を記念して催した座談会「世阿弥の能」で、一九六三年六月号から十月号まで、五回に分けて掲載した。観世元正・観世寿夫・香西精・小西甚一・横道萬里雄・表章・斎藤太郎・檜常太郎の諸氏が出席し、縦横無尽に語り、実に面白く、示唆に富む。香西精『能謡新考』（檜書店、一九七二年）と観世寿夫『観世寿夫著作集一　世阿弥の世界』（平凡社、一九八〇年）に転載されている。ご一読をお勧めしたい。

第九章　詩劇の達成

1　足利将軍の治世を賛美する

前章では世阿弥による作劇術の要諦を概説したうえで世阿弥の能を総覧した。本章では、世阿弥が創作した神能から鬼能までの作品群の中から、廃絶曲も含め、作風を考える上で注目したい作品を取り上げ、成立の時期と作風の変化の跡を見ていこう。詩劇の達成がどのようなものであったか、特に晩年に著しい「本説（典拠）」のない「作り能（虚構能）」など、類曲と比較しながら演出面にも留意して具体的に読み解いていく。紙幅の関係で取り上げる作品は絞らざるを得ないが、世阿弥の芸跡と劇詩人世阿弥の姿を明らかにしたい。

将軍即位を祝う《弓八幡》《放生川》

世阿弥は作能の基本について、『申楽談儀』で「まづ祝言の、かかり直ぐなる道より書き習ふべし（祝意のこもった神能の、姿がすっきりした曲から書き始めるがよい）。直ぐなる体《てい》（真っ直ぐな情趣）は弓八幡なり。曲もなく、真直ぐなる能なり。当御代の始めのために書きたる能なれば、秘事もなし。放生会の能、魚放《いを》つところ曲（見せ場）なれば、わたくし（作者の趣向が出ている）あり。相生も、なほし鰭《ひれ》（工夫をこらした所）があるなり」と述べている。

この発言から《弓八幡》も《放生会の能》すなわち《放生川》も《相生》すなわち《高砂》も世阿弥作とわかる。世阿弥は、作能の手始めには祝言能（祝意のこもった脇能）という、かかりの素直なものがよいと主張し、直ぐなる能は《弓八幡》で、変化もなく、真直ぐで、「当御代の始め」すなわち今の御代の即位を祝って作能したので、複雑な秘事もない、と語っている。

《弓八幡》は応永三十年（一四二三）の『三道』に揚げられた当時の人気曲二十九曲のひとつ「やはた」が古名であろう。世阿弥たちは足利氏（源氏）の祖神である八幡大菩薩の神徳を讃える脇能を多く書き、《弓八幡》や《放生川》以外にも《八幡》《八幡弓》《香椎》《箱崎》（以上廃曲）など八幡物ともいうべき作品群が伝わるが、『申楽談儀』の記事との関連から「やはた」は《弓八幡》と考えてよい。

次に問題となるのは、当御代が将軍なのか天皇なのか、将軍ならば誰か、天皇ならばどの御代かという点で、諸説あるが、天野文雄の指摘によれば、この能に見える「天下一統」「弓箭《キウセン》を裹《ツツ》む」という言葉が暗示するように、①袋に入れた弓が大君に献上されるという設定と、②八幡に仕える高良《かわら》の神《しん》（シテ）が「天下一統」を祈念するという主題から、南北朝の合一が成り、また泰平の御代の到来を寿ぐ内容から、制作の背景として、明徳三年（一三九二）義満による南北朝合一直後の応永元年（一三九四）十二月に義満のあとを受けて将軍となった義持の将軍宣下のころが想定される。そして宣下直後の数日にわたる祝宴（『足利治乱記』）の席で上演された可能性があり、「当御代」は義持をさすものと思われるのである〔天野文雄：二〇〇七〕。

《弓八幡》のキーワードは天下太平を象徴する「桑の弓、蓬の矢」（世継ぎ誕生の時、桑の弓と蓬の矢で天地四方を射て災禍を払う。『礼記』内則篇）であり、君臣一体の理想的な治世をいう「君は舟、臣は瑞穂」（『荀子』の「君は舟、臣は水」を引く）であろう。世阿弥の時代はまさに天皇と将軍がこの関係にあり、当時の公武関係を背景にした文飾である。この表現は《金札》《養老》《高砂》《老松》《志賀》など世阿弥関係の脇能に見え、さらに足利将軍は代々氏神として八幡神を篤く尊崇していたので、八幡の神徳を讃美する脇能が作られたことも、将軍の治世の讃美に通底するのである。

なお、現在、《弓八幡》の後ジテ高良の神は男神の姿で登場し、颯爽と〔神舞〕（男神が明るく強く舞う舞事）を舞うが、同じ高良の神がシテの《放生川》では、後ジテは白髪に皺《しわ》尉の面を着けた老いたる神で、荘重に〔真ノ序ノ舞〕（老神などが荘重に舞う舞事）を舞う。観世流の《弓八幡》は、特別演出「初卯之舞《はつうのまい》」では老体となり、むしろこの形が原形であろう。

その《放生川》は『申楽談儀』に「八幡放生会の能」「放生会の能」として見える。これが古名で、応永三十年奥書の『三道』には見えないため、それ以後の成立であると推定される。ただし、『三道』は模範曲・好評曲をあげているので、掲出されていないからといって『三道』以後の成立と即断はできず、人気曲ではなかったかもしれない。『能本三十五番目録』には「ハウジャウ川」とある。

内容は、八月の八幡放生会に取材し、石清水《いわしみず》（男山）八幡に仕える竹内《たけうじ》の神《しん》（高良の神）が放生会の場に現れて、代々の大君を守護し、「生けるを放す」放生会に象徴される泰平の御代の永続を祈り、石清水八幡の神徳を讃美する。同時に、八幡の威徳によって「文武二つの道」が盛んになり、将軍を頂点とする和歌が隆盛していることを祝福し、男山の荘厳なさまを讃える。『申楽談儀』で世阿弥が

「放生会の能、魚放《いを》つところ曲なれば、わたくしあり」と語っているように、老人が水桶から魚を放す型があり、作者の好みが出過ぎていると告白している。

前述のように、源氏の氏神たる八幡は、代々の幕府の信仰が篤かった。ことに室町幕府にあっては、義満・義持・義教の時代は、その尊崇が最も高揚した時代だったという。大谷節子によれば、〈クリ〉をはじめとする八幡縁起の理解に、直接的な核となっているのは夢窓国師（一二七五〜一三五一）の『夢中問答集』の八幡縁起であり、『夢中問答集』に取り込まれた八幡縁起と《放生川》の近さは、世阿弥をめぐる環境に照らせば、当然の結論である〔大谷節子：二〇〇七〕。

ところで、荘重な舞事として〔真ノ序ノ舞〕のあとの〈ロンギ〉（役と役、または役と地謡が交互に謡う。物尽くしなど型どころが多い）が、四季に寄せて、喜春楽・傾盃楽《けんばいらく》・秋風楽・北庭楽と、舞楽の演目名を配している舞楽尽くしの〈ロンギ〉となっているのは、放生会で伶人の楽が演奏されたことを踏まえつつ、舞楽も好んだ足利将軍を意識しているからであろう。ちなみに義満は二十二歳の康暦元年（一三七九）から豊原信秋《とよはらののぶあき》（一三一八〜八六）について笙を習い、上達も目覚ましかった〔小川剛生：二〇一二〕。結末に据える舞楽の名尽くしの〈ロンギ〉は、《高砂》《難波》《鼓滝《つづみのたき》》《道明寺》《代主》などとも共通した文飾で、当代すなわち室町将軍の治世を讃美している〔伊藤正義：一九八八〕。そして、聖代の繁栄が歌道の繁栄と一体であると説く《高砂》に顕著なように、和歌と舞楽が絶え間なく存続し、繁栄することが、治世の、つまりは平穏な世の象徴であったのである〔大谷節子：二〇〇七〕。

古の聖代に義満の治政を重ねる《養老》

《養老》は『三道』に見えるのでそれ以前の成立で、『申楽談儀』に世阿弥作とある。『十訓抄』や『古今著聞集』などに見える養老の霊泉湧出伝説と、『和漢朗詠集』や『太平記』などに見える仙家の霊水（彭祖伝説・慈童説話など）と酒徳に関する詩歌故事とを重合し、霊泉が出現した聖代の奇瑞を描き、今の世までも祝福する。奇瑞を語る〈サシ〉の冒頭に「それ行く川の流れは絶えずして…」と『方丈記』の冒頭を引くのも耳を楽しませる。世阿弥は音曲論『曲付次第《ふしづけしだい》』でも「長明云《いはく》」として引用しており、『方丈記』の引用は日本文学史上おそらく初めてだろう。後場で山神が出現し、本体は楊柳観音菩薩であると告げ、神といい仏というも水波の隔てに過ぎず、ともに君が代を守り衆生済度を本願とすると説き、御代を祝福し、爽快な舞を舞う。

『足利治乱記』明徳四年（一三九三）九月十八日条によれば、足利義満は伊勢参向の折、養老の瀧の見物に下向しているので（西野春雄：一九九八）、これを背景に作能された可能性が高く、古の聖代に義満の治政を重ねていると思われる（天野文雄：二〇〇七）。脇能に顕著であるが、当代の治世を讃美する作品を次々と書いた世阿弥は、このころ将軍家御用役者の地位を獲得しつつあったようである。

《養老》は脇能でも異格の能で、前ジテと前ツレは神の化身ではなく現実の老人とその子、後ジテが養老の山神（神霊）である。孝行な若者とその父親の前に、神が出現して奇瑞を見せる脇能で、前場の終わりの詞章「言ひもあへねば不思議やな…」に照らすと、ここで直ぐ山神が出現しないと不自然な印象が残る。横道萬里雄は、古くは親子の者が勅使と共に舞台に残り、別に山神が登場したのではなかったかと推量し（横道萬里雄・表章：一九六〇）、こうした展開を見せる曲を「護法型《ごほう》」と呼んだ。《護法》では、シテ名取の老女は最後まで残り、終結部に出現する護法童子を別人が勤める（明治まで宝生流所演曲。一九九三年、観世流の梅若六郎が復曲）。前ジテまたは前ジテ相当の人物が中入せず、後場に神霊（別人）が現れて事件を解決する形態は《護法》《昭君》《鵜飼》など古作能に多く、霊験を示すのにふさわしい手法である。堂本正樹はギリシア劇でいう「デウス・エクス・マキーナ型」と呼んだ（堂本正樹：一九八六）。「現実の人間界の紛糾を、超現実界の神が現れて収拾する形式」である。

さらに横道は後ジテ登場の詞章に注目し、養老の山神は観音菩薩が仮に神として現れたものなので、女体の観音菩薩として出て来ても、おかしくはない。舞あとの詞章が〈ノリ地〉（四四調を基準とする一字一拍のリズム様式で、舞の前後や浮きやかな場面に用いる）として書かれているのも女体の能のためのようであると指摘している（横道萬里雄：二〇〇七）。なお、現在でも、観世流の特別演出「水波之伝《すいはのでん》」では後場にツレの天女も別に出す。

現存する世界最古の演劇台本《難波》

応永二十年（一四一三）閏七月（同二十一年の誤りか）奥書の世阿弥自筆能本「難波梅」が観世宗家に伝わり、五十二歳ごろの成立と思われる。我が国に文字を伝えたという百済国の王仁の霊が梅花の精とともに現れ、春の難波津に夜の舞楽を奏する《難波》は、世阿弥がしばしば素材とした『古今和歌集』仮名序の古注『三流抄』の所説を典拠とすること、前ツレの「チゴ（児）」（現在は若い男）の風姿が『二曲三体人形図』の「児姿幽風」の所説との親近から、世阿弥作である蓋然性が強い。前場の児《ちご》を後場で木花咲耶姫《このはなさくやひめ》の神霊（女体）として登場させた工夫が新しく、後ジテの舞も異国の異神《ことがみ》にふさわしく〔楽〕（異相の神や唐人などが舞う舞楽を模した舞事）を舞う（観世流以外は〔楽〕。〔神舞〕を常とする観世流でも特別演出「羯鼓出之伝《かっこだしのでん》」では〔楽〕になる）。

成立の経緯や背景に関し、曲中の「春鶯囀《しゅんのうでん》」が春宮《とうぐう》元服の際に奏する舞楽であり、詞章が「春」

のイメイジで統一されているから、後小松天皇の第一皇子躬仁《みひと》親王（後の称光天皇。一四〇一～二八）の親王宣下・元服を祝して応永十八年末あるいは十九年春に作られ、天皇の治世下における重鎮の臣下としての義持への賛美を込めた作品であると推測されている（天野文雄：二〇〇七、重田みち：二〇二三）。その可能性が高い。

義持の大患平癒を祝う《泰山府君》

『三道』は好評曲に《泰山木《たいさんもく》》をあげ、同題につき『申楽談儀』に世阿弥作とあり、これが本来の曲名である。泰山木は桜の異名で、里桜の一種（八重桜）に泰山府君があり「たいさんぼく」と転訛したらしい。

ある春の夜、桜を愛する桜町中納言が、わずか七日の命しかない桜を惜しみ、ものの命を司る泰山《たいさん》府君《ぶくん》を祀る。天女が舞い降り一枝手折ろうとするが、月と花の光が明るいので、好機を待ち、月が陰った隙に花を手折って天に飛び去る（中入）。花折る音に気づいた花守が中納言に報告し、泰山府君に祈るよう勧めると、寿命を司る地獄の司法官泰山府君が現れ、やがて天女が散りかけた花の枝を手に再び舞い降りる。府君は通力をもって枝を接《つ》ぎ木し、花の命を三倍に延ばした。

花を愛惜する中納言と天女。ふたりの思いを受け止める泰山府君。この能は、応永二十七年（一四二〇）に将軍義持の大患平癒祝賀のため泰山府君祭が二度も行われた時の創作ではないかという指摘もあり（天野文雄：二〇〇七）、その可能性が高い。『看聞日記』永享四年（一四三二）三月十五日条に、丹波の矢田座が伏見宮貞成親王の御所で演じた六番の能のうちの「続桜事（桜を続《つ》ぐ事）」が《泰山府君》のことである。

《鼓滝》と義教の兵庫下向

廃絶曲《鼓滝《つづみのたき》》は、『中楽談儀』に〈クセ〉の一節「天、花に酔へりや」について、謡い方を注意しているので、世阿弥時代の存在が確認できる。春、西宮に詣でた臣下が、都への帰り、音に聞く津の国鼓の滝を訪ねると、老樵と若者が現れ、古今の名歌・佳句に寄せて風光明媚な鼓の滝と有明桜を讃える。その夜、滝祭の明神が山神の姿で出現し、有明の月の光が降り注ぐ夜桜の下、舞を舞うという幻想的な神能である。能は廃絶したが、前場の中心に据えた〈サシ〉〈クセ〉が謡い物として伝わり、和漢の名歌や佳句をちりばめた詩句は、耳にも心地よく、聴き応えがある。

『和漢朗詠集』(風、三月三日)、蘇武の春夜詩、『景徳伝灯録』(巻十六)の漢詩句や、『金葉和歌集』(巻五、藤原行盛「音高き鼓の山の打ちはへて…」)、『続古今和歌集』(巻十、藤原隆祐「かるもかく猪《ゐ》な野の原のかり枕…」)ほかの幻想的な和歌を引く作詞も秀抜で、神能で叙景の曲舞も珍しい。舞に入る前の「滝の響きも有明の、月の夜神楽、花の粧《ヨソオ》ひ、心耳《シンニ》を驚かす、夜神楽の」も軽快で、さらに舞のあとは、舞楽の名尽くしの〈ロンギ〉で結ぶ。《弓八幡》などでも触れたように、これは足利将軍の治世讃美の文飾である。石井倫子によれば、本曲が足利義満・義持・義教が関心をよせた湯山すなわち有馬の地に取材し、ことに義教が永享四年(一四三二)八月の兵庫下向に際し西宮で接待を受けたことを重視すると(『看聞日記』同年八月十六・十七日条、『満済准后日記』二十五日条)、義教の兵庫下向を背景に、曲舞を利用して創られた能ではないかとも推定している(石井倫子:二〇一〇)。《養老》成立の背景と合わせ、その可能性は高い(二〇二二年、観世流の山中雅志が祝言之式で復曲した)。

2　風雅な修羅を求めて

世阿弥が開拓し多彩な作品を残した分野に修羅能がある。戦いで死んだ武士の霊の修羅道での苦しみとその鎮魂を描くのが修羅能本来の行き方であるが、世阿弥は夢幻能の手法を駆使して、風雅・武名・愛執を主題とした美しい詩劇に発展させた。

修羅能とは何か

世阿弥以前の修羅能は現在残っていないが、『風姿花伝』第二物学条々の「修羅」で「うまく演じたとしても、面白さはめったに出ない」とか「こういったたぐいの修羅能で、修羅の苦患《くげん》を演じる狂乱の演技は、ややもすると鬼の演技になってしまう」という発言からもうかがうことはできる。本来修羅とは決して美しいものではない。流れる血が河となり、血の海は楯をも流し、鋭い剣は骨までも打ち砕く。常に怒り争う心を燃やし闘争を繰り返す合戦の巷。そこには血と妄執と瞋恚《しんに》とが渦巻いている。そうした人々が亡霊となって出現する話は『太平記』に多く、なかでも巻二十「結城入道地獄に堕つる事」の話はよく知られている。地獄で牛頭馬頭《ごずめず》に呵責《かしゃく》されるさまはあまりにも酷い。

また『風姿花伝』第二物学条々の「物狂」で憑き物による物狂いについて述べ、「女物狂などに、あるいは修羅闘諍《とうじょう》・鬼神などの憑くこと、これ何よりも悪きことなり」と戒めているが、この発言の背景には、女に武者の亡霊が憑く能もあったことが推測される。事実、廃絶演目《太刀掘《たちぼり》》（葵とも）では、あこねという女に女武者葵の霊が憑いて、突然合戦のさまを語り出す。世阿弥時代に演じられていた《小林》（内野合戦とも）では、宮人に小林上野介の死霊が憑き、やがて霊媒の梓巫女《あずさみこ》が霊を招き寄せる。

このような修羅物狂いの古態について、北川忠彦は、京都東福寺の僧良覚が記した正慶二年(一三三三)の見聞記『博多日記』に見える、菊池入道の甥左衛門三郎が、その首を見た女に憑き、討死の物語をしたという記事を紹介し、妻のことを言う時は哀傷の気色、合戦のことを語る時は怒れる気色を顕わしたという。そして「このような事例をとり上げて、正気の間を前ジテに、取り憑かれた後を後ジテに脚色すれば、たちまち現行の修羅物に近いものが出来上ろう」と述べている(北川忠彦:一九七二)。

たしかに憑き物の形で神や鬼や過去の人物を描くことはできる。やがて過去の人物そのものを登場させ、罪障懺悔《ざいしょうさんげ》のために過去を語り演じるような形態も生まれる。『太平記』に見るような、現世では合戦に従った者の亡霊が死後の苦しみを訴える説話類が修羅能の成立に影響を与えたことは確かであろう。

しかし、世阿弥はこのような風雅とは無縁の修羅に対し、「源平などの名のある人の事を、花鳥風月(風雅なもの)に作り寄せて、能よければ、何よりもまた面白し。これ、ことに花やかなる所ありたし」と考え、新しい視点を導入した。『平家物語』の抒情的側面に着目し、『平家物語』の中でも美しく滅んでいった悲劇の武将たちを主人公に、いちはやく形式が整い、楽式が完成した脇能の形態に拠りながら、読経の声にひかれて現れ、念仏の場に出現し、妻の夢枕に、あるいは旅僧の夢の中に登場させ、夢中の出来事として脚色し、シテが回向を頼む、という形式を創案したのである。

二場型夢幻能では、前ジテは尉の姿で登場する。実盛や頼政といった老武者が尉の姿で出るのは当然としても、若くして死んだ通盛・忠度・義経・重衡などが尉の姿で出るのも、脇能を下敷きとして創案されたことを暗示していよう。そして、全体を花鳥風月などの風雅な景物に事寄せる方向で開拓した。シテは武将とはいえ「遊士《ゆうし》」であり、王朝の業平や光源氏に準じる。和歌の名手である忠度・頼政、笛を好んだ敦盛・清経。舞台も、朧々とした晩春の宇治の里（頼政）や、嵐烈しい須磨の浦（忠度）など、王朝以来の歌枕である。

世阿弥はそれぞれの作品に主題を盛り込む。平忠度が文武二道にすぐれていたことを讃美し、歌道への迷妄を描く《忠度》、死をともにと誓いあいながら自ら命を絶った清経と、愛の違約を恨む妻の心情を描く《清経》、宇治に布陣した老武者源三位《げんざんみ》頼政の最後の奮戦ぶりを扱う《頼政》、赤地の錦の直垂《ひたたれ》を着て戦った老武人の最期を描く《実盛》、わずか十六歳で戦死した敦盛への哀悼と、敦盛を手に掛けた熊谷直実が出家し、念仏を唱え、法の友となったことを描く《敦盛》などである。

これらの作品は『平家物語』を素材とするが、現存諸本に拠る限り特定の一本を本説《ほんぜつ》（中心的典拠、一曲の物語的内容でもある）とすることは困難で、典拠本文の追求よりもむしろ、世阿弥はいかに『平家物語』を用いたか、あるいは『平家物語』から離れたか、人物をどのように形象したかが問題にされるべきである。《清経》から見てみよう。

この世とても旅ぞかし

《清経》は『三道』に見え、『中楽談儀』に世阿弥作とある。『平家物語』などでは、清経が妻に遺した形見の鬢《びん》の髪を、「見るたびに心づくしの髪なれば宇佐にぞ返すもとの社《やしろ》に」の歌とともに西国の清経の許に送り返したことや、西海での清経入水のことをごく簡単に記すだけであるが、世阿弥は本説に準拠しながら、清経の入水直前に残した遺髪、それを届ける淡津の三郎、自分を置き去りにして自殺した夫の行動を恨み嘆き、遺髪をそのまま宇佐に手向け返す妻、などを脚色し肉付し、心打つ悲劇を創出している。夢の中ででも姿を見せてほしいと泣き伏す妻の枕がみに、清経の霊をひっそりと登場させた。優しく妻を慰めながら、死を選ぶに至った動機を詳しく語る夫、それを理解しながらも恨まずにいられない妻の心の内を描いていく。

シテを成仏に導くワキ僧も出さず、場所も、清経入水の豊前の海ではなく都の清経の留守宅である。しかも夢幻能では、シテひとりの物語に絞り込み、シテが語り始めると、相手（旅僧など）はまったく沈黙してしまうのだが、この能では、清経の物語を遮って、妻が話の腰を折るように突然抗議の言葉をさし挟む。ずいぶん奇抜な手法であるが、演劇的効果は抜群で、型に入って型を出るのが世阿弥の作劇術なのである。複式夢幻能（二場型）の多い世阿弥関係の修羅能のなかで、単式（一場型）をとるのも《清経》だけで、簡潔な一場形式として事件を巧みに脚色している。後半、波のうねりのように続く長大な〈クセ〉は、平家一門の運命と海上の清経を活写し、一篇の叙事詩のような高揚がある。

その〈クセ〉に続け、妻は感情をおさえかねて「聞くに心も呉織《くれはどり》、憂き音《ね》に沈む涙の雨の、恨めしかりける契りかな」とかきくどく。それを受けて清経は、「言ふならく、奈落も同じ泡沫《うたかた》の、あはれは誰《たれ》も、変はらざりけり」と歌う。恨み言を言わないでおくれ。聞く所によれば、奈落（地獄）もこの世も同じこと、水の泡のような、はかなさ哀れさは人間誰も変わりはないのだ、と静かに慰撫する（「言ふならく奈落の底に入りぬれば刹利も首陀も変はらざりけり」『俊頼髄脳』等。《錦木》《篁《たかむら》》『金島書』《泉》にも）。このように、結末近くに和歌や詩句を低音域でしみじみと詠吟する趣の〈下《げ》ノ詠〉や高音域で高らかに吟唱する〈上《じょう》ノ詠〉を用いて主題歌を配し、情感の頂点を築いてゆく手法は世阿弥の特色である。《忠度》（行き暮れて木《こ》の下陰を宿とせば花や今宵の主《あるじ》ならまし）、《舟橋》（東路の佐野の舟橋取り放し親し離《さ》くれば妹《いも》に逢はぬかも）、《錦木》（錦木は千束《ちつか》になりぬ今こそは人に知られぬ閨の内見め）、《鵺《ぬえ》》（ほととぎす名をも雲井にあぐるかなと）にも見られ、一曲の主旋律を見事に奏でている。

エッセイ『朝日の中の黒い鳥』で「劇《ドラマ》、それは何事かの到来であり、能、それは何者かの到来である」（西洋の演劇では何かが起きる。能では何者かが到来する）と短い言葉で能の本質を衝いたのは、駐日大使でフランスの劇詩人ポール・クローデル（一八六八〜一九五五）である（『朝日の中の黒い鳥』一九二七、パリ。内藤高訳、講談社学術文庫、一九八八）。平家の運命を悟った左中将平清経は戦線を離脱し、柳が浦で入水するが、その清経の霊が都の妻の枕元に静かに現れる。この至言は《清経》の本質を深く洞察している。

法の友となり救済された直実

《敦盛》は『三道』に見え、『申楽談儀』に世阿弥作とある。十六歳で戦死した平敦盛は、清盛の弟経盛の子で、笛を愛した若者だった。世阿弥はそこに注目して作劇し、歌枕の須磨を舞台に、前場では草刈男たちを登場させて、樵歌牧笛《しょうかぼくてき》という詩歌世界の風雅な情趣を描き（小枝《さえだ》・蟬折・青葉の笛・高麗《こま》笛・海人《あま》の焼残《たきさし》と笛の名尽くしも）、後場では、平家一門の運命を語り、合戦前夜の酒宴の場で笛を吹き、舞を舞う。世阿弥の修羅能で舞があるのは《敦盛》だけで、世阿弥は、敦盛と笛の縁のなかに優美で風雅な能へ仕立てるための「花鳥風月」を発見した。典拠の『平家物語』巻九「敦盛最期」は、そのような風流な物語ではない。敦盛を捕らえた熊谷直実は、毅然と振る舞う若武者と我が子の面影を重ね、討つことを躊躇するが、味方の軍が押し寄せて来るのを見て、自らの手で敦盛の首を斬り、その後、発心出家する。世阿弥はこの悲話をも逃さなかった。

通常、能では霊を弔う人物（ワキ）を「諸国一見の僧」という不特定者とする曲が多いが、敦盛を弔うのは敦盛を討って出家した直実（蓮生法師）である。昔を振り返る敦盛の霊は「法事の念仏して弔はるれば、終《ツイ》には共に生まるべき、同じ蓮《ハチス》の蓮生法師、敵《カタキ》にてなかりけり」と告げて消える。深い罪悪感にさいなまれていた直実は、能の世界で「法の友」という救済を得たのである。

また、《敦盛》は、春の須磨を舞台にしたことによって、詞章にも、ワキの道行に「波ここもと」、〈クセ〉に「四方《ヨモ》の嵐」「後ろの山」「柴といふもの」など、二条良基の連歌学書の一つ『光源氏一部《ひかるげんじいちぶ》連歌寄合《れんがよりあい》』（貞治四年〈一三六五〉成立）にみえる「寄合語」を効果的に綴っていて、若き日の世阿弥が良基を通じて『源氏寄合』を知った可能性も指摘されている（和田エイ子：一九七六）。その後、数種の連歌寄合書と能の詞章との関係が解明された（伊藤正義：一九八三〜八八）。《敦盛》は『光源氏一部連歌寄合』を活用して風雅な情趣を醸成しているが、これは、同じく須磨が舞台の《忠度》や《箙》《知章》にも指摘できる特色で、しかもこのような描写は、世阿弥たちの庇護者である足利将軍家や側近の諸大名および被官たちの間に広まった源氏愛好の風潮を背景にしているのである。

木蔭を旅の宿とせば

次に《忠度》をみてみよう。この曲は世阿弥自身、「上花」（最高ランク）と自讃した佳曲である（『申楽談儀』）。歌人藤原俊成の家臣だった僧が、須磨で平《たいらの》忠度《ただのり》の霊と出会い、生前の思いを聞く。忠度は出陣の際に師の俊成に託した和歌が「詠み人知らず」として『千載和歌集』に入集したことの無念と、岡部六弥太《おかべのろくやた》に右腕を切り落とされるという壮絶な最期を語る修羅能であるが、文武二道の達人と称された忠度の、特に歌人としての側面を描く。普通、修羅能では、戦いの場面に、世阿弥が「ハヤフシ（早節）」と呼ぶ勇躍したリズム「修羅ノリ（中ノリ)」（八八調を基準とする二字一拍のリズム様式）で刻んでゆく場面があるが、《忠度》には「修羅ノリ」はなく、武人よりも歌人に重きを置いていることが分かる。世阿弥は、文武に優れた忠度を歌道の執心ゆえに登場させたのであった。

なお、詞章の修辞の面で、世阿弥は《敦盛》と同じく『光源氏一部連歌寄合』を多用するとともに、『平家物語』と重ねて、琳阿弥が作詞し観阿弥が作曲した長大な曲舞《西国下り》を効果的に引いていることも注目される。たとえば、世阿弥は『申楽談儀』で「西国下、面白き曲舞なり。梟松桂《ふくろうしょうけい》の枝に鳴きなど、面白きなり」と語っているが、引用句「梟松桂の枝に鳴き」に響き合う詩句が《忠度》に見える。引用句の典拠は『白氏文集』第一「凶宅」で、「梟松桂の枝に鳴き、狐蘭菊《きつねらんぎく》の叢《くさむら》に蔵《かく》る」であるが、《忠度》では〈上歌〉「さも忙がはしかりの身の、心の花か蘭菊の、狐川より引き返し、俊成の家に行き、歌の望みを嘆きしに」と地謡が歌っていく。岡田美津子によれば、「見」と「心」を対にし、風雅を解する心を「心の花」と表し、「梟松桂の枝に鳴き」は引かずに、続く「狐蘭菊の叢に蔵る」を響かせて「狐川より引き返し」と繋げた。そして、〈下歌〉「年は寿永の秋のころ」も、〈上歌〉「西海の波の上」以下も、《西国下り》を凝縮して引用している〔岡田美津子：二〇一〇〕。この能は忠度の和歌「行き暮れて木《こ》の下陰を宿とせば花や今宵の主《あるじ》ならまし」を詞章の各所に響かせ、最後を「木陰を旅の宿とせば、花こそ主なりけり」と結ぶ。《忠度》ほど、和歌の力が効果的に発揮されている修羅能もない。

なお、〈上歌〉は七五一句を八拍にあてはめる、能の代表的リズム様式で、高音域の旋律で始まり、ほとんどすべての能に用いられる。〈下歌〉は低音域の旋律の短い小段で、これも多用され、直後に上歌を伴うことが多い。

祝言の修羅能

《田村》は『能本目録』に見えるので世阿弥の晩年には成立していた。《田村》に限らず《朝長》《維盛》など『能本目録』掲出の修羅能は、風雅・恋慕・武名を中心に据えた『三道』掲出の修羅能と比べ、かなり異色の作品で、世阿弥の作風が大きく変化したか、別の作者（元雅・元能あるいは禅竹）を考えるべきか、きわめて問題が多く、検討してみよう。

《田村》は神能的色彩の強い修羅能で、むしろ神能に属すべきものかも知れない。月下の桜に嬉遊する前ジテ花守りの童子（化身）は単なる少年ではなく、様式的には永遠の少年（一種の神仙）で、神格を持ち、勢州鈴鹿の悪魔を降伏《ごうぶく》した坂上の田村丸（後ジテ）は古代の英雄である。修羅能で童子姿は《田村》だけという一事からも異格な修羅能が理解されよう。前場、清水寺の美景を讃える〈クセ〉から中入の〈ロンギ〉と続く構成も神能に近いが、神能の〈クセ〉は社寺の来歴を語る叙事であるのに対し、《田村》は来歴を〈クセ〉の前に倒置し、〈クセ〉を叙景とする点が違う。後場は他の修羅能と同じく、終わりを闘争などを示す場面に用いる〈中《ちゅう》ノリ地〉で結ぶが、シテの名乗りを〈名ノリグリ〉（名ノリを重ねたクリ形式の小段）にして〈サシ〉〈クセ〉（軍物語）へ続かせるなど、全体の能本構造上、倒置・重合・縮合が目立つ。前場と後場にそれぞれ〈クセ〉を配する能は世阿弥以前にはない。武人の霊や狂女などが興奮状態を示す〔カケリ〕も、修羅の苦患《くげん》のありさまを表現する他の修羅能とは違い、祝言の翔《かけ》りというべきで、全曲、祝言性に満ちている。

前場の基調をなす清水観音縁起は『今昔物語集』などで周知であるが、後場は多分に創作的であり、独立の謡物「清水寺の曲舞」（《花月》の〈クセ〉と類似のものか）を基にして創作の筆を自由に揮った世阿弥の最晩年の「作り能（虚構能）」と推測され、神能と修羅能の融合を図り、清雅な詩趣と雄渾な叙事を描出した異色作かと思われる。類型を脱して、前後に〈クセ〉を配した創意工夫なども「極めたる達人の才学《さいかく》」といえるだろう（西野春雄：一九七二）。ただ、その異色性に注目すると、世阿弥の修羅能とは方向が違う、新しい修羅能をめざした元雅たちによる意欲作の可能性も否定できない。

老体・軍体・法体の融合

前に述べたように、《頼政》は『三道』にその名が見え、『申楽談儀』で世阿弥作と確定できる。『平家物語』巻四「橋合戦」「宮御最期」に拠りつつ、平家討伐を企て高倉の宮を擁して挙兵するも敗れ、二子を失い、平等院の扇の芝の露と消えた頼政の無念と文武に名高かった頼政の奮戦ぶりを描く。合戦の描写に重点が置かれ、敵方の忠綱の活躍が生き生きと描かれている。後場の戦《いくさ》物語が中心であるが、山吹の瀬に月影が映り、雪を乗せて下って行くかに見える柴積舟や、山も川もおぼろに霞む宇治の美景が広がる前場の名所教えも味わい深い。中入前の「夢の憂き世の中宿…」は、憂き世に生きながらえて来た老人の感慨を伝え、「扇の芝」とともに本曲のキーワードである。

後ジテの姿は、老武者物の《実盛》と比べ、さらに法体の要素も加わり、本曲独自の頼政頭巾をかぶる。専用面「頼政」は髭のない老体の顔に怪士《あやかし》の金の入った目が異色で、源三位頼政の無念の表現とみられる。老武者ながら、かなり強い動きを見せ、ラストシーンの〈上ノ詠〉「埋もれ木の花咲く事もなかりしに、身のなる果ては哀れなりけり」が、一曲の主題歌を奏でている。

なお、第四章で紹介した『申楽談儀』の面の事に、近江の愛智《えち》打ちが「大和名人」（大和猿楽の名手）ということで、近江猿楽の岩童を介して女面と「顔細き尉の面」を世阿弥の許へ贈った逸話があった。その尉面を世阿弥は時々「源三位《げんざんみ》」（頼政の一名）に彩色して着けていたという。世阿弥が十二歳の年に見物した田楽の喜阿弥の《炭焼の能》でも、尉面を、あっさりと彩色して着けたというから、すでに喜阿弥のころから役者が彩色し直したことがあった。

井阿弥の原作を改作した《通盛》

《通盛》は『三道』に見え、『申楽談儀』に井阿弥《せいあみ》の原作を世阿弥が「言葉多きを、切り除《の》け、切り除けして能に成す」よう改作したとある。『平家物語』九「落足」「小宰相身投《こざいしょう》」における平通盛と小宰相の愛と別れ、通盛の戦死と小宰相の入水などに取材し、男女の愛を中心に描いた異色の修羅能である。井阿弥は世阿弥より先輩格の観世座の役者らしい。

阿波の鳴門の浦、相寄る二つの魂が夏安居《げあんご》（一夏《いちげ》、九十日の禁足修業）をする僧の読誦の功力《くりき》によって、もろともに救われる。前場で、暮れなずむ沖のかなた、漁を終えた老夫婦が、篝火をつけた舟の作り物に乗ったていで登場し、暗い波間にかすかに聞こえる読経の声に引かれるように小舟を磯辺へ近づけ、老夫婦と僧の会話（掛合）から始まるのも極めて稀で、かつ詩的情趣も深い。僧に乞われるまま、姥がこの浦で果てた小宰相の最期を物語るうち海中に身を投げ、老人も続いて海中に消える（中入）。物語と現実の境が薄れてゆく描写も非凡だ。

前ツレ小宰相局の化身は、現在、姥姿でなく後場の小宰相局（霊）の上臈姿で登場し、中入で、いったん姿を消す意味で後見座に座して控える場合が多いが、中入して、後場に上臈姿で再登場するのが本来の形であろう。

《通盛》は『申楽談儀』で「通盛・忠度・義経（八島の古名）、三番、修羅がかりにはよき能なり。このうち忠度、上花（上三花）か」と述べている。世阿弥が『九位』で示す最高位の妙花風の可能性を暗示した《忠度》に次いで、高く評価している能である。

3　追慕追懐する女、貴人

女体の夢幻能

修羅能に比べると、女体の夢幻能の成立はやや遅れるようである。応永三十年成立の『三道』で、新作の規範とすべき人気曲二十九番のうち、女体として《箱崎》《鵜羽》《盲打〔散佚曲〕》《静》《松風》《百万》《浮舟》《檜垣》《小町〔卒都婆小町〕》の九番を記しているが、女神の能《箱崎》《鵜羽》を別にすると、夢幻能は、観阿弥作の謡物を摂取し、田楽能《汐汲》を翻案した一場型の夢幻能《松風》のほかには、老女物の《檜垣》と、歌人として名高い管領細川満元の家臣横越元久が作詞し、世阿弥が作曲〔作詞の補作もしたか〕した《浮舟》の二番だけである。

『源氏物語』に取材し、数奇な運命に翻弄される浮舟の悲劇を描く《浮舟》には、素材面で当時の古典愛好や、王朝の美女への憧憬を見ることができ、世阿弥が「夕顔の上の物の怪に取られ、浮舟の憑物などとて、見風の便りある幽花の種、逢ひ難き風得〔好素材〕なり」〔『三道』〕と述べた発言を裏付けるが、一方で、静・祇王・祇女などの白拍子、百万・山姥などの曲舞々《くせまいまい》、あるいは狂女など舞歌にふさわしい芸能者を主人公とする能も多く存在した。廃絶曲まで見渡すと、実に多数の静物、祇王物、千手物、あるいは小町物が作られている。また川竹の流れの女、江口の君や、同じく棹の歌を歌う室《むろ》の津の室君など遊女に取材した曲もある。そして老いた白拍子の霊をシテとし、美しかった舞姫のいたましい末路を描く《檜垣》もまたこの系列に属する。しかも、檜垣の嫗《おうな》伝説は『後撰和歌集』

『大和物語』などの和歌世界を背景とした恰好の素材であったろう。次に老女物の名曲《檜垣》から見ていこう。

執心の水を汲む《檜垣》

世界の演劇史のなかで、老女を主人公とした劇はほとんどなく、能ほど老女を描く劇はない。《檜垣》は『三道』に見え『申楽談儀』に世阿弥作とある。肥後岩戸の雲巌《うんがん》禅寺《ぜんじ》に滞在する僧（ワキ）は、毎日閼伽《あか》の水を汲んで捧げる百歳にも及ぶ老女（前ジテ）を不審に思い、名を尋ねると、古の檜垣の嫗《おうな》の歌を我が歌と言い、近くの白川のほとりに昔住んでいた白拍子と名乗って消える（前場）。僧が白川に赴くと、檜垣で囲まれた庵から白拍子の霊（後ジテ）が現れ、僧に死後の苦しみを訴える。美女の誉れ高い白拍子だったが、その業《ごう》ゆえに生前もあさましい老いの姿をさらして生き続けなければならなかったと語り（クセ）、藤原興範《おきのり》に乞われて舞った舞を再現して見せ（序ノ舞）、僧に成仏を願い、救いを求める（後場）。

《檜垣》は「年経ればわが黒髪も白川のみづはぐむまで老いにけるかな」（『後撰和歌集』雑三）を中心素材とする。檜垣の女は、異性の心を惹きつけたその美しさゆえに、みずから誇った舞歌の生活ゆえに、死後も熱鉄の桶をにない、猛火の釣瓶にすがって因果の水を汲まねばならない。水の相に輪廻を描き、美しい過去ゆえに老衰はいっそういたましい。今もなお執心の水を汲む「輪廻の姿」は、輪廻の喩えとして禅宗文献に多用される「汲井輪《きゅうせいりん》（汲水輪）」に基づく描写であろう〔落合博志：二〇一二〕。「汲井輪」とは「車井戸の車輪の断えず輪廻して釣瓶を浮沈せしむるを、生死輪廻の相続無窮なるに喩へたるもの」（望月信亨著『仏教大辞典』第一巻）である。水を汲む所作と腰を屈めた老いの姿を重ねた「みつはくむ」が檜垣の嫗を象徴するキーワードであり、「執心の水を汲み干すことで輪廻から離れ、救済へと向かう。執心の因となった表象を救いの手立てと結び付けて救済へと向かわせるこうしたレトリックは世阿弥作の能「砧」や金春禅竹作の能「野宮」にも用いられている」（大谷節子：二〇一二三）。《檜垣》を経て《砧》に至る流れは、鬼の能を得意とした大和猿楽の芸質を象徴しているようだ。《檜垣》にはまだ夢という設定は無い。後述する世阿弥晩年の名曲《井筒》とは別の道を歩んだ名作である。

禅竹作ともみられる《姨捨》

《姨捨》は、これまで、『申楽談儀』に地謡が「月に見ゆるも恥づかしや」（前場の上歌の文句）と歌う場面の演技について世阿弥が言及していることを根拠に、作者は世阿弥とされてきた。しかし、現在は、娘婿の禅竹作とする見解もあり、揺れている。いったい作者は誰か。

《姨捨》は「わが心慰めかねつ更科や姨捨山に照る月を見て」（古今和歌集・雑上・詠み人知らず）の歌を主材とし、孤独の悲しみの果てに、限りなく月の精に昇華した老女の霊の懐旧の情と月下の遊舞を描く。名高い姨捨伝説に基づき、この歌を捨てられた老女の詠とする『俊頼髄脳』に拠ったらしい。昔を慕い、悲惨な棄老よりも（その描写はアイの語りに委ねる）月への思慕と仏への礼讃に力点があり、『観無量寿経』第十一を主体に書かれた「勢至観の曲舞」ともいうべき月光讃美の曲舞と老女の舞は有為転変の世の無常を象徴している。曲舞の前後に「昔に返る」など「昔」の語を多用し、懐旧の心を強調するとともに、昔の秋を取り返し得ない老女の嘆きもほのみえる。

次に、鍵となる世阿弥の言及した臨場感あふれる場面を現代語訳で示してみよう。

姨捨の能に「月に見ゆるも恥づかしや」と地謡が歌う所があるが、ここは「道で金《きん》を拾う」ように、骨を折らずに大きな舞台効果が発揮できる場面だ。そもそも能は、遠く広々とした風景を想像させること（「遠見《えんけん》」）を基本として、のびやかに、たっぷりとあるのがいい。それなのに、「月に見ゆるも恥づかしや」と、向き合っている人（ワキ）に扇をかざして顔を隠すだけで、月を少しも見ようとせず屈み込む姿をするから見苦しい。ここは逆に、「月に見ゆるも」と扇を高く上げて月を主体とし、ワキに少しだけ目をかけるようにして、おぼろおぼろと演じ収めたら、面白い風情が生まれるはずだ。

ここは、満月に惹かれて現れた老女の霊の心情を、地謡が「昔だに、捨てられし程の身を知らで、また姨捨の山に出《い》でて、おもてを更科の、月に見ゆるも恥づかしや」と歌い、「月に自分を見られるのが恥づかしい」という意味を込める場面なのだから、観客の視線の先を上方に誘うことによって、月・空・山の情景が広がり、自然の中の人間の存在が、シテの心情にも深みを増し、主題がダイレクトに示されることにもなるのである〔小田幸子：二〇二三〕。

堂本正樹によれば、この逸話は、世阿弥が、月を少しも見ず、屈んでいる見苦しい姿の若い役者の演技に対して、批評し助言してダメ出しをしている場面である。世阿弥の標準的な劇作とは異なる方法や修辞の特色と他の禅竹作の能との共通点が認められることから、「完全であると同時に未完である円環構造」が禅竹の能に顕著で、かつ《姨捨》は禅竹的なものが濃厚であるとする山木ユリ説〔山木ユリ：一九七七〕に触発され、《姨捨》は禅竹が老女物に遊狂性を付与すべく作った能であろうと推論した（堂本正樹：一九八六）。さらに観世流シテ方の役者で研究者の味方健は、山木・堂本説に賛同し、主題に輪廻の姿を見出し、「なかなか」「三五夜中の新月の色」など禅竹詞を指摘して、禅竹説を補強した（講演）。禅竹の孫禅鳳（一四五四〜一五三二?）の芸談『禅鳳雑談』に、禅竹の代表作《芭蕉》は「禅竹若き時、書き候ひて、観世へ遣はされし能にて候」とある。信用できる金春家の伝承で、《姨捨》も若き時に書いたとしても不思議ではない。『申楽談儀』は永享二年の成立なので、このとき禅竹は二十六歳くらいである。

水鏡に映る業平の面影

《井筒》は『申楽談儀』で世阿弥自身「上花なり」と自讃し、「直ぐなる」能と批評した佳曲で、『五音』で世阿弥作曲と知られる。『伊勢物語』二十三段の「筒井筒」の挿話を中心に、四・十七・二十四段の話を合わせ、人待つ女とも井筒の女とも言われた紀有常の娘の、夫業平への一途な思慕と、恋の追憶を描く。

中世では『伊勢物語』が業平の一代記的歌道の聖典として尊重され、歌学の家でさまざまの注釈書が作られた。本曲も『冷泉流伊勢物語抄』など古注の理解が根底にあり、現代の伊勢物語理解とは隔たりがあるが、《井筒》には、古注に拠りつつも世阿弥が創造した新たな詩劇の世界があり、秋の夜の古寺を背景に、井筒の女の恋心をしみじみと描いている。

《井筒》
（シテ：観世寿夫）

前場では、幼い頃互いに影を映した水鏡の昔、大人になり男の求婚の歌に女が承諾の歌を返した幸福な昔を回想する〈クセ〉(「互いに」が三回使われ純愛を強調している)が、後場では、夫の形見の直衣を身にまとい男装した美女が業平の舞をまねて舞う。構成も穏やかで首尾整っており、終わり近く、井筒をのぞき込み、水鏡に業平の面影を幻視する場面が唯一の破調であり、かつクライマックスでもある(世阿弥時代も同様の型と想像する)。

世阿弥の能の作曲上の特徴を分析した横道萬里雄の指摘によれば、《井筒》の後と《融》の後とは節付けの形式が非常によく似ていて、他の曲にはない節付けがあり、世阿弥独自の、世阿弥好みの傾向が比較的よく分かるという(横道萬里雄:一九八〇)。示唆に富む発見で、今後は、難しい作業であるが、詞章だけでなく作曲面での分析・解明も期待したい。

なお、中世文学研究者の中村格(一九二九〜二〇二三)により井筒の女の霊に業平の霊が憑依したとする憑依説が提示され(中村格:一九七四)、それを反映した演出が試みられたこともあった。「業平の形見を身につけている女には、業平が乗り移っている。両者は一体となって、女でもあり男でもある。異様な状態である」(小山弘志・佐藤健一郎:一九九七)。

《井筒》は、現代では評価も高く人気曲であるが、表章の直話によれば、戦前はそれほど評価されず、上演も稀で、むしろ《野宮》が高く評価されていて、今日の人気は、戦後の観世寿夫による再発見に拠るところが大きいという。ようやく世阿弥の能の芸術性が現代に評価されたのである。

遊楽する采女

《采女》は『五音』に「飛火《とぶひ》」の曲名で春日社の由来を物語る〈語リ〉から〈上歌〉の一部が作者名なしで引かれているので、永享初年以前の成立で、世阿弥作の可能性が高い。猿沢の池に入水した采女（『大和物語』一五〇段等）と浅香山の歌を詠んだ采女（『古今和歌集』仮名序）とを同人物とする『毘沙門堂古今集注』などの中世古今序注の所説に、春日神社の草木縁起を配し、月の光差す猿沢の池を背景に采女の霊の遊楽を描く。

　采女の戯れを讃仏乗の因縁にとりなし祝言性に富む作品で、全体に恨みも悲しみもない。本三番目の能でこれほど祝言の意を持たせている能も例がなく、『五音』に作者名なしで引く作品は世阿弥の作曲と推測されており、詞章にも「神と君との道直ぐに」「安全《あんせん》」「花鳥…とぶさ」など世阿弥の脇能と共通し、世阿弥の愛用語「遊楽」を多用している点からも、「飛火」と「采女尽くし」を基にした世阿弥の作ではないかと考えられる。

　後場の舞の前後の〈ワカ〉（和歌を歌いあげる小段）にかけての詞章「御土器《おんかはらけ》たびたび廻り、有明の月ふけて、山郭公《ほととぎす》、誘ひ顔なるに、叡慮を受けて遊楽の。月に啼け、〔舞〕月に啼け、同じ雲井の郭公《ほととぎす》」は、落合博志の指摘によれば、康暦元年（一三七九）四月、右大将義満（二十二歳）が良基に伴われて宮中に参内し泉殿での饗宴を良基が著した『右大将義満参内饗讌《きょうえん》仮名記』に「御かはらけたび〳〵めぐりて、在曙方《ありあけがた》の月雲井はるかにさしいでゝ、時鳥《ほととぎす》さそひがほなるに」とある文章とほぼ同じであり、義満の勧めに応じて良基が詠んだ発句「月に鳴け同じ雲井の時鳥」（ともに雲井＝禁裏にて親しく交際しようという挨拶）をそのまま生かした文辞であるという（能楽史研究会での研究発表）。同書からの引用は限られていると思うので、世阿弥が春日興福寺を氏寺とする藤原氏の氏の長者である二条良基の側近から得た情報に拠って作劇に生かしたのではないかと想像している。

遊舞する融

《融《とおる》》は『三道』の人気曲に古名《塩竈《しおがま》》で見え、『中楽談儀』に世阿弥作とある。応永二十六年（一四一九）六月奥書の『音曲口伝』に、「ばうをく（祝言に対立する風趣。茅屋?・亡臆?）」の例曲として《塩竈》の前ジテ登場の段の謡を挙げている。

貴公子左大臣　源《みなもとの》　融《とおる》が京の都六条に邸宅を構え、陸奥塩竈の美景を模した風流三昧は『古今和歌集』や『伊勢物語』で知られ、その歿後の荒廃と怪異は『江談抄《ごうだんしょう》』などで広く知られるが、本曲は紀貫之の歌、「君まさで煙絶えにし塩竈のうらさびしくも見えわたるかな」の追憶・哀愁の情を中心に、融の大臣《おとど》の美的生活の懐旧と、月のへ讃美・憧憬を描く。荒れ果てた旧邸と常住不変の月光。全篇詩情にあふれ、しみじみとした懐旧の場面から明るい名所教えへの転換、後ジテは貴公子姿（面は中将）で登場、刻々と移り行く月影の描写など、構成・詞章ともに卓抜だ。前ジテの登場が「月もはや」で始まり、後ジテの最後の言葉も「月もはや」とするなど、「月」に比重のかかった曲で、月の運行とともに劇も進む。懐旧の遊楽のあとの結びの〈ロンギ〉は漢詩句尽くしで、韻律も美しく、「名残惜しの面影」と名詞止めにするのも能としては極めて稀だ。月光の曲と表現したい世阿弥の傑作である。なお、『中楽談儀』によると、観阿弥が演じた古作の鬼能《融の大臣《おとど》の能》があった。散逸曲であるが、源融が塩竈の風光に執着したため、死後、地獄で鬼に責められる鬼能のようである。世阿弥はこの鬼能を風流貴公子の霊が月下に遊楽する遊舞能に変容させたのである。

遊女の歌う舟遊び《江口》

世阿弥は観阿弥や先人の能を改作し、新しいた魅力ある作品を再創造した。次に、その代表として《江口》と《松風村雨》を見てみよう。《江口》は『五音』に「江口遊女　亡父曲」とある曲舞を中心に構想された作品で、応永三十一年（一四二四）九月廿日奥書の世阿弥自筆能本が宝山寺に伝わり、その時点での世阿弥（六十二歳）による改作と推定されている。西行に宿を拒んだ江口の遊女と西行の歌の応酬譚（『山家集』『新古今和歌集』『撰集抄』）と、性空上人《しょうくうしょうにん》が遊女に生身《しょうじん》の普賢菩薩を見た話（『古事談』『十訓抄』『撰集抄』など）に拠りつつ、悲惨な生活を送る遊女の境涯も、それに徹しきる切ることによって、人生の無常を諦観し仏菩薩に転じうることを描く。本鬘物の優美さと宗教的な荘厳さとが巧みに融和した崇高で華麗な能である。

後場の冒頭、世阿弥自筆能本（一三二頁参照）に「飾リ舟ニテ遊女二三人」「橋掛リニテシヅシヅト歌フベシ」（適宜漢字を宛てた）とあるように、川霧の中に浮かぶ飾り船に乗った遊女たちが、月の夜に「棹の歌」（舟歌。遊女の芸の一つ）を歌い遊ぶ川逍遙《かわじょうよう》の場面は、華やかな中に哀感を湛え、仏教語を駆使して遊女の身の罪業観と人生の無常観とを語る〈クリ〉〈サシ〉〈クセ〉が眼目に据えられている。江口の遊女の霊は静かに舞い進め（自筆能本に「舞アルベシ」）、舞い終えると、普賢菩薩に変じ、舟は白象と化した西の空に消えて行く。

なお、棹の歌の前「秋の水漲《みなぎ》り落ちて去る舟の」の所に、自筆能本では「サウカフシ」（早歌節）と指定し、『申楽談儀』の音曲のかかりについて〈サシ〉の「河竹の流れの女となる、前の世《さきよ》の報ひまで、思ひやるこそ悲しけれ」を「平家節」と呼んでいる。作曲にあたり、先行・併行する早歌や平家の節を摂り入れたことも分かる。また前章で触れたように、自筆能本に「ヲカシ」として間狂言の詞章を記していることは、能の作者が間狂言の作成にまで関与したことを示す例として極めて貴重である。その間狂言が後世の間語り（舞台中央に座して語る、居語り）ではなく、立ったままワキへ語る形式であると推定され、世阿弥時代の間狂言の形態を考察する上でも重要な資料である（表章：一九七七）。

松風村雨、昔、汐汲なり

《松風村雨》は『五音』に「松風　亡父曲」、別の箇所では「松風　後ノ段」として作曲者名を欠くものの、『申楽談儀』に「松風村雨　世子作」とあるので、観阿弥作曲の謡物を基に世阿弥が書いた曲である。なお『三道』に「松風村雨、昔、汐汲なり」とあり、その「汐汲」は田楽の喜阿弥の作曲によるというから（『五音』）、古作の田楽能《汐汲》を基に世阿弥が猿楽能《松風村雨》を新たに創作したものだろう。世阿弥自身、『申楽談儀』で「松風村雨、寵深花風《ちょうしんかふう》の位か」と評価している。寵深花風とは最高の妙花風に次ぐ至高の位である。「松風村雨、事多き能なれども、これはよし」（同）とも言う。「なすべきことが多く、詞章の入り組んだ能であるけれど、主題が一貫した能であり、この曲はこれでよい」という意味であろう。

『古今和歌集』雑下の在原行平の歌「わくらばに問ふ人あらば須磨の浦に藻塩たれつつわぶと答へよ」と同じく「立ち別れ因幡の山の峰に生ふる松とし聞かばいま帰り来ん」（離別）の歌を主材に、流謫《るたく》の貴公子を慕う海人《あま》乙女のいちずな恋心を美しく詩情豊かに描いている。舞台の須磨は摂津の歌枕で、「わくらばに…」の詩境が示すように寂しき所として詠まれ、『源氏物語』「須磨」の巻がいっそうこのイメイジを強めた。本曲はこうした文学的伝統を背景に、「波ここもと・四方の嵐・うしろの山」といった「源氏詞《ことば》」や古歌を巧みに綴り、言葉の響きや連想を自在に駆使して、詩情豊かな曲に仕上げている。「月」の語が前半の「月下の汐汲み」に集中し、恋の思い出に涙し、松を行平と幻視してからは「月」は消え、代わりに「まつ（松・待つ）」が多用される。

世阿弥が「そのままにて入り替りたる能なり」（『申楽談儀』）というように、中入はないが中入があるのと同じ趣の能である。《松風》の節付けについて細川満元は、前半〈ロンギ〉前の地謡の〈上歌〉「寄せては返る片男波、芦辺の鶴《たづ》こそ立ち騒げ、四方《よも》の嵐も音添えて、夜寒む何と過ごさん」などは面白い節だが、「はや第二に落つ（その面白さのために至高の無文音感に至らず、有文音感に止まっている）」などと批評している。世阿弥は喜阿弥風の作曲を施し、いろいろ工夫しているが、低音から「夜寒む何と」と謡い上げるのは細川満元が直したという（『申楽談儀』）。世阿弥による詩劇の達成は、その卓抜した作劇力と共に、細川満元らの優れた鑑賞眼との協力によって実現したのである。

世阿弥畢生の会心作《砧》

《砧》は『申楽談儀』で「静かなりし夜、砧の能の節《ふし》を聞きしに、かやうの能の味はひは、末の世に知る人あるまじければ、書き置くも物くさき由」を世阿弥が自讃しながら慨嘆している。韻律美の完成と詩劇の達成を示す世阿弥晩年の会心作で、《砧》ほど、至高至難な能はない。

九州芦屋の某《なにがし》（ワキ）は訴訟のため上京して早三年、故郷のことも気がかりなので侍女夕霧（ツレ）を帰国させる。淋しい夜、夫の帰りを待ちわびる妻（前ジテ）は夫の無情を嘆くが、里人の砧打つ音に、古代中国の蘇武の妻が打つ砧の声が万里異域の夫に届いたという詩話を想起し、せめてもの慰めにと砧を打ちながら、松吹く風に思いを託すが、打つほどに恋しさがつのる。だが、今年の暮れも帰国できないという知らせが届き、妻は病となり、ついに命を落とす（前場）。急ぎ帰国した夫が砧を手向けてと弔うと、妻の亡霊（後ジテ）がやつれ果てた姿で現れ、恋慕の執心を抱いたまま死んだので地獄で呵責の苦しみを受けていることを訴え、夫を怨む。しかし、生前に砧を打ち、その音に仏性が籠り、法華読誦の功力によって成仏することができた（後場）。

典拠は別にない。訴訟のため在京した夫を遠国の妻が慕いつつ死んだ話は多くあったに相違なく、夫の愛の薄れるのを嘆いた閨怨の詩、秋夜擣衣《しゅうやとうい》、蘇武の妻と砧を結びつける朗詠私注などを素材に、悲涼凄婉な情趣を凝縮した世阿弥の「作り能」であろう。夫を恋い、恨む妻の凄愴な心理描写を核とした曲で、絢爛の美をきわめ波瀾の妙をつくした詞章の詩的な感興は群を抜く。

わびしい鄙の住まい、哀れを誘う秋の暮れ、その淋しさを象徴するかのような草木の凋落。そうした情景を描きつつ「かれがれの契りも」と人事に転じ、閨怨の情の哀れさ、はかない契りを点出して行く登場の段から、閨愁切々と慕情をこめて砧を打つ「砧ノ段」は深い悲しみを伝える。次に〈次第〉から〈(クセ)〉までの詞章をあげよう（絶妙な拍律が伝わるよう上の句と下の句に分けた）。

〈次第〉地　衣《コロモ》に落つる 松の声、衣に落つる 松の声、夜寒を風や 知らすらん。
〈一セイ〉シテ　音づれの、稀なる中の 秋風に、地 憂きを知らする 夕《イウ》べかな。
シテ　遠里人《トオザトビト》も 眺むらん、地 誰《タ》が夜《ヨ》と月は よも訪はじ。
〈サシ〉シテ　面白の折からや、頃しも秋の夕《イウ》つ方、地 牡鹿《オシカ》の声も心凄く、見ぬ山風を送り来て、梢はいづれひと葉散る、空すさまじき月影の、軒の忍に映ろひて、シテ 露の玉垂れかかる身の、地 思ひを述ぶる夜すがらかな。
〈上ノ詠〉地　宮漏《キウロオ》高く立つて、風北《カゼキタ》に廻《メグ》り。シテ 隣砧《リンテン》緩《ユル》く急《キウ》にして、月西に流る。
〈歌〉地　蘇武が旅寝は 北の国、これは東《ヒガシ》の 空なれば、西より来《キタ》る 秋の風の、吹き 送れと、間《マ》遠《ドオ》の衣 打たうよ。

〈上歌〉　地　古里の、軒端の松も 心せよ、己《オノ》が 枝々に、嵐の音を 残すなよ、今の砧の 声添へて、君がそなたに 吹けや風。あまりに吹きて 松風よ、わが心、通ひて人に 見ゆならば、その夢を 破るな、破れて後は この衣《コロモ》、たれか来ても 訪ふべき、来て訪ふならば いつまでも、衣は裁《タ》ちも 替へなん、夏衣、薄き契りは 忌《イ》まはしや、君が命は 長き夜《ヨ》の、月にはとても 寝られぬに、いざいざ衣 打たうよ。

〈クセ〉　地　かの七夕の 契りには、ひと夜ばかりの 狩り衣《コロモ》、天の川波 立ち隔て、逢ふ瀬櫂《カイ》なき浮き舟の、梶の 葉脆《モロ》き 露涙、ふたつの袖や 萎《シオ》るらん、水掛け 草ならば、波打ち寄せよ泡沫《ウタカタ》。

シテ　文月七日《フヅキナヌカ》の 暁や　地　八月九月《ハチゲツキウゲツ》、げに正に 長き夜《ヨ》、千声《センセイ》 萬声《バンセイ》の、憂きを人に 知らせばや、月の色 風の気色、影に置く 霜までも、心凄き 折節に、砧の音 夜嵐、悲しみの声 虫の音《ネ》、交じりて落つる 露涙、ほろほろ はらはらはらと、いづれ 砧の 音やらん。

たゆとう妻の心情をそのまま写した〈上歌〉、さなきだに淋しい秋の夜寒に夫を慕う妻の悲涼の声が聞こえる〈クセ〉、砧の音と共に間断なく意識されている風、そして月・七夕・天の川・露のイメージとその配合の微妙さは連歌表現と共通する。しかし、《砧》は世阿弥の予言通り、やがて廃絶する。江戸時代、能を愛好した徳川綱吉・家宣の意向によって、《恋重荷》《蟬丸》《弱法師》などと共に復曲された。しかし長い間、廃絶したままであったため、型も退転し、現行演出は江戸時代の工夫である。近年、世阿弥時代から約五十年後に書かれたと推定される型付が発見された〔宮本圭造・

二〇一二〕。世阿弥の意図した演出がどのようなものだったのか、検討が重ねられることを期待したい。

4 老いと若さ、遊狂と物狂

異説のある《西行桜》と《実方》 《西行桜》は『申楽談儀』に世阿弥作としてみえる「西行の能」であろう。ただし堂本正樹は禅竹作とし「西行の能」は《実方》で禅竹作としている〔堂本正樹：一九八六〕。

西行の歌集『山家集』に「閑かならんと思ひ侍る頃、花見に人々まうできたりければ」と詞書した歌「花見にと群れつつ人の来るのみぞあたら桜の咎にはありける」により構想された能で、西行（ワキ）の夢に老桜の精（シテ）が現れ、言葉を交わし、老桜の精は西行の知遇を得たことを喜び、風雅清朗な春夜の興へと移って行く。舞い語られる繚乱たる春景色。洛中洛外の桜の名所尽くしは、まず初花を急ぐ近衛殿の糸桜から始まり、千本《ちもと》の桜、毘沙門堂の花盛り、清水寺の地主《じしゅ》の桜を讃え、「花は大井川、井堰《いせき》に雪やかかるらん」と結ぶ。咲き初めから満開へ、そして落花へと、時も流れる。暁の鐘が時の移ろいを印象づけ、惜春の情がいよいよつのる。別れの時。朧の春の夜は花の影より明けそめ、西行の夢も覚め、翁の姿も消える。「老体の幽玄」を形象化させ、桜花爛漫たる都の春に重ねて、老桜の精の惜春の情を描く。

この能には、老いと若さ、優しさと力強さ、閑寂と華麗、といった相対立する要素が共存し、それらが応和し止揚《アウフヘーベン》されている。世阿弥は『申楽談儀』で「西行、阿古屋松」を並べ、「後の世、かかる能書く者やあるまじき」と覚えて創作したと語った（なお、世阿弥自筆本《阿古屋松》は、二〇一二年、国立能楽堂特別公演で観世清和の主演で復曲し、同年、これとは別に、京都観世会第一回復曲試演の会で片山幽雪主演で復曲した）。

一方《実方》は、世阿弥が「西行、阿古屋松、大方似たる能なり」と語った「西行」を、廃絶曲《実方》とする立場から提示された。『申楽談儀』に前場の〈クセ〉の「小野の小町は」の節について言及があり、世阿弥時代の存在が認められる。劇中の頂点でもある水鏡の手法が世阿弥作品に多いことから世阿弥作と推測されてきたが、後述するように別人説も考えられる。それはそれとして、廃絶曲でもあり、次に内容を記そう。

陸奥を旅する西行（ワキ）が由ありげな塚を目にし、里人に中将実方の墓と教えられ、「朽ちもせぬその名ばかりを残し置きて　枯野の薄かたみとぞなる」と歌を手向けると、老人（シテ。実方の化身）が現れ、弔いを謝し、弔われた亡者であることをほのめかす。そして西行との和歌の縁を喜び、歌の徳を語って塚の中に消える（中入）。その夜、西行の夢に実方の霊が現れ、賀茂の臨時祭の試楽に遅れた実方が竹を挿頭《かざし》にして舞った逸話から竹のめでたさを語り、舞い、水鏡して我が身の美しさに見とれ、再び舞うが、水鏡に映された老衰に愕然とし、弔いを乞うて消えて行く＊。

＊《実方》は、これまで金春流や観世流の意欲的な演者によって復曲され数回演じられている。一九八八年に金春信高、一九九三年に観世栄夫、二〇一七年に大槻文藏、二〇一八年に片山九郎右衛門が主演し、金春流は現行曲に組み入れた。後ジテの姿は、A《西行桜》のような尉面の老体の貴人姿、B《融》のような中将の面の若い貴人姿、の二通りあり、Aが多い。しかしAでは老体の舞と年盛りの美しさの残像を

二重写しにするものの、颯爽たる趣は出ない。一方、Bは若々しく颯爽と現れ、昔を今に再現する舞も、水鏡に見とれる姿もふさわしいが、再び水鏡して老衰を嘆く場面は表現が難しく、かなりの演技力が要求される。私は一九九三年能劇の座の復曲で能本を作成した時はAの立場だったが、京都観世会の復曲試演の会で監修・能本作成をした時、演者と検討を重ねていく中でBが自然に思われ、Bを選んだ。この二重性を如何に過不足なく表現できるかが鍵であり、この難しさが廃絶した理由の一つかもしれない。

さらに作品分析を進めると、作者は世阿弥以外の可能性もある。それは、①後ジテの登場歌「その神山の葵草」が禅竹作《賀茂》と同じ表現であること。②水鏡の手法は世阿弥ばかりでなく元雅や禅竹にも見え、《実方》の水鏡の描写は禅竹作《賀茂物狂》に類似すること。③賀茂の臨時祭の試楽に遅刻した実方が呉竹を手折って挿頭《かざし》にした逸話から、竹を好んだ白居易の詩「養竹記」や『白氏文集』巻六「閑適二」の「遊真寺詩 一百三十韻」から数句引用していて、その描写が「風青翠《カゼセイスイ》に音添ひ」（竹の翠の葉や幹に風の音がいつまでも添い、その響きは風の中の絃のようだ）とか、「雪白鷺《ユキハクロ》に残れり」（雪が残っているかと見ると、川岸から白鷺が飛び立つ姿であった）などのように色彩の対比が鮮やかで（典拠は京都観世会発行謡本の注解で指摘し、従来の「清翠」を「青翠」に、「白浪」を「白鷺」に改めた）、このような色彩表現は禅竹に多いこと。④後場の結びで、舞のあと老衰を嘆く場面から「峰どよむまで、賀茂の神山の、もとより臨時の時ならぬ雷《イカヅチ》、とどろとどろと、鳴り廻り鳴り廻る」とテンポが急調に変わる結末は、世阿弥が「後はそとあり（閑寂な趣）」と述べた趣とは異質であることから、「西行」は《実方》ではないと推考する。詞章に色彩表現が顕著な点を勘案すると、《実方》は禅竹作の可能性が高いと考えられる。

横溢する遊狂精神

世阿弥は『風姿花伝』第二物学《ものまね》条々で、「物狂」を「この道の第一の、面白尽くの芸能なり。物狂の品々多ければ、この一道に得たらん達者は、十方へわたるべし。くりかへしくりかへし公案の入るべきたしなみなり」と述べている。能のなかで最も面白く、あらゆる劇的要素を取り込んだ物狂能は、観阿弥時代から人気曲がいくつも作られ、世阿弥はさらに磨きをかけて歌舞中心の物狂能を完成させた。

世阿弥時代の物狂能には、①憑き物による物狂、②思いゆえの物狂、③遊狂の物狂、の三つの類型があった。①は《卒都婆小町》《巻絹》廃絶曲《春日巫女《みこ》》などのように憑依の場面のある能で、古作に多い。②は《百万》《柏崎》廃絶曲《丹後物狂》《敷地物狂》（以上、古作またはその改作）、《花筐》《班女》《桜川》《土車》《高野物狂》（以上、世阿弥作）、《木賊《とくさ》》《隅田川》（元雅作）《三井寺》（元雅作？禅竹作？）などのように悲しみゆえの狂乱の能で、古作にも世阿弥時代の能にもあり、最も人気が高い。③は《花月》《自然居士》《東岸居士》廃絶曲《逢坂物狂》など芸能者による遊狂を見せることに主眼を置く能で、落魄した男が難波の芦を笠尽くしの歌に乗せて面白く売る《芦刈（古名難波）》（世阿弥作）などの物売りもこれに準じる（廃絶していた《丹後物狂》は一九八六年、観世流の浅見真州が、《逢坂物狂》は一九九六年、浅見真州が、《敷地物狂》は一九九七年、観世流の大槻文藏が復曲した）。

そして、程度の差はあれ、いずれにも共通するのがシテの遊狂（芸能）である。ストーリーが親子・主従、恋人や夫婦の再会にあっても、それに重点があるのではなく、親子の生き別れはシテを流浪の旅へ誘い、語り興ぜしめるための手段であり、再会は結末へ導くための筋道に過ぎない。もちろん戯曲性の濃い能もあれば、遊狂性の強い能もあるが、骨格は動かない。①の憑依も憑き物による狂乱であり、芸能に準じて考えていい。②の先蹤として廃絶曲《刈萱《かるかや》》《不逢森《あわでのもり》（反魂香《はんごんこう》とも）》のような人情物現在能が想定される（《刈萱》は一九八六年、観世流の大槻文藏が復曲し、《不逢森》は二〇二一年、観世流の加藤慎吾が復曲した）。やがて《高野物狂》のような思いゆえの物狂が生まれたと考えるが、②のなかでも世話がかった物狂能から歌舞を重視する物狂能へと移行していった。そして、世阿弥は、夢幻能の形式と序破急五段の楽式を応用して、歌舞中心の物狂能を創出し、完成させたのである。次に、その代表的な能である世阿弥晩年の傑作《班女《はんじょ》》を見てみよう。

形見に取り交わした扇

《班女》は『五音』に作曲者名なしにあげているので、世阿弥の作曲と考えてよく、『申楽談儀』での言及や文辞・脚色から作詞者も世阿弥と考えられる。美濃国野上の宿《しゅく》の長《ちょう》（アイ）は、遊女花子《はなご》（前ジテ）が、東《あずま》へ下る途次、立ち寄った吉田少将と深く契って以来、形見に取り交わした扇にばかり見入って他を顧みないので、花子を追い出す（前場）。その秋、帰途、野上の宿でそのことを知った少将（ワキ）は、都に着くや糺《ただす》の杜に参詣すると、若い狂女（後ジテ）が来かかり懇ろに祈る。都の男（現行は少将の従者）が女に狂って見せよ、例の班女の扇はあるかと尋ねると、狂女は無情を咎めつつも少将への思慕の情の切なさに扇を手に取り、語り舞う（〈クリ・サシ・クセ〉〔中ノ舞〕または〔序ノ舞〕）。やがて、取り交わした形見の扇が縁となって狂気も去り、少将と再会する（後場）。

夏が終わり、秋（飽き）が来て捨てられる扇。前漢の成帝の寵愛を得ていた班女（班婕妤《はんしょうよ》）が、趙飛燕《ちょうひえん》という美女に寵を奪われた物語は、『文選』巻二十七「怨歌行」として知られ、日本でも『和漢朗詠集』に詠まれた。班女とあだ名された遊女の、ひたむきな恋を描くこの能は、扇の故事を主想とし、班扇にちなむ和漢の詩歌や故事や早歌などの名句をちりばめ、月雪花を配して詩情豊かに表現して行く。その恋の純粋さにおいて《井筒》と双璧をなす佳曲である。

恋する二人が取り交わした愛の誓いの扇が、旅の空で結ばれた都の貴族と野上の遊女の別離と再会を美しく運んでゆく。浮き浮きと舞い戯れる一般の狂女物と違って、いわゆる〈クルイ〉（狂女などが狂乱を示す囃子と所作）もない。主題の「捨てられた女の嘆き」（閨怨）を象徴する扇と班女は漢詩文では馴染みであるが、物語そのものには典拠らしいものがなく、世阿弥の「作り能」であろう（香西精：一九六四）。《班女》の後ジテの登場から頂点をなす〈クリ・サシ・クセ〉と舞事にかけての脚本構造は夢幻能の形態に依拠し、恋慕の主題を一貫させ、遊女のいちずな心根を描き切っている。

散ればぞ波も桜川

《桜川》は『五音』に「是ニ出《イデ》タル物狂ノ」と作曲者名なしに引き、『中楽談儀』にも言及があり、詞章も世阿弥の特色を示しているので、世阿弥の作と認めてよいだろう。

九州は日向国。人商人が少年桜子の手紙と身代金を母（前ジテ）の許へ届ける。母の貧苦を見かね、人買いに我と我が身を売ったのだった。母は驚き「のうその子は売るまじき子にて候ものを」と跡を追う（前場）。常陸国、桜川のほとり。磯部寺の住僧が従僧と稚児（桜子）を伴い花見をしている。母（後ジテ）は物狂いとなってさすらい、我が子の名とゆかりの深い桜川のほとりで、散る桜を惜しみ、掬い網をもって狂い、興じる。やがて母子は再会する（後場）。

桜を詠んだ古今の名歌や『碧巌録』の詩句を効果的に引き、狂乱を示し（〔カケリ〕）、静かに舞台を一回りし、花に心を寄せる（〔イロエ〕）。身の上を嘆く〈クセ〉、桜尽くしの掛け合いによる〈段歌〉

（網ノ段）と、目にも耳にも心地よく面白い。桜花に対する感情が、我が子桜子と一体化し、春のはなやかさと散る桜花に、いっそう哀れが深い。世阿弥による晩年の「作り能」であろう。

榎並の古作を改作した《柏崎》

《柏崎》は二重の悲劇を負った狂女がシテの、前後二場からなる古作の物狂能である。『申楽談儀』に摂津猿楽榎並座の左衛門五郎の原作を、世阿弥がかなり手を入れて改作したので「世子の作なるべし」といい、世阿弥が《土車》用に作詞作曲した弥陀浄土鑽仰の曲舞の《善光寺の曲舞》を、そっくり転用したという（『五音』）。世阿弥自筆能本も伝わる。

越後の柏崎で、訴訟のため鎌倉に滞在中の夫の留守を守っている妻（前ジテ）の許に、家臣小太郎（世阿弥本は小二郎）が、夫の病死と、それを悲しんだ我が子花若の出家遁世を知らせる。夫の形見と花若の文を読んだ妻は悲嘆にくれ、いったんは子を恨むが、無事安穏を神仏に祈る（中入）。

一方、花若（子方）は信濃の善光寺の住僧と師弟の契約を結んでいた。母（後ジテ）は物狂いとなって善光寺へやって来て、如来堂の内陣へ入ろうとするが、住僧に女人禁制と止められる。しかし、弥陀の誓いを引いて、如来堂の内陣こそ極楽世界と反論し、夫の後生を祈って、形見の烏帽子直垂を如来に捧げ、形見を身にまとい、諸芸に達者だった夫を追懐しつつ弥陀の浄土を讃美渇仰する心で舞い、やがて僧の引き合わせで、我が子にめぐり逢い、再会を喜ぶ。

夫の病死と我が子の出家を知って狂女となった話の出所は不明ながら、領主柏崎氏をめぐる善光寺に関連した唱導の類と、本尊阿弥陀如来が女人を救う仏として女人の参詣者が多かった善光寺信仰を素材に、死別した夫を追慕し我が子を尋ねる狂女の心根を劇的に描いている。世阿弥本には、今は出ないヲカシすなわち狂言役者（寺近くの男）が、狂女の来ることを触れ、また「鳴るは滝の水」のあとに舞があるなどで、現行の演出と異同がある。「憂き身はなにと楢の葉の、柏崎をば狂ひ出で」から始まる善光寺への道行は、叙景に重ねて亡夫を恋い子を慕う狂女の心象風景を美しく描き、三界に流転する衆生の妄執と弥陀如来の利益を高唱する格調高い曲舞も、心地よい。

なお、大谷節子は、世阿弥自筆本《柏崎》以前の《柏崎》について、戦国時代の連歌師宗牧（?～一五四五）の独吟連歌注紙背に残る謡本「柏崎」本文の検討から、世阿弥自筆本以前の《柏崎》の舞は、死別した夫ではなく、生き別れた我が子の形見を身に付けての追慕回想の舞であったことを推定し、『能本三十五番目録』に「マタカシワザキ」と「フセヤ」（《木賊》の古名）が記されていることは、子供の舞姿を追慕して舞う先例に自筆本以前の《柏崎》があったことを妨げないとし、自筆本以前の《柏崎》は改作によって現存する夫追慕の舞の形へ変えられ、子の舞姿を追慕して舞う物狂能の風情は老体の物狂能に受け継がれたのではなかったかと推量している（大谷節子：二〇一四）。世阿弥による改作の実態に迫る論として注目したい。

観阿弥の《嵯峨物狂》の改作曲《百万》

《百万》は『三道』の好評曲に見え、「昔の嵯峨物狂、今の百万、これなり」と記し『中楽談儀』に世阿弥作とある。《嵯峨物狂》は《嵯峨の大念仏の女物狂の物まね》のことで、観阿弥の得意曲だった（『風姿花伝』奥義）。奈良に曲舞々の百万が実在したことは世阿弥の『五音』から知られ、その百万をモデルに、生き別れた我が子と再会する物語である。

観阿弥は「南都ニ百万ト云フ女曲舞々」の流れを引く賀歌女《かがぢょ》流の乙鶴《おとづる》に師事して曲舞を習得し、猿楽能の音楽を革新した。《嵯峨物狂》では、山本某作詞・南阿弥作曲《地獄ノ曲舞》を劇中歌に摂取。地獄の有様や苦しみを描写する詞章は「かせぎのこと／ばを聞く」「責めにした／がはざる」「焦熱大

／焦熱」というように、上の句と下の句の区切り方も特殊で、内容も暗い。この過酷さを優美な趣に転換させたのが世阿弥改作の《百万》で、舞の名手百万が繰り広げる遊狂は、歌念仏・百万を乗せた舞車《まいぐるま》を引く掛け声、法楽の舞、曲舞（世阿弥は《地獄の曲舞》を破棄し、我が子の行方を尋ね、奈良から京への旅路を綴る、穏やかで優美な曲舞に変えた）と続き、大念仏の踊躍《ようやく》を見事に表現している。ちなみに破棄された《地獄の曲舞》は元雅が男物狂い《歌占》に取り入れ、伊勢の神職が神罰によって頓死するも蘇生した歌占の男が、見聞した地獄の有様を劇中歌として語り舞う芸に再活用している。

5　男女の葛藤を描く

観阿弥作の謡物を基に創られた《求塚》

二人の若者に恋い慕われたが、どちらにも靡かず、悩みぬいて生田川に身を投げ、死後もなお地獄で責め苦を受ける菟名日処女《うないおとめ》の姿を描く《求塚《もとめづか》》。自分のあとを追い塚の前で刺し違えて死んだ二人の若者の亡心が永遠に離れず、鉄鳥と化した鴛鴦《おしどり》に脳髄を食い割《さ》かれ、火の柱に身を焼かれる地獄の描写は凄まじい。『五音』に後場の〈上歌〉の詞章をあげ亡父曲とあるので、観阿弥作曲、作詞も同人であろうと考えられてきたが、近年は脚本構造に矛盾が見られるので、観阿弥原作の《求塚》を基に世阿弥が改作したのではないかとされている。たとえば、宮本圭造は、もとは一場物で、後半にツレとして二人の若者が出ていた形を、乙女の霊一人に絞ったのではないかと推測し脚本構造の矛盾を指摘している〔宮本圭造：二〇一五〕。

たしかに、前場の若菜摘みの、古歌や歌枕を背景とした歌問答や名所教えや和歌の引用も含めた修辞には世阿弥らしい手法も感じられる。しかし、この能の底を流れる、菟名日処女の存在そのものが罪であるという認識、存在即地獄といった視点は世阿弥とは異質のものではないだろうか。主人公自身に恋の妄執があったわけではないのに、異性の求愛に対する不決断が、ついに死に結びつき、結果的に鴛鴦と二人の男をも殺した罪を問われ、「こはそもわらはがなせる咎《とが》かや」と死後も永遠に苦しまなければならない残酷な主題は、世阿弥の描く世界とは異質である。

旅の僧に求塚の謂れを語る前ジテが「昔この所に菟名日処女と申し者の」と第三人称で語り始めるが、話が核心に入るや「二人の矢先ひとつの翼に当たりしかば、その時わらはは思ふやう」とはっきり第一人称に転じてしまう。第一人称の語りの持つ強さを十分に心得た人称変化の劇的効果も卓抜である。結末に救いがなく、突き放した表現は、世阿弥よりはむしろ元雅の作風を思わせる。

東路の佐野の舟橋とりはなし

《舟橋》は『三道』に見え、『申楽談儀』に世阿弥作とあり、もと田楽能であった古作を書き直したという。『万葉集』の「東路の佐野の舟橋とりはなし親し離《さ》くれば妹に逢はぬかも」（原歌は巻十四「上野《かみつけ》」の）を主材に中世歌学書等に見える理解と岩橋説話に拠りつつ、通い路の舟橋を親に断たれて溺死した男と、恋仲を咲かれた女の恋慕の妄執を描く。前場の「途絶えた橋」を媒介に「途絶えた恋」を導き出す葛城の岩橋説話、「取り放し・鳥は無し」の二様の解釈をめぐる歌問答の展開、後場で、恋の執心のため八寒地獄の苦しみを受けている二人が、「その執心を振り捨てて、猶々昔を懺悔《さんげ》し給へ」と山伏に促されて昔を再現する。その演技の頂点に主題歌「東路の…」を〈上ノ詠〉に配した構成その他、前・後場ともに和歌的色彩が強く、因果応報の懺悔物語からの飛躍が見られ、世阿弥が改作したという『申楽談儀』の記述も納得できる。

業平と二条后の恋の逃避行

《雲林院（古作）》は応永三十三年（一四二六）十一月七日奥書の世阿弥自筆能本が伝わる。本曲の改作曲で貴人物の同名現行曲とは前場が同じだが、後場が全く異なる執心男物で、『申楽談儀』に金剛権守が南大門で演じた記事がみえ、それを世阿弥が改作したようである。同名現行曲と区別して、こちらを古作と呼ぶが、中世に流布した『和歌知顕集』や『冷泉流伊勢物語抄』など『伊勢物語』の古注釈に拠り、恋愛歌人業平と二条の后の出奔、芥川を越えての恋の逃避行と后の兄基経の追跡行を素材に『伊勢物語』の秘事を舞台化した作品である。

世阿弥本による《雲林院》試演能
（1982年）

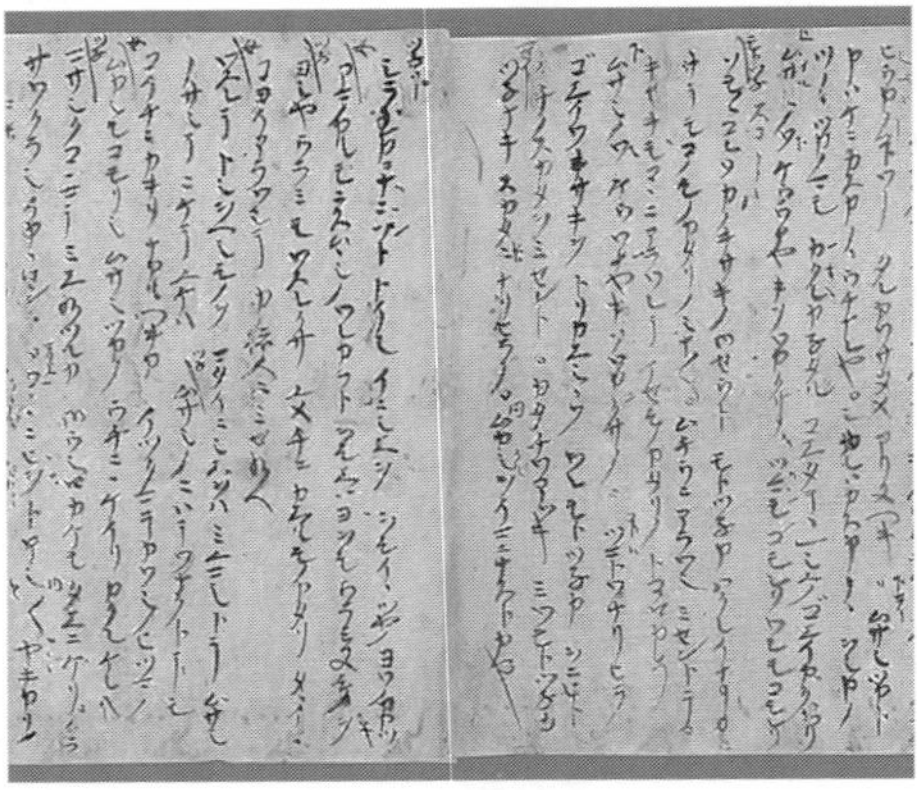
《雲林院》世阿弥自筆能本（部分）

幼い頃から『伊勢物語』を愛読する芦屋の公光《きんみつ》が霊夢に導かれ、山城国紫野、桜の盛りの雲林院を訪ねる。しかし夢に現れた雅な男女も、そして老人も見えないので、家の土産に花の枝を折って帰ろうとすると、老人（化身）が顕れて咎める。二人は、古歌を引きながら花を折ることの是非を争うが、打ち解け、老人は伊勢の秘事を伝えようと言いさして消える（中入）。後場は、塚の作り物（舞台装置）から高貴な姿の二条の后（霊）が忽然と顕れ、秘事を語り始めるや、幕から兄の藤原基経の霊が鬼姿で現れ、業平が盗み出して妹を奪い返すありさまを再現し、「武蔵塚というも実は春日野のうちである」といった秘事を明かし、やがて花の下《もと》の夢と消える。

このように、古作では業平は登場せず、后を「鬼一口」に喰った鬼は実は兄基経であるという解釈を前面に出し、男女の愛欲を視覚的に描くのに対して、現行曲は公家物に座標軸を移し、業平一人に集約して王朝の幽玄優艶な情趣を描く（改作者は自筆能本を相伝された金春禅竹か）。

なお、大谷節子によれば、前ジテの老人は業平の化身ではなく、和歌の神住吉明神の化身ではないかという〔大谷節子：二〇〇七〕。さすれば、後場に業平が出ないことも納得できる。*

＊　自筆能本《雲林院》は、一九八二年、野上記念法政大学能楽研究所が復曲試演した（シテ観世銕之亟）。翌年九月の大阪銕仙会公演では、シテ基経を若白髪の鬼姿とし、ツレを業平と后の双面の霊として登場させ（シテ観世銕之亟。監修・能本作成横道萬里雄）、その後、いろいろな試みが行われている。

6　人ならざるもの

世阿弥の鬼能をめぐって

『風姿花伝』第二物学条々で、世阿弥は「鬼」について「これ、ことさら大和の物なり。一大事なり」と強調した。鬼能こそ大和猿楽本来の芸質を示すジャンルであり、観阿弥や世阿弥は人間の業と輪廻の問題に厳しく対決してきた。しかし、武家貴族が好む幽玄美に針路を合わせた世阿弥は、伝統芸である鬼能を粗暴専一な様式として極力忌避してきたきらいがある。それは、鬼の強さと恐ろしさがおもしろさと対立するとした『風姿花伝』以来の頑なな鬼能観と、習道は中三位《ちゅうざんみ》から入り、ついで上三花《じょうさんか》へと昇り、その後に下三位《げさんみ》（鬼能）に却来《きゃくらい》する「中初《ちゅうしょ》・上《じょう》中《ちゅう》・下後《げご》」という『九位』で説いた習道論の立場からであろう。

世阿弥が鬼能を忌避した背景に、前にも述べたように、自身、鬼能に不向きな小柄な体軀（桃源瑞仙『史記抄』）であることも考えられる。しかし、世間では鬼能が人気を呼んでいたらしく、若き金春大夫氏信（禅竹）は佐渡の世阿弥へ手紙を出し鬼能について教えを乞うた（六月八日付書状）。それに対する世阿弥の返事は頑なで、当流の鬼は、せめて姿は鬼ながら心は人間である「砕動風《さいどうふう》」の鬼（執心物）までで、心も体も鬼の「力動風《りきどうふう》」の鬼は「他流のこと」だと冷淡だ。

しかし、世阿弥は、鬼の範囲をこのように限定しながらも、人間の心の内に眼を注ぎ、妄執の雲晴れぬ人間の魂を救おうとした。さきに見た修羅能の開拓も、《恋重荷》や《砧》などのように恋慕の妄執を描く執心物の完成もその営為にほかならない。そして究極には、頼政に射殺された鵺の救われぬ敗者の魂を描いた《鵺》や、地底の鬼神が宇宙を映す鏡を持って出現する《野守》などのように力動風に近い鬼能をも創造したのである。

善悪不二、邪正一如

世阿弥は《山姥》の作者について言及していないが、『申楽談儀』に《由良湊の曲舞》（観阿弥作曲）と共に「山姥・百万、これらは皆名誉の曲舞どもなり」とあり、『申楽談儀』における他所の口吻と、以下に示す内容上の特色から、世阿弥が比較的早い時期に書いて絶讃された《山姥の曲舞》を中心に据えて構想された雄大な能である。作者は世阿弥か元雅（あるいは元能）の可能性もある。

《山姥の曲舞》に優れ、京童《きょうわらんべ》から「百万《ひゃくま》山姥」とあだ名された曲舞々の遊女百万（ツレ）が、両親追善のため善光寺詣を志し、従者（ワキ）と共に歩を進めるが、上路《あげろ》の山中でにわかに空が暗くなった。すると、里の姥（本物の山姥の化身。前ジテ）が呼びかけで登場し、宿を貸す。女は曲舞を所望するが、本物の山姥の曲舞を見せようと告げ、姿を消す（中入）。後場、夜も更け、降り注ぐ月光の中、遊女が舞い始めると、怪異な姿の山姥（後ジテ）が現れ、深山幽谷の姿を描写し、善悪不二、邪正一如の哲理を説きつつ《山姥の曲舞》を舞い語り、山廻りの様子を見せる。山姥の素性・生業《なりわい》を語り、色即是空の真理を説き、やがて「憂き世を廻る一節《ひとふし》も、狂言綺語《きぎょ》の道直ぐに、讃仏乗の因ぞかし」と告げ、いずくともなく消えてゆく。

「山姥」とは何か。鬼めいた仙女とも、山そのものとも、自然そのものの象徴とも、四季の移りゆく神秘とも感じられる。山を駆け廻ってやまぬ姿は、人生の輪廻・流転の象徴であり、輪廻の苦からのがれられない人間そのものかもしれない。善悪不二、邪照一如の仏教哲理が広大な拡がりをもって説かれる《山姥》は、鬼はハタラキに良しという概念を打ち破り、山姥の曲舞を山姥自身に舞わせ、山巡りをさせるという新趣向の異色の鬼能であり、香西精がいちはやく指摘した「作り能」（虚構能・創作能）である〔香西精：一九六二〕。

後場で、姿を現した山姥は、「あら物凄《ものすご》の深谷《しんこく》やな、あら物凄の深谷やな」と歌い、続けて「寒林《かんりん》に骨を打つ、霊鬼泣く泣く前生《ぜんじょう》の業《ごう》を恨む、深野《じんや》に花を供《く》ずる天人、返す返すも幾生《きしょう》の善を喜ぶ、いや善悪不二、なにをか恨み、なにをか喜ばむや、万箇《ばんこ》目前の境界《きゃうがい》、懸河渺々《けんかびょうびょう》として、巌《いわお》峨々たり」と歌いあげる（大意：なんと凄まじい奥深い谷であろうか。墓場では、霊鬼が泣きながら己の屍《かばね》を鞭打ち、前世で犯した悪業を恨み、一方、美しい野では、天人が己の亡骸《なきがら》に花を供えて、つくづく行くべき善所に生まれたことを喜んでいる。いやいや、善も悪も実は同じこと、何を恨み、何を喜ぶことがあろう。万物は目の前に示されている。流れ落ちる滝の水は果てしなく続き、巌は険しく高く聳えている）。「寒林に骨を打つ霊鬼泣く泣く…」は『天尊説阿育王譬喩経《てんそんせつあいくおうひゆきょう》』にみえる天人散華尸上《てんにんさんげしじょう》説話（『織田仏教大辞典』「天人散花尸上」項など）を凝縮した句を原拠とし、安居院《あぐい》流の祖で唱導の名手であった澄憲（一一二六～一二〇三）の『言泉集』によって広まった句である。唱導においては、悪しき事柄がかえって仏縁となる逆即是順、善も悪も、別な二つのものではなく、結局は無差別の一理に帰着するという善悪不二の原理を示す言葉として引用されている詩句である〔猪瀬千尋：二〇二二〕。

最晩年の作り能《篁》

古名「小野篁《おののたかむら》」とも呼ばれた廃絶曲《篁》は世阿弥伝書に曲名は見えない。しかし、その詩句が世阿弥の『五音』と、配流の地佐渡で創作した謡い物集『金島書』に類似句が見え、文辞・脚色から作者は世阿弥ないしその周辺の役者である可能性が高いと思われる。

室町後期の下掛系装束付『舞芸六輪（之次第）』の鬼の能に、シテ篁の出立について「してハ、前ハ尉《ぜう》、舟差《ふなさし》。小袖に水衣、玉襷《だすき》あぐる。後ハ鬼のてい。黒頭《くろがしら》・唐冠《たうかぶり》・半切・法被《はっぴ》又は袖なし。金の札《ふだ》をもつ」と記しており、そのころまでは演じられていたことは確かだ。謡本も数種伝わり、金春系の作者付『自家伝抄』（永正十三年〈一五一六〉奥書）には世阿弥作とある。上演記録も不明で、ほとんど忘れられていた曲である（二〇二一年二月、京都観世会が第六回復曲試演の会で復曲した。シテ味方玄。下掛り系の桃山時代の写本を底本とし、他本と校合して西野が上演能本を作成した）。

晩春、後鳥羽院に仕えた北面の武士（ワキ）が僧形となって隠岐へ向かう。出雲の千酌《ちくみ》の浜から、尉（前ジテ）に乗船を乞い、釣舟に乗る。沖へさしかかると、僧は隠岐までと真の目的を明かす。尉は驚くが、僧の志に打たれ、命をかけて隠岐へと渡す。名を問われた尉は「小野」とほのめかし、漕ぎ帰る（中入）。後鳥羽院（ツレ）に対面した僧が、尉の詠じた「わだの原」の歌を話すと、院は、小野篁の霊と判じ、二人して篁の塚へ詣で弔う。すると塚から鬼姿の篁（後ジテ）が現れ、後鳥羽院への逆臣をことごとく蹴殺し、無間《むけん》地獄に落とす沙汰を見せる。そして、配所の院を慰めるのは、「天地を動かし鬼神も感応なる」和歌の力なのだと結ぶ。

隠岐へ流され隠岐で崩御した悲運の歌人後鳥羽院（一一八〇〜一二三九）の心情を、遠い昔に同じく隠岐へ流された小野篁（八〇二〜五二）に重ね、形象化させ、篁をして院の逆鱗を慰める能である。篁は赦されて都に戻ったので、隠岐で果てたとするのはフィクションだが、院の忿怒《ふんぬ》の心を映すための脚色で、二人の詩人の響き合う魂を象徴詩劇に仕立てている。

京都観世会による復曲試演の会《篁》（2021年）

沖で真の目的を打ち明けた僧と尉との緊迫した会話、隠岐の島へと舟を漕ぐ尉の心意気、名を問われ、古歌「わだの原」を口ずさんで消える中入も、うまい。後鳥羽院の詠「我こそは新島守よ」を効果的に引く旧臣との再会から、篁と後鳥羽の心の交流を深く刻んでゆく作劇力も秀逸で、巧みな構成は力のある作者が想像される。

　しかも注目したい詩句がある。それは、①僧の道行の〈サシ〉「まだ夜をこめて煩悩の、離れ難き家を出で《い》」が『五音』哀傷の逸名曲（田楽亀阿の作曲）の〈下歌〉と同文であること、②僧の名乗り「さても当院忝くも十善万乗の蓋代《がいだい》（御聖体トモ）と申しながら」の類似句が『金島書』《泉》（承久の乱に敗れ佐渡に流され泉を配所とした順徳院を追悼する謡）にも「げにや十善万乗の御聖体」と見えること（《逆髪》にも見える）、③《泉》に「奈落の底に入りぬれば、刹利も首陀も変はらざりけるとなり」が《篁》にも「刹利も首陀も変はらぬ世の」とあること（《清経》にも）、④逆臣らを地獄へ落とす沙汰を見せる「逆臣なりし輩《ともがら》をば、悉く取り拉《ひし》ぎ蹴殺して」と綴る場面は《松山》の「翅《つばさ》を並べ数々の、この松山に随ひ奉り、逆臣の輩を、悉く取り拉《ひし》ぎ蹴殺し」とほぼ同文であること、⑤篁が愛する異母妹の死を悼んで詠んだ「泣く涙雨と降らなん渡り川　水増さりなば帰り来るがに」が《篁》に絶妙に引かれていること（世阿弥改作《舟橋》にも）、⑥和歌の力を讃える「天地を動かし鬼神も感応なるとかや」の類似句が『金島書』《薪の神事》や《東北》に見えることなどである。

《篁》が『五音』や『金島書』以前に成立した可能性もあるが、成立後とすれば、二書とも秘伝書なので限られた人間しか披見できない。とすると、作者は世阿弥ないし周辺の人間に絞られるのではないか。篁は鬼姿で登場するが害意ある鬼ではない。世阿弥が『二曲三体人形図』で説く、形は鬼なれど心は人間の「砕動風《さいどうふう》」の鬼であるが、復曲では地獄の冥官のような扮装とし、逆臣の輩を悉く取り拉《ひし》ぎ蹴殺す沙汰を、縦横無尽に見せた。この場面から想像すると、《篁》は鬼能に名を馳せた十二座五郎康次かその後継者の次郎のために世阿弥が書いた晩年の「作り能（創作・虚構能）」ではないかと考えられる。あるいは、父から『三道』を相伝された元能の可能性もあろう。なお、ワキは後鳥羽院を慕い僧形となって隠岐へ渡る北面の武士であるが、若き北面で後鳥羽院に歌才を愛され、承久の乱後に出家した如願法師、藤原秀能（一一八四～一二四〇）がモデルではないかと推測されている〔樹下好美：二〇二一〕。

紙幅の関係ですべてに言及できなかったが、世阿弥は、季節が春の曲に限っても、相生の松に象徴される和歌の隆盛と泰平の御代を、和歌の神である住吉明神（住吉の松の精）がことほぐ《高砂》、静謐な中に凛とした気品あふれる《当麻》、光源氏の霊が春の須磨の浦に現れて遊楽する《須磨源氏》、春日野を守る鬼神が天地宇宙を映す鏡を手に出現する《野守》など、いくつもの名曲を書いた。シェイクスピア（一五六四〜一六一六）より二百年前に生まれた世阿弥によって、能は人の心を描き、人の心の葛藤を描く「詩劇」に到達することができたのである。六百六十余年後の現代もなお演じ継がれ、私たちの心を打つ。

終章　明治日本の世阿弥発見

伝書の発見と公刊

明治四十二年（一九〇九）二月、旧華族堀家旧蔵の世阿弥伝書群が歴史地理学者吉田東伍（一八六四～一九一八）の校注により『能楽古典世阿弥十六部集』と題して能楽会（代表・池内信嘉）から公刊され、ここに近代的な世阿弥研究・能楽研究が始まった。吉田は前年七月に『世子六十以後申楽談儀』を、末尾数条を欠く別のテキストで刊行していたが、その前後に堀家旧蔵の能楽伝書が大蔵流狂言師で蔵書家の岡田紫男《むらお》（一八七五～一九一二）の仲介により、実業家で書誌学にも造詣が深い蔵書家安田善之助（二代目安田善次郎。一八七九～一九三六）の松廼舎《まつのや》文庫に入り、吉田の発見につながったのであった。右の堀家とは旧飯田藩主の堀家である（小林責：二〇〇九、落合博志：二〇一〇）。

十七世紀初頭、寛永ごろの書写とされる松廼舎文庫所蔵本は、残念ながら大正十二年（一九二三）の関東大震災で焼失したため、その姿は『世阿弥十六部集』に残るのみとなった。吉田はきわめて短時日（四十日ほどの由）のうちにあれだけの仕事を完成させたという。そのためか誤植や誤校など校訂

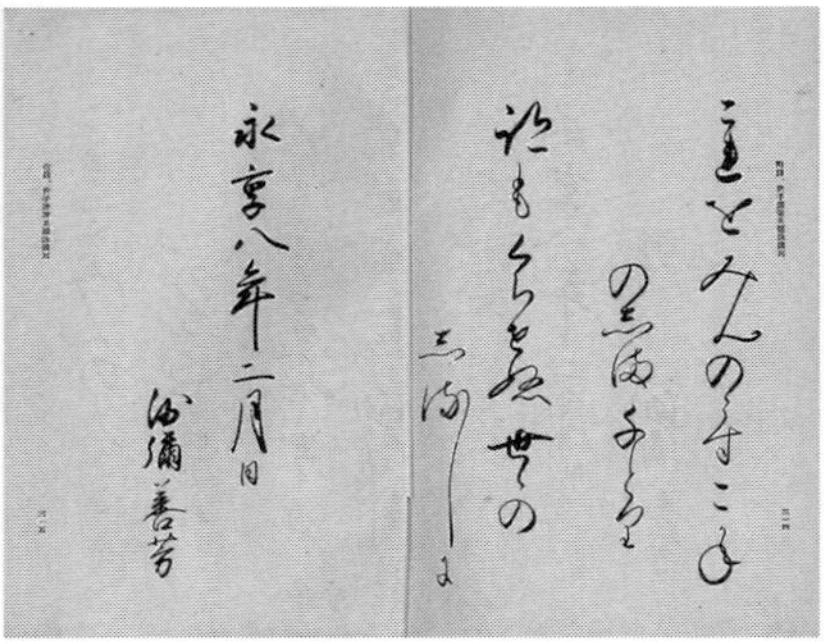

同・『金島書』奥書臨写部分

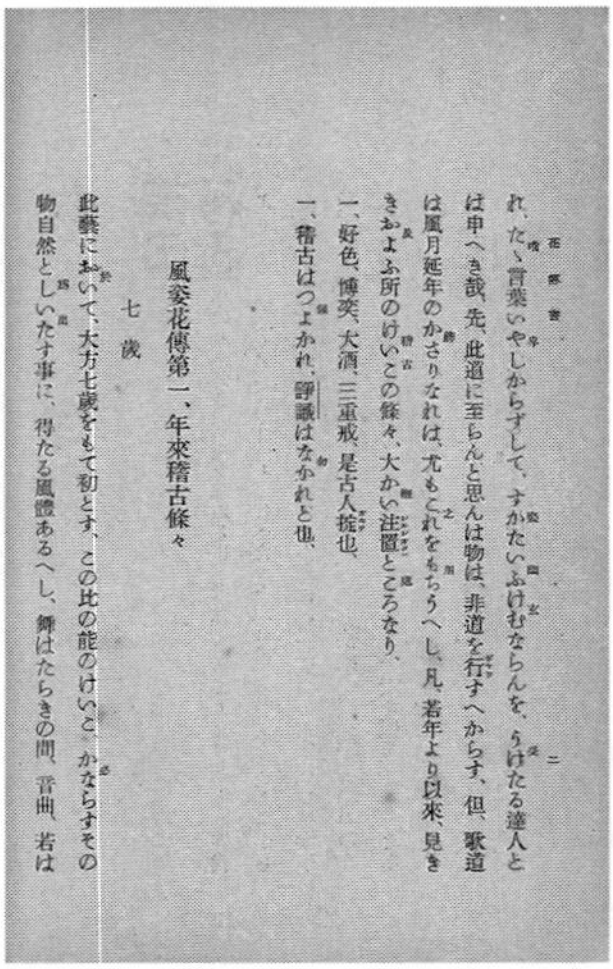

花鏡書　二

れ、たゝ言葉いやしからずして、すがたいふけむならんを、うけたる達人とは申へき哉、先、此道に至らんと思んは物は、非道を行すへからす、但、歌道は風月延年のかさりなれは、尤もこれをもちうへし、凡、若年より以來、見きおよふ所のけいこの條々、大かい注置ところなり、
一、好色、博奕、大酒、三重戒、是古人掟也、
一、稽古はつよかれ、諍識はなかれと也、

風姿花傳第一、年來稽古條々

七歳

此藝において、大方七歳をもて初とす、この比の能のけいこ、かならすその物自然としいたす事に、得たる風體あるへし、舞はたらきの間、音曲、若は

『世阿弥十六部集』本文

上の問題もあるが、吉田校注本（吉田本と呼ぶ）は世阿弥研究の出発点であるばかりでなく、文化史的にも貴重な資料なのである。ことに巻末の附録「世子諸署名題詠摸写」は、『花伝第七別紙口伝』（元次相伝本）『三道』『習道書』『夢跡一紙』『却来華』『金島書』の各奥書を臨写した貴重な資料で、原本の面影を伝えている。

識者の目をひく

吉田は序引に「展玩暫時《てんがんざんじ》、果して珍宝なり、乃《すなわち》、予は年来想望の空《むな》しからざりしを喜び、特に能楽道の為に慶幸に勝《た》へざりき」と述べており、その喜びのいかに大きいものであったかが知られる。十六部（第七章掲載「世阿弥伝書一覧」参照）といっても『花伝第六花修』が欠けていて『花伝第七別紙口伝』を別書に立てているので、実数は十五部である。また首部欠失のため書名が不明であった『花鏡《かきょう》』が「覚習条々《かくしゅうじょうじょう》」と題されているなど、吉田によって書名が改められて収められた伝書も少なくない。

世阿弥の伝書は、最初に著した『花伝（風姿花伝）』に著しいが、その本文は漢字も交じるものの平仮名書きが主体で、やがて漢字の使用が多くなる。そこで、吉田は、翻刻するにあたり、平仮名はそのままに、右側に小字で振漢字を宛てる傍注形式を採った。内容が理解しやすく、逆に異見のある者は、別な漢字を宛てることもできる。

誤謬含みの伝承

この発見がなされたとき、世阿弥の死からはすでに四六〇年以上の歳月を経ていた。この間、世阿弥という人物は決して忘れられていたわけではない。たとえば江戸期の小鼓方観世元信（一六〇五～六六）の『四座役者目録』（正保三年〈一六四六〉と承応二年〈一六五三〉奥書）を見ると、世阿弥が今もなお世間に好評の数多くの能を作ったことを正しく記している。実際、世阿弥たちが創作した能は、徳川幕府の式楽（儀式のための典礼楽）として幕府や諸藩の庇護を受け、広まっていた。歌唱パートの謡は武家の嗜みとして享受され、やがて庶民の間にも謡が流行し、稽古用の謡本も次々に出版され、謡文化が発達した。「謡は俳諧の源氏」と言ったのは俳人の其角《きかく》（一六六一～一七〇七）であるが（『雑談集』）、確かに謡は俳諧師たちにとって知識・教養の源泉でもあった。井原西鶴（一六四二～九三）や松尾芭蕉（一六四四～九四）にも謡をふまえた句が多くある。蕉門の服部嵐雪（一六五四～一七〇七）は「楪《ゆづりは》の世阿弥祭や青かづら」と詠んでいる（『続猿蓑』巻之下、春之部歳旦）。「世阿弥祭」の詳細は不明だが、世阿弥を偲び、つつがなき世代の交代と観世家の永続を願う祭かもしれない。

一方、世阿弥が道のため家のため、弟の四郎や、そして何よりも次代を担うわが子の元雅や元能、娘婿の金春大夫氏信（禅竹）のために書き残した伝書のうち、とくに『花伝』が知られていたことは間違いない。能の愛好者で嗜みも深かった細川幽斎（一五三四〜一六一〇）や徳川家康（一五四二〜一六一六）らが世阿弥伝書の書写を命じて写本を所持していた。慶長八、九年（一六〇三〜四）にポルトガルの宣教師が日本語の辞書を編纂して長崎で出版した『日葡辞書《にっぽじしょ》』は、【Quadenxo（花伝書）】を採録し、「花の立て様を記したる書、ある器の中に花を花束のようにして整えて立てる方法を教える書物。また演劇（能）の演じ方、弾奏の仕方、謡い方などについて述べた書物」（『邦訳日葡辞書』岩波書店、一九八〇）と説明しているので、「花伝書」という能の伝書の存在は知られていた。

『花伝書』の一部は本文は崩れた形ながら江戸初期に『花伝書』（八帖本《はちじょうぼん》花伝書と通称）として出版されていた。同書は室町後期の能・音曲・囃子伝書を編纂したものだが、随所に世阿弥の芸論がときに誤りを含みながら引かれている。たとえば、世阿弥は鬼を「砕動風」（形は鬼だが心は人間）と「力動風」（形も心も鬼）に分けて論じたが、その後、さまざまに誤解され、ついには占いに関連付けた三動・六動説へと訛伝し変容している（西野春雄：一九九〇）。

世阿弥伝書の多くは秘伝のためか、世に出ることもなかった。第十五代観世元章（一七二二〜七五）が世阿弥伝書の『習道書』に注釈を加えて刊行し、曲名に「清次作・元清作・元雅作」などと作者を記した『二百十番謡目録』を編纂して主だった座衆に配ったことはあるが、これは例外で、実用性に富む型付とは違う創成期の能の伝書は、なかば埋没状態であった。わずかに江戸後期の文政ごろ、戯作者の柳亭種彦（高屋彦四郎。一七八三〜一八四二）が『中楽談儀』を入手し、「此一帖ヲ下谷山下ノ星店ニ得タリ、類本未見、検校保己一、此書ヲ三転シテ文庫ニヲサメメリト聞ク、四百年ニ近キ古記、珍重スベキ物歟」と記している。その後、世上に出て、書家中村仏庵《ぶつあん》（一七五一～一八三四）、国学者黒川春村（一七九九～一八六六）、津軽藩の儒医で蔵書家の渋江抽斎《ちゅうさい》（一八〇五～五八）、明治の国学者小杉榲邨《すぎむら》（一八三四～一九一〇）が所蔵したが、広く世に知られることはなかった（親本の種彦本は大正の震災で焼失した）。

「発見」に至るまでには、世阿弥の事績についても大きな誤伝が含まれるようになっていた。世阿弥たちが全力を傾けて創作した能の作品（謡曲）にしても、一般には無学文盲の猿楽者風情《ふぜい》のなしうるところにあらずとされ、せいぜい節付や型付をする程度で、作詞は当時の公卿・僧侶・神官・歌人・連歌師等の知識人による仕事と思われていた。独特の評言が特色の増田于信『謡曲新評』初編・後編（三河屋書店、一八九二）に、或説として「謡ハ東山慈照院殿義政ニ始ル、江口、山姥ハ一休ノ作、卒都婆小町ハ高野山宝性院宥快ノ作トイヘリ、又観世ノ祖世阿弥五十一番ヲ作リ、更ニ六十一番ヲ作ル、観世小次郎三十三番、…今春善竹十八番、…三條西殿四番作ル由アリ」と紹介している。さらに「又、諷増抄ニヨレバ、源氏供養ハ河上神主、高砂、兼平ハ僧正徹ノ作トシ、内外謡作者考ニハ、多クハ清次、元清等ノ作トセリ」とするなど、世阿弥作を伝えつつも、《江口》《山姥》一休作とする荒唐無稽な説が江戸時代はおろか近代まで有力であったのである。こうした旧説を根底からくつがえすとともに、世阿弥が能楽史ばかりでなく思想史や文化史のうえで傑出した人物であることを広く認識させたのが、吉田東伍による〝世阿弥発見〟だったのである。

野上豊一郎の驚き

東京帝国大学英文科を卒業したばかりの野上豊一郎（英文学者で能楽研究者。漱石門下。一八八三～一九五〇）は、後年、『世阿弥十六部集』に接した時の感激を

『花伝書研究』（小山書店、一九四九）の序言で次のように述べている。「能に関心を持つ読書子を晴天の霹靂《へきれき》の如く驚かした。私は当時学生生活を終つたばかりの一学徒であつたが、鼠色羅紗紙装幀のその仮綴本を手にして、初めて接する室町時代の偉大な芸術思想家の風貌にあこがれつつ、連日連夜いかに狂喜して読み耽つたかを今も忘れないでゐる。不思議なことに、当時の学界はその貴重な文献に対して殆んど一顧も与へなかつた有様であつたけれども、しかし、今にして考へると、その発表は全く画期的なものであつて、能の学的研究は実にその時から始まつたといつても過言ではない」と。

「貴重な文献に対して殆んど一顧も与えへなかつた」という発言は、明治末年から大正における能楽の置かれた社会的環境や研究状況を物語っている。それは、大正に入ってからであるが、豊一郎の妻で作家の野上弥生子（一八八五～一九八五）の大正十四年六月六日の日記からもうかがわれる。「これだけのしつかりした心霊的な美に充ちたものが、他のどんな芸術で今演出されるだらう。然るに世間の多くの人は、能は貴族と金持の銷暇的遊戯としか思つてゐない。而して知らないで反感と軽蔑を持つて、当今日本にある最も美しい芸術をネグレクトしてゐる。これは寧ろ彼等の恥辱である」（『野上弥生子全集第Ⅱ期 第一巻 日記1』岩波書店、一九八六）。

これは豊一郎の主張でもあった。後年、「能楽研究の今昔」（能楽全書第一巻月報、創元社、一九四一）で、「これほどの立派な芸術が今日までただその時々の鑑賞にさらすのみで、その場きりで空間に消え去るにまかせて、研究もされず、理論づけもされずに抛棄《ほうき》されてあるのは遺憾だと思つてゐた。その矢先に偶然にも世阿弥の遺著が十六部まで発見されたのであるから、まさに空谷《くうこく》の跫音《きょうおん》とでもいはうか。明和の昔、前野良沢・杉田玄白・中川淳庵の学徒が初めて解剖学の蘭書を手に入れて雀躍《じゃくやく》したといふことなども思ひ出し、能楽の研究もこれから根本的にできるだらうと勇み立つたのは、けだし私ひとりではなかつただらう」と綴っている。

世阿弥の芸術論は識者の目をひいた。特に、野上豊一郎もその一人であった夏目漱石（一八六七〜一九一六）の門下生たち、すなわち安倍能成（一八八三〜一九六六）、小宮豊隆（一八八四〜一九六六）、和辻哲郎（一八八九〜一九六〇）など、ヨーロッパの文学や哲学に深く通じた文化人たちが注目した。さらに久米邦武（一八三九〜一九三一）ら歴史学者も論陣を張り、国文学者の五十嵐力（一八七四〜一九四七）の『新国文学史』（早稲田大学出版部、一九一二）の「室町文学に於ける謡曲 附世阿弥の芸術観」は、世阿弥の芸術論を初めて引用した国文学史で、それまでの文学史とは比較にならないほど面目を一新した。また東大在学中に漱石に学び、その後、講師として東大で文学論を講じた英文学者の松浦一（一八八一〜一九六六）は、『文学の本質』（大日本図書、一九一五）において、いちはやく世阿弥芸術論に注目し「第二講 文学の旋律的世界と絵画的世界」で詳しく論じた。東大で英文学を専攻した香西精《つとむ》も若いころ啓発されたという。

『世阿弥十六部集』は大正七年（一九一八）一月に再版が、大正十二年三月に三版が、磯部甲陽堂から本製本の装幀で発行され（編集兼発行者：池内信嘉）、しだいに注目されるようになり、やがて昭和二年（一九二七）に創刊された岩波文庫に、野上豊一郎校訂による『花伝書』が入り、世阿弥および能楽論書の存在が広く知られるようになった。さらに岩波文庫には、翌三年に『申楽談義』が、六年に『能作書・覚習条々・至花道書』が野上の校訂で出版されている。

人々は「乞食の所業」（『後愚昧記』）と記されていた室町初期の一能役者が、かくも豊富で行き届いた芸術論を持っていたことに驚き、しだいに魅せられていく。本書が依拠してきた世阿弥の学術的研究はここから始まったのである。また、"*The Nō Plays of Japan*"（ロンドン、一九二一）で十九曲の能の英訳を試み、『世阿弥十六部集』を参照してヨーロッパ世界に初めて世阿弥伝書を紹介する役割をも担ったアーサー・ウェーリー（Arthur David Waley、一八八九〜一九六六）を皮切りに、海外への紹介も活発になり、その動きは今日もなお進行中である。

明治以後も伝書の発見は続いた。昭和初期に観世宗家から世阿弥自筆の『花伝第六花修』（口絵参照）がコロタイプ版で刊行され『花伝』の全容が明らかとなった。ついで『花鏡』、世阿弥自筆能本（六種）、金春大夫宛て自筆書状（二通）などが書誌学者の川瀬一馬（一九〇六〜九九）によって発見された。能楽雑誌の『能楽』『謡曲界』『観世』『宝生』などや『文学』でも、世阿弥に関する論考や能楽論の注解が載り、諸家による座談会も連載された。戦後に、世阿弥の不断の探究心を伝える禅的色彩の濃い『拾玉得花』（金春家蔵。今は法政大学能楽研究所蔵）、完本『五音下』（鴻山文庫蔵）『三道』（吉田文庫蔵）が発見され、すべて翻刻または影印されている。

世阿弥の芸術論や能の作品は西洋の演劇運動にも新たな視座を与え、現在、国の内外から注目されている。単なる芸能の伝書の枠を超えて、文学・哲学・美学・思想・芸術学・演劇学・民族学・心理学・教育学・経営学など、いろいろな視点からすぐれた多くの論考が生まれ、今日もなお世阿弥とその芸術論は不思議な迫力と魅力を持って、我々の目の前にある。

参考文献

能楽論

吉田東伍『能楽古典世阿弥十六部集』能楽会、一九〇九年。

吉田東伍『能楽古典禅竹集』能楽会、一九一五年。

能勢朝次『世阿弥十六部集評釈』二冊、岩波書店、一九三〇〜四二年。

川瀬一馬『世阿弥自筆伝書集』わんや書店、一九四三年。

久松潜一・西尾実『歌論集 能楽論集』日本古典文学大系、岩波書店、一九六一年。

山崎正和『世阿弥』日本の名著、中央公論社、一九六九年。

表章・加藤周一『世阿弥 禅竹』日本思想大系、岩波書店、一九七四年、新装版、一九九五年。

田中裕『世阿弥芸術論集』新潮日本古典集成、新潮社、一九七六年。

奥田勲・表章・堀切実・復本一郎『連歌論集 能楽論集 俳論集』新編日本古典文学全集、小学館、二〇〇一年。

小西甚一『世阿弥能楽論集』たちばな出版、二〇〇四年。

謡曲・能本集

芳賀矢一・佐佐木信綱『謡曲叢書』三冊、博文館、一九一四年。

佐成健太郎『謡曲大観』七冊、明治書院、一九三〇・三一年。

野上豊一郎『解註謡曲全集』六冊、中央公論社、一九三五・三六年。

横道萬里雄・表章『謡曲集』上下、日本古典文学大系、岩波書店、一九六〇・六三年。

横道萬里雄・古川久『能・狂言名作集』古典日本文学全集、筑摩書房、一九六二年。

伊藤正義『謡曲集』上中下、新潮日本古典集成、新潮社、一九八三〜八八年。

小山弘志・佐藤健一郎『謡曲集』①②、新編日本古典文学全集、小学館、一九九七・九八年。

西野春雄『謡曲百番』新日本古典文学大系、岩波書店、一九九八年。

田中允『番外謡曲』正続、古典文庫、一九五〇・五二年。

田中允『未刊謡曲集』五三冊、古典文庫、一九六三〜九八年。

表章監修・月曜会編『世阿弥自筆能本集 影印篇・校訂篇』岩波書店、一九九七年。

単行本・論文

朝倉治彦「白髭の発生」『国語国文』三七、一九九五年二年八月。

天野文雄「猿楽座の組織と機能をめぐる諸問題」『藝能史研究』九二、一九八六年一月。→『翁猿楽研究』和泉書院、一九九五年。

天野文雄「『良基消息詞』偽書説についての私見」『銕仙』五二〇、二〇〇四年一月。

天野文雄『世阿弥がいた場所――能大成期の能と能役者をめぐる環境』ぺりかん社、二〇〇七年。

天野文雄「世阿弥は佐渡から帰還できたか――『金島書』の成立事情の検討からみた帰還蓋然性」『能苑逍遥（上）世阿弥を歩く』大阪大学出版会、二〇〇九年。

天野文雄「五月十四日付世阿弥書状の「三村殿」について」同右。

天野文雄『能苑逍遥（下）能の歴史を歩く』大阪大学出版会、二〇一〇年。

天野文雄「世阿弥は京都のどこに住んでいたか」『おもて（大槻能楽堂会報）』一〇七、能苑逍遥四七、二〇一〇年。

天野文雄『能を読む①翁と観阿弥――能の誕生』角川学芸出版、二〇一三年。

天野文雄「『実盛』と将軍義持」『銕仙』三八六、二〇一〇年九月。

伊海孝充『切合能の研究』檜書店、二〇一一年。

伊海孝充・西野春雄『日本人のこころの言葉　世阿弥』創元社、二〇一三年。

伊海孝充「〈逆様事〉の能――隅田川の道程」『能楽研究』四五、二〇二一年三月。

石井倫子「世阿弥――都から佐渡へ」『国文学　解釈と

鑑賞』二〇〇四年一一月。

石井倫子「〈鼓滝〉と中世有馬」『国文目白』四九、二〇一〇年三月。

磯部欣三（本名本間寅雄）『世阿弥配流』恒文社、一九九一年。

伊地知鐵男「東山御文庫本『不知記』を紹介して中世の和歌・連歌・猿楽のことに及ぶ」『国文学研究』三五、一九六七年三月。→『伊地知鐵男著作集Ⅱ〈連歌・連歌史〉』汲古書院、一九九六年。

伊地知鐵男「世阿弥と二条良基と連歌と猿楽」『観世』一九六七年一〇月。→同右。

伊藤喜良『足利義持』人物叢書、吉川弘文館、二〇〇八年。

伊藤正義「禅竹をめぐる人々」『金春禅竹の研究』赤尾照文堂、一九七〇年。

伊藤正義『伊藤正義中世文華論集』五冊、和泉書院、一九七〇～二〇二二年。

稲田利徳『正徹の研究——中世歌人研究』笠間書院、一九七八年。

稲田利徳「足弱車」『日本詩史 五山堂詩話』新日本古典文学大系、月報、一九九一年八月。

稲田秀雄「薬王寺と一条竹鼻——初期勧進猿楽の場をめぐって」『芸能史研究』二二二、二〇一八年七月。

猪瀬千尋「能《重衡》の表現と思想——「寒林に骨を打つ霊鬼は」の句をめぐって」高橋悠介編『宗教芸能としての能楽』勉誠出版、二〇二二年。

今泉淑夫『世阿弥』人物叢書、吉川弘文館、二〇〇九年。

今谷明「世阿弥佐渡配流の背景について」『芸能史研究』一四一、一九九八年四月。

植木朝子『虫たちの日本中世史』ミネルヴァ書房、二〇二一年。

梅原猛『うつぼ舟Ⅱ　観阿弥と正成』角川学芸出版、二〇〇九年。

大谷節子『世阿弥の中世』岩波書店、二〇〇七年。

大谷節子「世阿弥自筆本「カシワザキ」以前——宗牧独吟連歌注紙背「柏崎」をめぐって」『国語国文』七六四、二〇一四年。

大谷節子「弘安元年銘翁面をめぐる考察——能面研究の射程」神戸女子大学古典芸能研究センター編『能面を科学する——世界の仮面と演劇』勉誠出版、二〇一六年。

大谷節子「「みつはぐむ檜垣の嫗」の解」『国立能楽

堂』四七七号、二〇二三年一〇月。

大塚紀弘「中世都市京都の律家」『寺院史研究』一〇、二〇〇六年五月。

大橋良介『〈芸道〉の生成——世阿弥と利休』講談社選書メチエ、講談社、二〇二一年。

岡田美津子「世阿弥の平家物語」『能』京都観世会、二〇一〇年一一月。

小川剛生「良基と世阿弥——《良基消息詞》偽作説をめぐって」『ZEAMI』三、二〇〇五年一〇月。↓『二条良基研究』笠間書院、二〇〇五年。

小川剛生『二条良基研究』笠間書院、二〇〇五年。

小川剛生『足利義満——公武に君臨した室町将軍』中公新書、中央公論新社、二〇一二年。

小川剛生「世阿弥の少年期（上）「不知記」（崇光院宸記）」を読み直す／（下）「醍醐寺と新熊野社」」『観世』二〇一三年四・五月。

小川剛生『二条良基』人物叢書、吉川弘文館、二〇二〇年。

小田幸子「能『姨捨』をめぐって」第二十三回鵜澤久の会パンフレット、二〇二三年一〇月。

落合博志「『五位』の成立とその性格——清原良賢跋文の問題その他」『中世文学』三三、一九八八年。

落合博志「清原良賢攷——南北末室町前期における一鴻儒の事績」『能 研究と評論』一六、一九八八年。↓久留島典子他編『展望日本歴史11 室町社会』東京堂出版、二〇〇六年。

落合博志「世阿弥伝書考証二題（一）『花鏡』と清家系論語抄／（二）『金島書』における虚構の問題」『能 研究と評論』一七、一九八九年。

落合博志「禅的環境——東福寺その他」『国文学 解釈と教材の研究』一九九〇年三月。

落合博志「犬王の時代——『鹿苑院西国下向記』の記事を紹介しつつ」『能楽研究』一八、一九九四年三月。

落合博志「初見曲に関するいくつかの問題」『能と狂言』一、二〇〇三年四月。

落合博志「多武峰八講猿楽の資料その他」『能と狂言』五、二〇〇七年五月。

落合博志「飯田市立図書館蔵金春喜勝節付百番謡本について」『能と狂言』八、二〇一〇年四月。

落合博志「〈檜垣〉の構想——つるべと輪廻の喩について」『能と狂言』九、二〇一一年五月。

落合博志「「蟷螂の謡」について」『世阿弥の世界』京都観世会、二〇一四年。

表　章「世阿弥作能考」『観世』一九六〇年九月。↓『能楽史新考（一）』わんや書店、一九七九年。

表　章「世阿弥の生涯をめぐる諸問題」『文学』一九六三年一月。↓『能楽史新考（二）』わんや書店、一九八六年。

表　章「世阿弥生誕は貞治三年か――「世子十二の年」考」『文学』一九六三年一〇月。↓『能楽史新考（二）』わんや書店、一九八六年。

表　章「『良基消息詞』小考」『鋏仙』一六三、一九六八年一一月。↓同右。

表　章「間狂言の変遷」小山弘志・北川忠彦編『謡曲・狂言』鑑賞日本古典文学、角川書店、一九七七年。

表章・天野文雄『岩波講座 能・狂言Ⅰ　能楽の歴史』岩波書店、一九八七年。

表章・竹本幹夫『岩波講座 能・狂言Ⅱ　能楽の伝書と芸論』岩波書店、一九八八年。

表　章「世阿弥出家直後の観世座――応永三十四年演能記録をめぐって」『観世』二〇〇〇年一〇月。↓『観世流史参究』檜書店、二〇〇八年。

表　章「「世阿弥と禅林用語」小考――「ジョーシキ」の語を中心に」『禅文化研究所紀要』二六、二〇〇二年一二月。

表　章『大和猿楽史参究』岩波書店、二〇〇五年。

表　章『観世流史参究』檜書店、二〇〇八年。

表　章『昭和の創作「伊賀観世系譜」――梅原猛の挑発に応えて』ぺりかん社、二〇一〇年。

片桐登「近江猿楽日吉座犬王史料紹介」『宝生』一九八一年六月。

片桐登「満済准后日記 紙背文書」をめぐって――足利義教の世阿弥父子仙洞出演阻止と観世申状」『能楽研究』二三、一九九八年三月。

加藤周一「世阿弥の戦術または能楽論」『世阿弥 禅竹』日本思想大系、岩波書店、一九七四年。

観世寿夫「演戯者から見た世阿弥の習道論」『世阿弥』日本の名著、中央公論社、一九六九年。

観世寿夫「夢幻能と中世の心」『国文学 解釈と鑑賞』一九七七年八月。↓『観世寿夫著作集』一、平凡社、一九八〇年。↓『観世寿夫 世阿弥を読む』平凡社、二〇〇一年。

観世寿夫『至花の風曲――観世寿夫の謡』ビクター音

楽産業株式会社、一九七九年。

観世勝右衛門元信『四座役者目録』、田中允編『改訂増補 校本 四座役者目録』わんや書店、一九七五年。

北川忠彦『世阿弥』中公新書、中央公論社、一九七二年。↓講談社学術文庫、二〇一九年。

樹下好美「第六回復曲試演の会〈篁〉管見――附、ワキ僧のモデルと典拠」『能楽タイムズ』二〇二一年六月。

京都観世会編『世阿弥の世界 観阿弥生誕六八〇年 世阿弥生誕六五〇年記念』京都観世会、二〇一四年。

久保文雄「観阿弥所伝についての一考察」『国語国文』一九五七年一一月。↓『伊賀市叢考』一九八六年。

久保文雄「「観世福田系図」をめぐる諸問題」『国語と国文学』一九六〇年五月。↓同右
久米邦武「謡曲白楽天は傑作なり」『能楽』一九一六年五月。

黒田正男「「金島書」に見られる世阿弥の心境とその佐渡よりの帰還の時期」『文芸研究』四四、一九六三年。↓『世阿弥能楽論の研究』桜楓社、一九七九年。

ポール・クローデル『朝日の中の黒い鳥』一九二七年。内藤高訳、講談社学術文庫、一九八八年。

香西精「作者と本説 山姥」『観世』一九六三年一一月。↓『能謡新考』檜書店、一九七二年。

香西精「作者と本説 班女」『観世』一九六四年七月。↓同右。

香西精「万法《まんぼう》帰《き》一《いつ》」『世阿弥新考』わんや書店、一九六七年。

香西精「伊賀小波多」「残志」『続世阿弥新考』わんや書店、一九七〇年。

香西精「観阿弥生国論再検」『能楽研究』一九七四年一〇月。↓『世子参究』わんや書店、一九七四年。

香西精「児姿幽風」『世子参究』わんや書店、一九七九年。

小西甚一『能楽論研究』塙書房、一九六一年。

小西甚一「能の形成と展開」古川久・横道万里雄訳注『能・狂言名作集』筑摩書房、一九六二年。

小西甚一『道――中世の理念』講談社現代新書、講談社、一九七五年。

小林健二『中世劇文学の研究――能と幸若舞曲』三弥井書店、二〇〇一年。

小林健二「『貞和五年臨時祭記』の猿楽記事を読み直

す」『能と狂言』二〇、二〇二二年。

小林静雄『世阿弥』増補再版、檜書店、一九五八年。

小林責「「世阿弥伝書 吉田本」底本の旧蔵者は信濃藩主・堀家か」『能楽タイムズ』二〇〇九年三月。

佐藤進一『足利義満 中世王権への挑戦』平凡社ライブラリー、平凡社、一九九四年。

佐藤正英『風姿花伝』ちくま学芸文庫、筑摩書房、二〇一九年。

重田みち「「初心忘るべからず」と『宗鏡録』」『銕仙』四七五、一九九九年九月。→重田みち『風姿花伝研究』臨川書店、二〇二四年。

重田みち「《難波梅》作能の背景――称光天皇即位の予兆と足利義持賛美の能か」『銕仙』七三七、二〇二三年九月。→同右。

重田みち『風姿花伝研究』臨川書店、二〇二四年。

島津忠夫「世阿弥能作の方法――『田村』の考察をめぐっての試論」『国語・国文』一九五九年十一月。→『島津忠夫著作集 第十一巻 芸能史』和泉書院、二〇〇七年。

社本武「修羅能の構成」『日本文学』一九五七年二月。

髙岸輝『室町王権と絵画――初期土佐派研究』京都大学学術出版会、二〇〇四年。

田口和夫「新出、貞和五年桟敷崩れ田楽「落書和歌七種」」『能・狂言研究』三弥井書店、一九九七年。

田口和夫「応永三十四年演能番組研究について」『能と狂言』一、二〇〇三年四月。

田口和夫「申楽談儀第23条「宝生座と、うち入うち入あり」は誤り」『銕仙』二八九、二〇一一年一月。

竹内晶子「世阿弥のドラマトゥルギー――「統一イメージ」から「等価の原理」へ」『ZEAMI』一、二〇〇二年。

武智鉄二『伝統演劇の発想』芳賀書店、一九六七年。

竹本幹夫「琳阿考――南北朝期曲舞作者の横顔」『藝能史研究』五三、一九七六年四月。→『観阿弥・世阿弥時代の能楽』明治書院、一九九九年。

竹本幹夫『観阿弥・世阿弥時代の能楽』明治書院、一九九九年。

竹本幹夫「世阿弥晩年期の能と能作者」『能と狂言』一、二〇〇三年四月。

竹本幹夫「吉田文庫の世阿弥能楽論資料紹介」『文学』二〇〇三年四月。

竹本幹夫『風姿花伝・三道』角川文庫、角川書店、二〇〇九年。

竹本幹夫「結崎座と観世座」『演劇映像学二〇一一』四、二〇一二年。

田代慶一郎『夢幻能』朝日選書、朝日新聞社、一九九四年。

田中圭一『世阿弥の配処に関する研究』金井町教育委員会、一九六九年。

堂本正樹『世阿弥』劇書房、一九八六年。

堂本正樹『世阿弥の演劇論』ＮＨＫ市民大学、日本放送協会、一九八八年。

中村格「室町末期の女能――『井筒』の場合」『東京学芸大学紀要』二五、一九七四年一月。→『室町能楽論考』わんや書店、一九九四年。

成瀬一三『能楽の研究』私家版、一九三八年。

西一祥『世阿弥――人と芸術』桜楓社、一九八五年。

西尾実「世阿弥元清」岩波講座『日本文学』一九三三年三月。→『世阿弥の能芸論』岩波書店、一九七四年。

西尾実『道元と世阿弥』岩波書店、一九六五年。

西野春雄「世阿弥晩年の能――『能本三十五番目録』をめぐって」『文学』一九七一年五月。

西野春雄「元雅の能」『文学』一九七三年七月。

西野春雄「古作能の面影――〈尺八の能〉は現在能〈信夫〉か」『文学』一九八三年七月。

西野春雄「世阿弥訛伝――世阿弥の芸論はいかに誤解されてきたか」『国文学 解釈と教材の研究』一九九〇年三月。

西野春雄「音の劇詩人元雅」『国際日本学』二、二〇〇五年。

西原大輔『室町時代の日明外交と能楽』笠間書院、二〇二一年。

野上豊一郎『世阿弥元清』創元社、一九三八年。→『野上豊一郎批評集成〈人物篇〉観阿弥清次 世阿弥元清』書肆心水、二〇一〇年。

野上弥生子『野上弥生子全集第Ⅱ期 第一巻』岩波書店、一九八六年。

能勢朝次『能楽源流考』岩波書店、一九三八年。

能勢朝次「世阿弥と元能」『文学』一九四二年一一月。

能勢朝次『世阿弥十六部集評釈上下』岩波書店、一九四〇・四四年。

野々村戒三「世阿弥父子の失脚」『文学』一九三六年四月。

芳賀矢一「複式能と時代思想」『能楽』一九〇七年一月。

萩原朔太郎『恋愛名歌集』第一書房、一九三一年。→岩波文庫、二〇二二年。

橋本初子「三宝院賢俊僧正日記——文和四年」『研究紀要』一三、一九九二年三月。

福田秀一「世阿弥と良基」『芸能史研究』第一〇号、一九六五年。→『中世和歌史の研究』角川書店、一九七二年。

細川武稔「足利義満の北山新都心構想」『中世都市研究』一五、二〇一〇年。

堀口康生『猿楽能の研究』桜楓社、一九八八年。

本多典子「「松山天狗」が見せる崇徳院怨霊の鎮魂劇」『東京都立産業技術高等専門学校研究紀要』一五、二〇二一年三月。

増田正造「中世における映画的手法——兼好と世阿弥の場合」『国文学 解釈と鑑賞』一九七七年二月。

松岡心平『宴の身体』岩波書店、一九九一年。

松岡心平「足利義持と世阿弥——世阿弥の新資料報告」『銕仙』四三七、一九九五年一一月。

松岡心平「世阿弥と東大寺尊勝院」『ZEAMI』一、二〇〇二年一月。

松岡心平「一条竹鼻勧進猿楽と世阿弥」『ZEAMI』五、二〇二一年六月。

丸岡桂『古今謡曲解題』観世流改訂本刊行会、一九一九年。西野春雄補訂復刻版、古今謡曲解題刊行会、一九八四年。

丸山奈巳「室町幕府六代将軍足利義教時代の猿楽の場についての考察」『日本建築学会計画系論文集』七七二、二〇二〇年六月。→丸山穂波『室町時代から江戸時代における将軍催能の場の形成史』丸善プラネット、二〇二四年。

三宅晶子『歌舞能の成立と展開』ぺりかん社、二〇〇一年。

宮本圭造「戦国期能伝書の伝来をめぐる一考察——『聞書色々』と『細川十部伝書』」『能楽研究』三五、二〇一一年三月。

宮本圭造「「伊賀観世系譜」の虚実」『銕仙』六二八、二〇一三年九月。

宮本圭造「能〈求塚〉の原形——どこまで観阿弥の作か」『銕仙』六四八、二〇一五年六月。

宮本圭造「『風姿花伝』第四神儀篇の申楽起源説の背景——根本枝葉花実説との関係をめぐって」『銕仙』七〇一、二〇二〇年三月。

宮本圭造「武家手猿楽の系譜――能が武士の芸能になるまで」『能楽研究』三六、二〇一二年三月。

宮本圭造「猿楽座の形成と展開――大和猿楽の内と外」『能と狂言』一一、二〇一三年一一月。

桃崎有一郎『室町の覇者 足利義満――朝廷と幕府はいかに統一されたか』ちくま新書、筑摩書房、二〇二〇年。

百瀬今朝雄「二条良基書状――世阿弥の少年期を語る」『立正史学』六四、一九八八年九月。↓「二条良基と世阿弥――書状を中心にして」『能楽研究』二三、一九九九年三月。↓『弘安書札礼の研究――中世公家社会における家格の桎梏』東京大学出版会、二〇〇〇年。

森茂暁『満済』ミネルヴァ日本評伝選、ミネルヴァ書房、二〇〇四年。

森末義彰「桃源瑞仙の史記抄にみる世阿弥」『観世』一九七〇年二月。↓『中世芸能史論考』東京堂出版、一九七一年。

八嶌正治『世阿弥の能と芸論』三弥井書店、一九八五年。

八嶌幸子「寺社方諸廻請の紙背文書抄(上)」『北の丸――国立公文書館報』三二、一九九九年一〇月。

八嶌幸子「応永三十四年演能記録」『観世』二〇〇〇年八月。

山木ユリ「『荒れたる美』とその演劇的成立」『日本文学』一九七七年五月。

山中玲子「応永三十年代の女体幽霊能」『能と狂言』一、二〇〇三年四月。

横道萬里雄「座談会『世阿弥の能』の発言」『観世』一九六三年六月。↓香西精『能謡新考』檜書店、一九七二年、『観世寿夫著作集 第二』平凡社、一九八〇年、転載。

横道萬里雄・西野春雄・羽田昶『岩波講座 能・狂言 Ⅲ 能の作者と作品』岩波書店、一九八七年。

横道萬里雄『能にも演出がある――小書演出・新演出など』檜書店、二〇〇七年。

吉田賢司『足利義持』ミネルヴァ日本評伝選、ミネルヴァ書房、二〇一七年。

米原正義「細川満元と北山文化」『国学院雑誌』一九七九年一一月。

渡部泰明『和歌史』角川選書、角川書店、二〇二〇年。

和田エイ子「『敦盛』のクセと源氏寄合」『能 研究と評論』六、一九七六年七月。

あとがき

ミネルヴァ書房から評伝選『世阿弥』の執筆を依頼された時、もっと適任の方がおられるはずで、辞退しようと思った。しかし、非力をも顧みず引き受けたのは、現代もなお我々の心に響く世阿弥の能の深い感動と、生涯かけて子孫の庭訓のため「心より心に伝ふる花」を追い求め、書き著した世阿弥芸術論の魅力に、背中を押されたからである。

公武に君臨した将軍足利義満や二条良基たちを魅了した「藤若」時代の挿話も興味深いが、「能本を書く事、この道の命なり」と決意し、鑑賞眼の高い足利義持の批判に応えるべく磨き上げた珠玉の能は、七百年の時を越えて、舞台を鑑賞しても、文学作品として読んでも、我々の心を打つ。晩年、「父祖にも超えたる堪能」と、その才能を嘱望した後継者元雅の早逝、七十を越えて佐渡へ流され、赦されて帰還出来たかどうかも正確には分からないその劇的な生涯も、執筆意欲を促した。

しかし、評伝は難しい。英文学者の由良公美氏は〈評伝〉というジャンルが日本独自のものであることに言及したうえで、「秀れた見識をもつ筆者の手による〈評伝〉は、筆者の個性の冴えが、対象の個性を描きあげ、いきいきした読みものになる。個性による個性の照明であり、出会いであり、読者までその出会いに感動し満足させられる」と述べている（「みみずくの眼」『みみずく偏書記』青土社、一九八三）。私など及ぶところではないが、せめて世阿弥が建設した作劇術と世阿弥が創造した珠玉の能の「芸跡」（芸術的遺産）を中心に、その生涯と歴史的役割を、時代のなかに描き出そうと心掛けた。

これまでの世阿弥論は能楽論を主体とするものが多いが、本書では、能作者としての世阿弥の仕事に焦点を当て、日本演劇史上、初めて建設した作劇術の要諦を述べた第八章と、具体的に作品を取り上げて詩劇の達成に至る道を詳述した第九章に力点を置いた。同時に、世阿弥時代の能の姿をうかがうために古態や原形を推量し、一九八二年の世阿弥自筆能本《雲林院》の復曲以来盛んに行われている廃絶曲の復活にも言及した。

「是アミ来了」とある『東院毎日雑々記』の応永二年（一三九五）四月十七日条の記事（翌日の十八日には義満が参詣している）は本書初出の新資料である。応永二年は世阿弥が三十五歳ごろで、この年には世阿弥を名乗っていたことを示す。この資料は、かつて世阿弥たち大和猿楽が勤仕した興福寺の中金堂再建勧進能（二〇〇三〜一八年。昼夜ともシテ浅見真州氏。於・国立能楽堂）に、免疫学者の多田富雄氏と歌人の馬場あき子氏とともにアドバイザーを務めた縁もあって、二〇一九年五月、多川俊映貫首（当時）からご教示いただき、調査にうかがったものである。多川氏のご高配に対し御礼申し上げる。「是アミ」は世阿弥と別人ではないかという意見もあろうが、本書で述べたように私は同書の記事を信じている。世阿弥の子供の七郎元能が父の芸談を聞書きした『世子六十以後申楽談儀』の成立の背景、元能の出家の理由、『申楽談儀』は出家の形見として元雅へ贈ったことなど、通説とやや異なる見解を提出した。その当否は読者の判断に委ねたい。

私事にわたって恐縮であるが、私が世阿弥に触れたのは、一九六四年四月、法政大学文学部日本文学科三年次のゼミナール選択で、表章先生（当時助教授）のゼミを選んだ時である。廣末保教授の「日本演劇史」の授業で日本の語り物に興味を抱き、ゼミは平家物語か能か近松か迷ったが、授業を受けたことはないが、一番若く（三十九歳）、厳しい、小人数の表ゼミを選んだのである。初めて『風姿花伝』を読み、卒業後もゼミを聴講されていた二年先輩の観世流シテ方浅見真州《まさくに》（当時真広）氏と出会い、その年の六月、初めて能を観た（浅見同人会。浅見氏の《巴》）。さらに浅見氏が憧れ師事されていた銕仙会の観世寿夫氏の能に惹かれ（地頭・観世静夫氏）、学生会員となって通い続けた。東京国立文化財研究所芸能部（当時）の横道萬里雄先生が講師の銕仙会主催の講座も受講し、特に一九六五年十一月から翌年二月まで開かれた第二回「語リ」を中心とした講座が面白く、最終回「語リの狂言」「語リの能」で鑑賞した野村万之丞氏（現・萬）の《鱸庖丁《すずきぼうちょう》》と観世寿夫氏の《朝長》の感動は今も鮮やかに蘇る。

観客側が企画主催する東京能楽鑑賞会（一九五八～七二年。代表・小山弘志氏）へ入会して諸流の名手による能と狂言を鑑賞、名手たちの囃子にも魅せられた。雑誌『観世』に連載された座談会「世阿弥の能」も面白く、能作者としての世阿弥に迫りたいと研究を志し、大学院に進んだ。博士課程在学中、山崎正和氏の責任編集による日本の名著『世阿弥』（中央公論社、一九六九）のうち観世寿夫氏担当の『風姿花伝』と『至花道』の口語訳を手伝い、私も『申楽談儀』の本邦初訳に挑み（二十六歳）、世阿弥と向き合った最初の仕事だった。口語訳には生かせなかったが、用例から帰納すると、世阿弥は「大切」を重要の意ではなく大きな効果の意味に用いていることに気付いたのもその頃である（「拍子の大切」『能楽タイムズ』一九七〇年一〇月）。その後、縁あって法政大学文学部日本文学科専任教員・野上記念法政大学能楽研究所の専任所員となった。

二〇〇三年、能楽研究所所長在任時に本評伝の執筆を引き受けたものの、多忙と怠慢と力不足のため、なかなか進まないまま時が流れ、二〇〇九年三月に定年退職し（六十六歳）、集中できると思ったが見通しが甘かった。復曲能や新作能等の仕事で中断し、次々と発表された研究成果も反映させて改稿を重ねているうち、編集担当者も何代か交替し、二〇二一年、冨士一馬氏の代になって、ようやく本格的に進めることができた。氏は、長年月に亘って断続的に書き継いだため分量だけが増え続けた拙稿にバッサバッサと大鉈を振い、適切な助言によって書き改めた原稿を手際よく整理され、ようやく脱稿することができたのである。冨士氏のご斧正と手綱さばきに、心から感謝している。

若い人の意見も聞きたく、年度末の多忙な時期に重なってしまったが、伊海孝充氏と今泉隆裕氏に、附録を除く原稿を重点的に読んでもらい、適切なコメントに助けられた。また第七章「芸術論の展開」では、伊海氏が『日本人のこころの言葉　世阿弥』（西野との共著。創元社、二〇一三）で展開した論に教えられるところ大であった。二人のご協力に感謝したい。さらに当時の通貨の単位について、ミネルヴァ書房編集部を介して山本隆志氏からご教示をいただいた。記してお礼申し上げる（無論、最終責任は西野にある）。また、観世寿夫氏が世阿弥の亡霊の役で出演し、『金島書』の《時鳥》の一節を作曲して謡ったNHKラジオドラマ『花地獄』（一九七五年五月放送）の録音をご提供いただいた蓮見正幸氏にも御礼申しあげたい。

評伝の執筆をご推薦いただいた芳賀徹先生とは、ハーバード大学ジェイ・ルービン教授（当時）が国際日本文化研究センターで主催された研究会「生きている劇としての能――謡曲の多角的研究」

（二〇〇〇年度）でご一緒になり、いつも新鮮な視点に啓蒙された（研究会の記録は日文研叢書『桂坂謡曲談義』として刊行）。完成まで時間がかかってしまい、ご急逝により、お目に掛けることが叶わず、慙愧の念に堪えない。

このような小さな本であるが、表紙や口絵にご所蔵の写真掲載をご許可いただいた天河大辨財天社と観世宗家観世清和氏のご高配に対し、篤く御礼申し上げる。他の資料についても、掲載を許可された所蔵機関に対し、深謝申し上げる。

令和六年（二〇二四）六月十八日

西野春雄

世阿弥略年譜

和暦	西暦	齢	関係事項	一般事項
貞治 二	一三六三	1	大和猿楽観世座の大夫三郎清次（三十一歳。観阿弥）の子として生まれる（翌年生誕説もあり）。通称三郎、実名元清。	
三	一三六四	2	**4月**京都三条の薬王寺で、同寺が近接・管轄する悲田院再建のため、大和猿楽による勧進能が興行される（薬王寺は泉涌寺末寺の律院で醍醐寺三宝院の、京洛の拠点）。清次も出勤か。	
康安 六	一三六七	5		**12・7**足利義詮歿（三十八歳）。**12月**足利義満（十一歳）、将軍となる。佐々木道誉、細川頼之を管領に推す。
応安 元	一三六八	6		
四	一三七一	9	須磨福祥寺で、観世大夫の勧進猿楽あり。	
五	一三七二	10	この頃、醍醐寺三宝院光済《こうさい》が観阿弥を召し、醍醐寺清滝宮《きよたきぐう》の祭礼で七日間の勧進猿楽を興行させ、以後、観阿弥父子は京洛に名声を博す。	

六	一三七三	11		8月観世父子の理解者、佐々木導誉歿（六十八歳）。
永和 元	一三七五	13	6月新熊野《いまぐまの》社《しゃ》六月会《みなつきえ》で観阿弥父子が演能。将軍義満、初めて見物する。義満側近の南阿弥の進言で、《翁》の専門役者ではない大夫（観阿弥）が《翁》を勤める道を開く。以後、義満は観阿弥父子を贔屓する。11月少年世阿弥、奈良法雲院にて田楽喜阿弥の能を観て感動する（後年『申楽談儀』で、元能に「十二の年」と語っている）。	
二	一三七六	14	二条良基が「観世ノ垂髪」（少年世阿弥）に「藤若」の名を与える。美少年ぶりを絶賛、本芸はもとより蹴鞠・連歌に堪能と褒め、将軍様（義満）の目の高さを暗にほめそやす言葉を連ねた「良基消息詞」はこの頃書かれたか。	
四	一三七八	16	4月藤若、良基邸の連歌会に参加。6・7義満、祇園会鉾見物の桟敷に藤若を同席させ盃を与え、三条公忠憤慨す。この頃、義満側近の遁世者琳阿弥、義満の勘気にふれて東国に流浪中《東国下り》の曲舞を書き（作曲南阿弥）、藤若が義満の前で謡い、勘気を解かれる。	3月義満、室町新邸（花の御所）へ移る。
康暦 元	一三七九	17	これより以前、藤若、大和多武峰の談山神社・妙楽	

			寺の衆徒より重代の天神御自筆の弥陀の名号（文字は金泥）を、天神の霊夢が二度に及ぶといって譲渡された。	
二	一三八〇	18	**4・13**近江猿楽の犬王、綾小路河原で勧進猿楽を興行。二条家の家司東坊城秀長「密々見物」。	**4・28**右大将義満、良基と共に参内し、泉殿で酒宴・連歌。
永徳元	一三八一	19		**3月**義満側近の遁世者で観世父子を後援した海老名南阿弥陀仏歿（享年不明）。
二	一三八二	20	この頃、興福寺薪猿楽の時節不定のため、清次（観阿弥）が参勤の困難を訴え、以後二月に定まる。**5月**犬王、北野社、法華堂前で演能。見物群集し拝殿の屋根にまで上る。	
三	一三八三	21	**9月**高倉地蔵堂での勧進猿楽を、義満ら見物す。	この頃、満済（六歳。実父今小路基冬）、義満の猶子となり、醍醐寺三宝院に入室する。
至徳元	一三八四	22	**5・19**観阿弥、駿河の興行先で歿する（五十二歳）。直前に勤めた浅間神社法楽能で貴庶上下に称賛される。元清が観世座の棟梁を継ぐ。	この年、曹洞宗僧侶了堂真覚（結崎出身）、大和の味間に大和で最初の禅寺宝陀山補巌寺《ふがんじ》を建立。
三	一三八六	24	**2月**薪猿楽に金剛・大蔵八郎三郎・金晴・十二五郎（康次）が出勤。十二五郎は観世の代理か。	

嘉慶　二	一三八八	26		5月義満、駿河に下り、富士山を見物。6・13藤若を寵愛した二条良基歿（六十九歳）。
康応　元	一三八九	27	3月義満、西国方面巡遊に下向。犬王を随行させる。犬王、諸所で謡を披露、諸大名より莫大な禄物を拝領する。	
二	一三九一	28	9月義満、春日若宮祭見物のため南都に下向、一乗院その他で猿楽・田楽を観る。	
明徳　三	一三九二	30		閏10・27南北朝合一。9月義満、伊勢参詣の折、養老の瀧を見物す（《養老》の成立の背景か）。この年、竹窓《ちくそう》智厳《ちごん》、補巌寺二代となる（応永三年頃まで在住）。
四	一三九三	31		
応永　元	一三九四	32	3・13義満、春日・興福寺に参詣、宿所の興福寺一条院で観世三郎（世阿弥）の能を観る。12月義満、将軍職を辞し嫡男義持（九歳）に譲り太政大臣となる。「当御代の始めのために」書いた「八幡」は《弓八幡》と思われ、義持の将軍即位を祝い、義満による南北朝合一を讃える。	
二	一三九五	33	4・16室町殿（義満）の南都下向（十七日）に先立	6・20義満出家、法名道義。

			ち、世阿弥、興福寺一条院に伺候する。『東院毎日雑々記』に「是アミ来了」とあり、世阿弥を名乗っていたと推定される。5月義満、若狭・丹後を遊歴、世阿弥も随行したか（義満は、それ以前の至徳三年と明徳四年にも同地を遊歴しており、世阿弥の随行はその頃の可能性もある）。9月義満、東大寺にて受戒のため南都へ下向、一乗院で猿楽を観る。	11・2満済（十八歳）、三宝院門跡となり12・1法身院（三宝院の京都別院）へ移る。義満も同道。12・29満済、醍醐寺座主となる。
三	一三九六	34		8月山城守護結城満藤、自邸に犬王・岩童を呼び交遊、義満の勘気を蒙って出家。犬王・岩童も出家。
四	一三九七	35		4月義満、衣笠山の山麓に、豪華壮麗な北山第（天鏡閣・金閣ほか）を造営。大塔（七重塔。一〇九メートルの巨塔）も建立。
五	一三九八	36	世阿弥の弟四郎の子元重（三郎。音阿弥）生まれる。後に世阿弥の養子となったと推測される。	
六	一三九九	37	3月義満、興福寺金堂上棟供養に臨み、一乗院で延年、観世（世阿弥）・金春の能を観る。4月世阿弥、醍醐寺三宝院で十番演能し、義満・青蓮院・聖護院等見物。5・25世阿弥、京都一条竹ヶ鼻（北山牛御	

			堂の東。現在の京都市北区衣笠等持院南町近辺）で三日間の勧進猿楽を興行、義満ら連日見物す。将軍主催による勧進猿楽の最初。	
七	一四〇〇	38	4・13最初の能楽論『花伝（風姿花伝）』第一年来稽古条々・第二物学《ものまね》条々・第三問答条々までの原形成る。奥書「于時応永七年庚申四月十三日　従五位下左衛門大夫　秦元清書」。	
八	一四〇一	39	この頃、犬王、義満の法名「道義」の「道」を賜り「道阿弥」と称す。この頃、十郎元雅と七郎元能生まれる（どちらが年長か正確には不明）。娘が生まれたのもこの前後か。	
九	一四〇二	40	3・2『風姿花伝』奥義成る。	
一二	一四〇五	43	5月醍醐寺で猿楽あり、義満見物。この年、金春氏信（禅竹。後に世阿弥の女婿となる）生まれる。	
一五	一四〇八	46	3月後小松天皇、北山第に行幸（十五日間）。犬王道阿弥の猿楽を見る（世阿弥の名は見えない）。	5・6義満急逝（五十一歳）、義持（二十三歳）嗣ぐ。
一七	一四一〇	48	6・29義持、上洛した島津元久の宿所を訪ね、観世大夫（世阿弥）の能を見る。将軍饗応能の最古の例。	
一九	一四一二	50	4・7裏松殿（日野重光）邸で、近江猿楽岩童の猿楽あり。4・22義持、常在光院にて田楽能を見物。以後、田楽増阿弥の演能記録が多く、義持もたびた	

			び臨席。5・24嵯峨椎野で近江猿楽岩童の勧進能。5・24、四条河原で大和猿楽十二五郎の三日間の猿楽始まる。この年か、11月世阿弥、橘某女房の神託により伏見稲荷社で十番の能を演じる。	
二〇	一四一三	51	3・11祇園林で田楽新座増阿弥の勧進田楽あり。桟敷は管領が奉行する。5・9犬王道阿弥、京で歿す(享年不明)。満済は日記に「犬王道阿弥円寂往生なり。天より華下り、紫雲聳えたり」と記す。	
二一	一四一四	52	5・11加州篠原に実盛の幽霊出現し遊行上人これに逢うとの風聞、都に届く。将軍の意向で世阿弥が《実盛》を新作する。閏7・11能本《難波梅》(難波の古名)を書写(自筆本伝存)。現存する日本最古の演劇台本。	
二五	一四一八	56	2・17『花習』(『花鏡』草稿本)の内の一ケ条を抜書する。6・1『花伝』第七別紙口伝の第二次相伝本を元次(元雅の初名か)に相伝。奥書に、これ以前に第一次相伝本を弟四郎(久次か)に伝えたとある。	
二六	一四一九	57	6月最初のまとまった音曲伝書『音曲口伝(音曲声出口伝)』を著わす。「世阿」と署名。	6月応永の外寇(《白楽天》は軍事を文事に置き換えて作られたか)。

二七	一四二〇	58	6月『至花道』成る。「世阿書」と署名。	
二八	一四二一	59	7月『二曲三体人形図』成る。文中に『花鏡』の名が見える。	
二九	一四二二	60	4・18醍醐寺清滝宮祭礼猿楽に観世五郎（十二五郎か）・同三郎（元重）勤仕、観世入道（世阿弥）・牛入道が後見。「観世入道」の呼称初出。これ以前に出家するか。禅宗に帰依（曹洞宗）。十郎元雅、観世大夫となる。11・19世阿弥、北野天神の霊夢により「勧め歌」に合点する。	
三〇	一四二三	61	2・6『三道』を七郎元能に相伝。『曲付次第』『風曲集』『遊楽習道風見』もこの頃成るか。8・12能本《盛久》（元雅作）を書写（自筆本伝存）。	3・18義持、将軍を辞し、嫡子義量（十七歳）嗣ぐ。4月義持出家（法名道詮）。6月義持、出家後初の訪問地として法身院を訪ねる。
三一	一四二四	62	1・18能本《タダツノサエモン（多度津左衛門）》を書写（自筆本伝存）。4月醍醐寺清滝宮祭礼の楽頭榎並の急死に伴い、新楽頭に任命される。4・21楽頭職初の法楽猿楽を勧め、祿物として公方（義持）より千疋（十貫文）、寺より千疋、地下《ぢげ》郷民より千疋を賜る。6・1『花鏡』を元雅に相伝する。9・20能本《江口》を書写（自筆本伝存）。	

三二	一四二五	63		2・27足利義量早逝（十九歳）。
三三	一四二六	64	11・7能本《雲林院》を書写（自筆本伝存）。能本《柏崎》もこの頃の書写か（自筆本伝存）。当代一の名儒清原良賢に跋文を依頼した芸位論『五位』、この頃に成るか。	10・16世阿弥の後援者で目利きの細川満元歿（四十九歳）。
三四	一四二七	65	2・10薪猿楽の別当坊猿楽で観世元重・観世元雅・十二次郎が十五番の能を上演。世阿弥の名は見えない。まとまった現存最古の演能記録。4月元重、青蓮院門跡義円の後援で稲荷辺にて勧進猿楽を興行。10月能本《松浦（松浦佐用姫）》を書写（自筆本現存）。11月能本《阿古屋松》を書写（自筆本現存）。禅的色彩の濃い高度な芸位論『九位』、この年以前に成るか。	
正長　元	一四二八	66	3・9『六義』を娘婿の金春大夫氏信に相伝。4月義宣、室町御所で猿楽を主催し元重演能する。6・1『拾玉得花』を金春大夫氏信に相伝。7月十二権守康次、元重と室町御所での能に出演、8・4世阿弥を二度訪ねるも留守のため代筆にて礼状を進上。	1・18禅宗に深く帰依し、儒学に精通し、能の鑑賞眼も高かった義持歿（四十三歳）。将軍職は石清水八幡宮での鬮《くじ》により青蓮院義円に決し、還俗して義宣《よしのぶ》と改名。
永享　元	一四二九	67	1・11元重、後小松上皇の仙洞御所で演能。2・16能本《弱法師》（元雅作）を書写（臨模本現存）。3	3・15義宣（三十六歳）、征夷大将軍宣下、名を義教と改める。

			月興福寺一乗院での円満井・結崎両座立合の薪猿楽に、観世大夫元雅勤仕。5・3室町御所笠懸馬場で、観世両座（元重・元雅）と宝生・十二五郎両座による多武峰様猿楽（実馬実甲冑を着用）。元雅・元重は《綾織《あやはとり》》（呉服の古名）と《一谷先陣》（二度ノ掛の古名）を演じる。5・13義教、仙洞御所で元雅と世阿弥の能を観たいという後小松院の意向を謝絶する。	
二	一四三〇	68	2・6元重、興福寺薪猿楽に勤仕。3月『習道書』を著わす（座衆の職責を守るべく元能と座衆に相伝か）。同じ頃、『五音』『五音曲条々』成立か。4・17義教の推挙で、醍醐寺清滝宮祭礼猿楽の楽頭職が世阿弥から元重に移る。11・11七郎元能、世阿弥の芸談を筆録・編集し『世子六十以後申楽談儀』にまとめ、出家し芸道を離れる。出家の功徳によって一座の苦境を救おうとしたと思われる。同月、元雅、大和天河辨財天社に尉面を奉納。面裏に「心中所願」と墨書（能面現存。カバー・口絵）。	
三	一四三一	69	1月室町御所で、正月行事の松拍子《まつばやし》を元重が参仕。	
四	一四三二	70	1・24細川奥州家の若党、室町御所にて五番演能。元雅も一番舞い、将軍の所望で世阿弥も舞う（世阿	8月義教、兵庫下向の折、西宮で接待を受ける（《鼓滝》の成

			弥・元雅の最後の活動記録）。8・1元雅が伊勢安濃津で急死（三十二歳位か）。9月元雅追悼の『夢跡一紙』を著わし「至翁書」と署名。	立の背景にあるか）。10・10西国より上洛の女猿楽、鳥羽で勧進猿楽を興行し、「拍子《はやし》・咲《をか》し（狂言）などは男」で観世にも劣らずと評判を呼び、諸大名各千疋、管領五千疋を下賜。10・23室町御所で、女猿楽、三番演能、万疋を下賜。10・29『五位』に跋文を加えた清原良賢歿（八十五歳）。
五	一四三三	71	3月最後の能楽論『却来華』を著わす。「世阿」と署名。4・18観世大夫元重、醍醐寺清滝宮祭礼猿楽に勤仕する。4・21元重この日より糺河原にて三日間の勧進猿楽を興行。義教・公家・門跡・諸大名ら見物。義教の主導後援による、元重の観世大夫就任披露能である。	
六	一四三四	72	2・9足利義勝の誕生祝賀に、下命により《太子曲《たいしのくせ》舞《まい》》の一部を祝言用に変更。3・17十二五郎康次、久我庄内で興行中、喧嘩が起こり不慮の死を遂げる（八十二歳）。5・4世阿弥、義教によって佐渡へ配流となり、この日、京を出る。遠流の理由は不明だ	生母（日野重子）の兄裏松（日野）義資が義教の勘気を蒙って籠居中の身でありながら公家・門跡・諸大名らが裏松邸に参賀に伺候したことに激怒した義教、

年号	西暦	年齢	事項	一般事項
			が、裏松邸参賀事件に巻き込まれた可能性が高い。妻の寿椿は女婿の金春大夫氏信が扶助。	流罪・死罪・所領没収等厳罰に処した。その数、七十余人。6・13伏見宮邸を訪ねた平家の名手城竹検校、世間物騒のため関東へ罷り下る旨を伝える（城竹は以前よりしばしば訪ね、物騒と言っている）。
七	一四三五	73	6・8金春大夫に書状を出す。妻の扶持を謝し、鬼能の質問に答えている（自筆書状現存）。なお、これ以前、永享年内と思われる金春大夫に宛てた五月十四日付「きやより」の自筆書状が伝わる。参学・得法・印可など禅林用語を多用し、氏信が能に安堵していることの印可を受けた後の書状で、能の進歩を認め、さらなる参学を勧めている。	
八	一四三六	74	2月小謡曲舞集『金島書』を編む。「沙弥善芳」と署名。以後の足取りは分からないが、後年、赦されて帰京したか。	
九	一四三七	75	8月貫氏（氏信か）『花鏡』を書写。	
嘉吉元	一四四一	79		6・24足利義教、赤松満祐の邸宅に招かれ、観能中に暗殺される（四十八歳）。7月幕府、義

三	一四四三	81	8・8歿か（相国寺の僧宜竹の『観世小次郎信光画賛』に「世阿年八十一、広相公（義教）ノ時ニ至リ、其伎朝野称ス」とあり、観世家では享年八十一と伝えている。補巌寺納帳により「八月八日」の忌日判明）。	教により処罰・追放された公家たちを赦免する。

井上哲次郎　井ノ口哲也
三宅雪嶺　長妻三佐雄
*岡倉天心　木下長宏
志賀重昂　中野目徹
徳富蘇峰　杉原志啓
*竹越与三郎　西田毅
内藤湖南・桑原隲蔵　礪波護
*廣池千九郎　橋本富太郎
岩村透　今橋映子
*西田幾多郎　大橋良介
*金沢庄三郎　石川遼子
*柳田国男　鶴見太郎
厨川白村　張競
*村岡典嗣　水野雄司
大川周明　山内昌之
西田直二郎　林淳
*折口信夫　斎藤英喜
九鬼周造　古川雄嗣
三木清　杉山直樹
シュタイン　瀧井一博
*西周　清水多吉
*福澤諭吉　平山洋
加藤弘之　田中由香里
成島柳北　山田俊治
*福地桜痴　山田俊治
*村山龍平　早房長治
*島田三郎　武藤秀太郎
田口卯吉　鈴木栄樹
*陸羯南　松田宏一郎
有賀長雄　森田吉彦
*黒岩涙香　奥武則
幸徳秋水　馬渕浩二

長谷川如是閑　織田健志
*上杉慎吉　今野元
*吉野作造　田澤晴子
*山川均　米原謙
*岩波茂雄　十重田裕一
*北一輝　岡本幸治
*穂積重遠　大村敦志
中野正剛　吉田則昭
*荒畑寒村　川村邦光
*満川亀太郎　福家崇洋
*エドモンド・モレル　林田治男
*北里柴三郎　福田眞人
高峰譲吉　木村昌人
田辺朔郎　秋元せき
*南方熊楠　飯倉照平
*辰野金吾　河上眞理・清水重敦
*七代目小川治兵衛　尼崎博正
本多静六　岡本貴久子
*ブルーノ・タウト　北村昌史
*ウィリアム・メレル・ヴォーリズ　山形政昭・吉田与志也

現代

昭和天皇　御厨貴
高松宮宣仁親王　後藤致人
*李方子　小田部雄次
芦田均　矢嶋光
吉田茂　中西寛

マッカーサー　柴山太
鳩山一郎　楠綾子
*石橋湛山　増田弘
重光葵　武田知己
*市川房枝　村井良太
*池田勇人　藤井信幸
高野実　篠田徹
和田博雄　庄司俊作
ライシャワー　廣部泉
朴正熙　木村幹
*全斗煥　木村幹
*田中角栄　新川敏光
宮沢喜一　村上友章
竹下登　真渕勝
*松永安左エ門　橘川武郎
鮎川義介　井口治夫
*出光佐三　橘川武郎
*松下幸之助　米倉誠一郎
渋沢敬三　井上潤
*本田宗一郎　伊丹敬之
*井深大　武田徹
*佐治敬三　小玉武
幸田家の人々　金井景子
*正宗白鳥　大嶋仁
*大佛次郎　福島行一
*井伏鱒二　滝口明祥
*川端康成　大久保喬樹
*薩摩治郎八　小林茂
坂口安吾　千葉一幹
太宰治　安藤宏

松本清張　杉原志啓
司馬遼太郎　山本幸正
*安部公房　鳥羽耕史
*三島由紀夫　島内景二
井上ひさし　成田龍一
R・H・ブライス　菅原克也
柳宗悦　熊倉功夫
バーナード・リーチ　鈴木禎宏
*熊谷守一　古川秀昭
川端龍子　岡部昌幸
藤田嗣治　林洋子
*井上有一　海上雅臣
*手塚治虫　竹内オサム
古賀政男　藍川由美
*吉田正　金子勇
武満徹　船山隆
小津安二郎　宮本明子・松浦完二
*八代目坂東三津五郎　田口章子
*力道山　岡村正史
*西田天香　宮田昌明
安倍能成　中根隆行
サンソム夫妻　平川祐弘・牧野陽子
*天野貞祐　貝塚茂樹
和辻哲郎　田中久文
*矢代幸雄　稲賀繁美
石田幹之助　岡本さえ
*平泉澄　若井敏明
*早川孝太郎　須藤功
安岡正篤　片山杜秀
*青山二郎　田野勲

*島田謹二　小林信行
田中美知太郎　川久保剛
西脇順三郎　加藤孝男
前嶋信次　杉田英明
*唐木順三　澤村修治
*亀井勝一郎　山本直人
*宮本常一　須藤功
知里真志保　モコットゥナシ
竹内好　田澤晴子
*保田與重郎　谷崎昭男
*石母田正　磯前順一
*福田恆存　川久保剛
井筒俊彦　安藤礼二
*吉田満　貝塚茂樹
*佐々木惣一　伊藤孝夫
高田保馬　金子勇
小泉信三　都倉武之
*瀧川幸辰　伊藤孝夫
式場隆三郎　服部正
大宅壮一　有馬学
*清水幾太郎　庄司武史
*山本健吉　井上泰至
丸山眞男　河野有理
鶴見俊輔　冨山一郎
*フランク・ロイド・ライト　大久保美春
*中谷宇吉郎　杉山滋郎
今西錦司　山極寿一

*は既刊
二〇二四年十月現在

*和宮　辻ミチ子
徳川慶喜　大庭邦彦
島津斉彬　原口泉
鍋島直正　伊藤昭弘
*横井小楠　沖田行司
*古賀謹一郎　小野寺龍太
*永井尚志　高村直助
*岩瀬忠震　小野寺龍太
*栗本鋤雲　小野寺龍太
*大村益次郎　竹本知行
岩倉具視　斎藤紅葉
河井継之助　小川和也
松平春嶽　大石学
*西郷隆盛　家近良樹
*由利公正　角鹿尚計
*橋本左内　角鹿尚計
*塚本明毅　塚本学
松平容保　白石烈
*山岡鉄舟・高橋泥舟　岩下哲典
三条実美　奈良勝司
毛利敬親　三宅紹宣
*月性　海原徹
*吉田松陰　海原徹
*高杉晋作　海原徹
*久坂玄瑞　一坂太郎
ペリー　遠藤泰生
ハリス　福岡万里子
オールコック　佐野真由子
アーネスト・サトウ　奈良岡聰智

近代

*明治天皇　伊藤之雄
*大正天皇　F・R・ディキンソン
*昭憲皇太后・貞明皇后　小田部雄次
大久保利通　三谷太一郎
木戸孝允　落合弘樹
井上馨　伊藤之雄
*松方正義　室山義正
榎本武揚　醍醐龍馬
北垣国道　小林丈広
板垣退助　小川原正道
長与専斎　笠原英彦
大隈重信　五百旗頭薫
伊藤博文　坂本一登
井上毅　大石眞
*井上勝　老川慶喜
三浦梧楼　大澤博明
*桂太郎　小林道彦
東郷平八郎　金澤裕之
*渡邉洪基　瀧井一博
*乃木希典　佐々木英昭
星亨　小林道彦
林董　奈良岡聰智
*児玉源太郎　小林道彦
*高宗・閔妃　木村幹
山本権兵衛　室山義正
*金子堅太郎　松村正義
*高橋是清　鈴木俊夫
小村寿太郎　簑原俊洋
*犬養毅　小林惟司
原敬　季武嘉也

*加藤高明　櫻井良樹
牧野伸顕　小宮一夫
田中義一　黒沢文貴
内田康哉　高橋勝浩
平沼騏一郎　堀田慎一郎
*鈴木貫太郎　小堀桂一郎
宇垣一成　北岡伸一
*宮崎滔天　榎本泰子
*浜口雄幸　川田稔
幣原喜重郎　西田敏宏
関一　玉井金五
水野広徳　片山慶隆
*広田弘毅　井上寿一
安重根　上垣外憲一
*グルー　廣部泉
*永田鉄山　森靖夫
東條英機　牛村圭
今村均　前田雅之
蔣介石　劉岸偉
近衛文麿　庄司潤一郎
*岩崎弥太郎　武田晴人
伊藤忠兵衛　末永國紀
*五代友厚　田付茉莉子
大倉喜八郎　村上勝彦
*安田善次郎　由井常彦
*渋沢栄一　武田晴人
中野武営　佐賀香織
山辺丈夫　宮本又郎
*大川平三郎　四方田雅史
武藤山治　阿部武司・桑原哲也
池田成彬　松浦正孝

西原亀三　森川正則
小林一三　橋爪紳也
大倉恒吉　石川健次郎
大原孫三郎　猪木武徳
*河竹黙阿弥　今尾哲也
イザベラ・バード　加納孝代
小泉八雲　斎藤英喜
*林忠正　木々康子
*森鷗外　小堀桂一郎
*二葉亭四迷　ヨコタ村上孝之
*正岡子規　井上泰至
*夏目漱石　佐々木英昭
*徳冨蘆花　半藤英明
巌谷小波　千葉信胤
樋口一葉　佐伯順子
*島崎藤村　十川信介
上田敏　小林茂
*有島武郎　亀井俊介
志賀直哉　千葉一幹
北原白秋　平石典子
菊池寛　山本芳明
*芥川龍之介　高橋龍夫
*宮沢賢治　千葉一幹
高浜虚子　坪内稔典
与謝野晶子　佐伯順子
*種田山頭火　村上護
*斎藤茂吉　品田悦一
*高村光太郎　湯原かの子
石川啄木　先崎彰容
萩原朔太郎　坪井秀人
*原阿佐緒　秋山佐和子

*狩野芳崖・高橋由一　古田亮
川村清雄　落合則子
*小堀鞆音　小堀桂一郎
竹内栖鳳　北澤憲昭
黒田清輝　高階秀爾
中村不折　石川九楊
横山大観　高階秀爾
*橋本関雪　西原大輔
土田麦僊　天野一夫
岸田劉生　北澤憲昭
濱田庄司　濱田琢司
*山田耕筰　後藤暢子
松旭斎天勝　川添裕
中山みき　鎌田東二
佐田介石　谷川穣
*ニコライ　中村健之介
*出口なお・王仁三郎　川村邦光
*新島襄　太田雄三
新島八重　佐伯順子
木下広次　冨岡勝
山川健次郎　小宮京・中澤俊輔
嘉納治五郎　クリストファー・スピルマン
*柏木義円　片野真佐子
津田梅子　田中智子
*澤柳政太郎　新田義之
*河口慧海　高山龍三
*山室軍平　室田保夫
大谷光瑞　白須淨眞
*久米邦武　髙田誠二
フェノロサ　伊藤豊

＊赤松氏五代　渡邊大門
＊北畠親房　岡野友彦
楠正成　兵藤裕己
＊楠木正行・正儀　生駒孝臣
＊新田義貞　山本隆志
＊光厳天皇　深津睦夫
足利尊氏　市沢哲
＊足利直義　亀田俊和
佐々木道誉　下坂守
細川頼之　亀田俊和
円観・文観　田中貴子
足利義詮　早島大祐
＊足利義持　吉田賢司
足利義教　秦野裕介
足利持氏　植田真平
足利義政　木下昌規
三条西実隆　前田雅之
＊日野富子　田端泰子
＊大内義弘　平瀬直樹
伏見宮貞成親王　松薗斉
＊山名宗全　山本隆志
細川勝元・政元　古野貢
畠山義就　呉座勇一
足利成氏　阿部能久
＊世阿弥　西野春雄
雪舟等楊　河合正朝
宗祇　鶴崎裕雄
一条兼良　田村航
＊満済　森茂暁
一休宗純　原田正俊
蓮如　岡村喜史

戦国・織豊

北条早雲　家永遵嗣
＊北条氏綱　黒田基樹
＊北条氏政　黒田基樹
大内政弘　山田貴司
＊大内義隆　藤井崇
＊斎藤氏四代　木下聡
＊毛利元就　岸田裕之
＊毛利輝元　光成準治
＊小早川隆景・秀秋　光成準治
＊六角定頼　村井祐樹
＊今川義元　小和田哲男
＊武田信玄　笹本正治
＊武田勝頼　笹本正治
＊真田氏三代　笹本正治
＊三好長慶　天野忠幸
松永久秀　天野忠幸
＊宇喜多直家・秀家　渡邊大門
＊上杉謙信　矢田俊文
＊大友義鎮　鹿毛敏夫
龍造寺隆信　中村知裕
島津義久・義弘　福島金治
村上武吉・元吉　藤田達生
細川幽斎　鈴木元
＊長宗我部元親・盛親　平井上総
＊最上氏三代　松尾剛次
浅井長政　長谷川裕子
蠣崎・松前氏五代　新藤透

吉田兼倶　西山克
山科言継　松薗斉
正親町天皇・後陽成天皇　神田裕理
＊雪村周継　赤澤英二
＊足利義輝・義昭　山田康弘
織田信長　三鬼清一郎
織田長益　八尾嘉男
織田信雄　柴裕之
＊明智光秀・秀満　小和田哲男
豊臣秀吉　藤井譲治
豊臣秀次　矢部健太郎
＊北政所おね　田端泰子
＊淀殿　福田千鶴
筒井氏三代　片山正彦
蜂須賀正勝・家政　三宅正浩
前田利家　東四柳史明
＊山内一豊・忠義　長屋隆幸
＊黒田如水　小和田哲男
＊蒲生氏郷　藤田達生
大谷吉継　石畑匡基
石田三成　堀越祐一
＊細川ガラシャ　田端泰子
＊支倉常長　田中英道
千利休　熊倉功夫
＊長谷川等伯　宮島新一
＊顕如　神田千里
教如　安藤弥

江戸

＊徳川家康　笠谷和比古
板倉勝重　谷徹也
本多忠勝　柴裕之
本多正純　小川雄
柳生宗矩　福田千鶴
＊徳川家光　野村玄
柳沢吉保　福留真紀
徳川吉宗　横田冬彦
＊後水尾天皇　久保貴子
＊光格天皇　藤田覚
＊春日局　福田千鶴
宮本武蔵　渡邊大門
上杉鷹山　小関悠一郎
＊池田光政　倉地克直
保科正之　八木清治
シャクシャイン　岩崎奈緒子
天草四郎　菊池庸介
＊田沼意次　藤田覚
細川重賢　安高啓明
松平治郷　小林准士
＊二宮尊徳　小林惟司
末次平蔵　岡美穂子
＊高田屋嘉兵衛　生田美智子
沢庵宗彭　芳澤元
＊林羅山　鈴木健一
吉野太夫　渡辺憲司
＊熊沢蕃山　川口浩
＊山崎闇斎　澤井啓一
山鹿素行　前田勉
＊北村季吟　島内景二
＊伊藤仁斎　澤井啓一

貝原益軒　辻本雅史
関孝和　佐藤賢一
＊ケンペル　B・M・ボダルト＝ベイリー
新井白石　大川真
＊雨森芳洲　上田正昭
＊石田梅岩　高野秀晴
賀茂真淵　盛田帝子
白隠慧鶴　芳澤勝弘
前野良沢　松田清
平賀源内　石上敏
本居宣長　田尻祐一郎
杉田玄白　吉田忠
木村蒹葭堂　有坂道子
＊大田南畝　沓掛良彦
菅江真澄　赤坂憲雄
＊鶴屋南北　諏訪春雄
＊山東京伝　佐藤至子
＊滝沢馬琴　高田衛
平田篤胤　山下久夫
国友一貫斎　太田浩司
シーボルト　宮坂正英
本阿弥光悦　岡佳子
＊狩野探幽・山雪　山下善也
尾形光琳　仲町啓子
尾形乾山　河野元昭
＊二代目市川團十郎　田口章子
伊藤若冲　狩野博幸
＊浦上玉堂　高橋博巳
＊佐竹曙山　成瀬不二雄
葛飾北斎　岸文和
酒井抱一　玉蟲敏子
孝明天皇　青山忠正

ミネルヴァ日本評伝選

上代

*俾弥呼　古田武彦
日本武尊　西宮秀紀
*仁徳天皇　若井敏明
雄略天皇　吉村武彦
継体天皇　若井敏明
*蘇我氏四代　遠山美都男
*推古天皇　義江明子
聖徳太子　仁藤敦史
斉明天皇　武田佐知子
*小野妹子・毛人・毛野　大橋信弥
*額田王　梶川信行
弘文天皇　遠山美都男
持統天皇　丸山裕美子
阿倍比羅夫　熊田亮介
*藤原四子　木本好信
役小角　脊古真哉
*柿本人麿　古橋信孝
*元明天皇・元正天皇　渡部育子
聖武天皇　本郷真紹
光明皇后　寺崎保広
*孝謙・称徳天皇　勝浦令子

平安

藤原不比等　荒木敏夫
橘諸兄・奈良麻呂　遠山美都男
吉備真備　今津勝紀
*藤原仲麻呂　木本好信
道鏡　吉川真司
*藤原種継　木本好信
*行基　吉田靖雄
*桓武天皇　井上満郎
嵯峨天皇　西別府元日
宇多天皇　古藤真平
醍醐天皇　石上英一
村上天皇　京樂真帆子
花山天皇　上島　享
*三条天皇　倉本一宏
藤原薬子　中野渡俊治
*藤原良房・基経　瀧浪貞子
*紀貫之　神田龍身
*安倍晴明　斎藤英喜
*藤原道長　朧谷　寿
*藤原伊周・隆家　倉本一宏
藤原定子　山本淳子
*藤原彰子　朧谷　寿

藤原頼通　末松　剛
藤原師通　中島和歌子
紫式部　高木和子
清少納言　三田村雅子
和泉式部　ツベタナ・クリステワ
大江匡房　小峯和明
*阿弖流為　樋口知志
坂上田村麻呂　熊谷公男
*源満仲・頼光　元木泰雄
平将門　西山良平
*藤原純友　寺内　浩
源義家　大津雄一
最澄　吉田一彦
空海　武内孝善
円珍　岡野浩二
*空也　石井義長
奝然　上川通夫
*源信　小原　仁
慶滋保胤　吉原浩人
安倍貞任　野中哲照
*後白河天皇　美川　圭
*式子内親王　奥野陽子
建礼門院　生形貴重

*藤原頼長・師長　樋口健太郎
*藤原秀衡　入間田宣夫
平維盛　根井　浄
木曾義仲　樋口州男
守覚法親王　阿部泰郎
藤原隆信・信実　山本陽子

鎌倉

*源頼朝　川合　康
*源義経　近藤好和
源実朝　神田龍身
*九条兼実　加納重文
九条道家　上横手雅敬
*北条時政　野口　実
*熊谷直実　佐伯真一
*北条政子　関　幸彦
*北条義時　岡田清一
曾我十郎・五郎　杉橋隆夫
後鳥羽天皇　兵藤裕己
*北条時頼　山本隆志
北条時宗　近藤成一
平頼綱　細川重男
竹崎季長　堀本一繁
西行　西澤美仁

鴨長明　浅見和彦
藤原定家　赤瀬信吾
*京極為兼　今谷　明
*兼好　島内裕子
重源　横内裕人
*運慶　根立研介
快慶　井上一稔
法然　今堀太逸
*栄西　中尾良信
明恵　西山　厚
*親鸞　末木文美士
恵信尼・覚信尼　西口順子
覚如　今井雅晴
*道元　船岡　誠
叡尊　細川涼一
*忍性　松尾剛次
*日蓮　佐藤弘夫
一遍　蒲池勢至
夢窓疎石　原田正俊
*宗峰妙超　竹貫元勝

南北朝・室町

後醍醐天皇　上横手雅敬
*護良親王　新井孝重
*懐良親王　森　茂暁

刊行のことば

歴史を動かすものは人間であり、興趣に富んだ人間の動きを通じて、世の移り変わりを考えるのは、歴史に接する醍醐味である。

しかし過去の歴史学を顧みるとき、人間不在という批判さえ見られたように、歴史における人間のすがたが、必ずしも十分に描かれてきたとはいえない。二十一世紀を迎えた今、歴史の中の人物像を蘇生させようとの要請はいよいよ強く、またそのための条件もしだいに熟してきている。

この「ミネルヴァ日本評伝選」は、正確な史実に基づいて書かれるのはいうまでもないが、単に経歴の羅列にとどまらず、歴史を動かしてきたすぐれた個性をいきいきとよみがえらせたいと考える。そのためには、対象とした人物とじっくりと対話し、ときにはきびしく対決していくことも必要になるだろう。

今日の歴史学が直面している困難の一つに、研究の過度の細分化、瑣末化が挙げられる。それは緻密さを求めるが故に陥った弊害といえるが、その結果として、歴史の大きな見通しが失われ、歴史学を通しての社会への働きかけの途が閉ざされ、人々の歴史への関心を弱める危険性がある。今こそ歴史が何のためにあるのかという、基本的な課題に応える必要があろう。評伝という興味ある方法を通じて、解決の手がかりを見出せないだろうかというのも、この企画の一つのねらいである。

狭義の歴史学の研究者だけでなく、多くの分野ですぐれた業績をあげている著者たちを迎えて、従来見られなかった規模の大きな人物史の叢書として、「ミネルヴァ日本評伝選」の刊行を開始したい。

平成十五年（二〇〇三）九月

ミネルヴァ書房

《著者紹介》

西野春雄（にしの・はるお）

1943年　青森県八戸市生まれ。
法政大学大学院日本文学研究科博士課程単位取得退学。
法政大学文学部教授・野上記念法政大学能楽研究所所長を経て，
現　在　法政大学名誉教授。
著　書　『謡曲百番』（校注，新日本古典文学大系，岩波書店，1998年）。
『日本人のこころの言葉　世阿弥』（共著，創元社，2013年）。
『新版 能・狂言事典』（共編，平凡社，2011年）。
『能面の世界』（監修，平凡社，2012年）ほか。

能楽の総合的研究に多くの業績を上げ，特に廃絶曲の研究や復曲・新作にも意欲的に取り組み，復曲能《鐘巻》《粉河祇王》《実方》《篁》《当願暮頭》《常陸帯》《松山天狗》《雪鬼》や新作能《草枕》《ジャンヌ・ダルク》《綱》など能本作成も数多く担当する。

ミネルヴァ日本評伝選

世《ぜ》阿《あ》弥《み》

——能の本を書く事，この道の命なり——

2024年10月10日　初版第１刷発行　〈検印省略〉

定価はカバーに
表示しています

著　者　西　野　春　雄
発行者　杉　田　啓　三
印刷者　江　戸　孝　典

発行所　株式会社　ミネルヴァ書房

607-8494　京都市山科区日ノ岡堤谷町１
電話代表（075）581-5191
振替口座 01020-0-8076

共同印刷工業・新生製本

ISBN978-4-623-09798-2
Printed in Japan

人名索引

あ 行

か 行

さ　行

た 行

な 行

は 行

ま 行

や　行

ら　行

事項索引

あ　行

か　行

さ 行

た 行

な 行

は 行

ま 行

や　行

ら　行

わ行・欧文

曲名索引

さ 行

た 行

ら 行